국립국어원 민족생활어 자료 총서 4

금산 사람들의 생활어 · 대장장이 · 무속인 · 단청장

충청남도 금산, 대전의 민족생활어

국립국어원 민족생활어 조사 위원

김덕호(국립국어원 담당 연구원)

김순자(제주대)　　안귀남(안동대)

김란기(홍익대)　　김지숙(영남대)

홍기옥(경북대)　　조숙정(서울대)

정성미(강원대)　　정진영(부산대)

김민영(한남대)　　위　진(전남대)

국립국어원 민족생활어 자료 총서 4

금산 사람들의 생활어 · 대장장이 · 무속인 · 단청장—충청남도 금산, 대전의 민족생활어

초판 인쇄 2008년 12월 10일
초판 발행 2008년 12월 15일

지 은 이 김민영
엮 은 이 국립국어원
펴 낸 이 최종숙
펴 낸 곳 글누림출판사 / 서울 서초구 반포4동 577-25 문창빌딩 2층
전　　화 02-3409-2055 FAX 02-3409-2059
이 메 일 nurim3888@hanmail.net
등　　록 2005년 10월 5일 제303-2005-000038호

ⓒ 국립국어원 2008

정　　가 19,800원

I S B N 978-89-6327-004-3 (세트)
I S B N 978-89-6327-008-1 04710

국립국어원 민족생활어 자료 총서 4

금산 사람들의 생활어 · 대장장이 · 무속인 · 단청장

충청남도 금산, 대전의 민족생활어

김민영

글누림

책머리에

국립국어원은 국어를 표준화하고, 국민의 풍요로운 언어생활을 돕기 위해 1991년에 설립되었다. 설립된 다음 해부터 1999년까지 8년간의 표준국어대사전 편찬 사업과 더불어 방언 조사 사업, 음성 자료 디지털화 사업, 기본 어휘 사용 실태 조사 사업 등과 같은 국가적 조사 연구 사업들을 수행해 왔다. 민족생활어 조사 사업도 이와 같은 국가적 조사 연구 사업의 일환으로 2007년에 시작되었다.

민족생활어 조사 사업은 국어 기본법 제2조(기본 이념)와 제9조(실태조사 등)에 근거하고 있다. 또한 다양한 입장에 대해 열린 자세를 갖게 하고, 차이를 인정하는 열린 마음으로 사회 통합을 이끌어내고자 하는 사회적 분위기와 이를 통해 사회적 관용(la tolérance sociale)을 모색하고자 하는 의식을 반영한 사업이다.

편리함과 윤택함이라는 이름 아래 진행되어 온 고속 성장의 이면에 우리의 언어와 문화, 생태계는 그 다양성이 훼손될 우려가 점차 커지고 있다. 그러므로 인류 미래의 운명이 걸린 언어, 문화, 생태계의 다양성을 존

중하고 절멸 위기에 있는 그들의 생명력을 유지하고 복원하기 위해 함께 행동해야 할 것이다.

유네스코에서는 1992년 '생물 다양성 협약'을 체결하고 2001년 세계 문화 다양성 선언을 채택하여 언어와 문화의 다양성을 지키기 위해 노력하고 있다. 왜 생태주의자들은 종의 다양성을 옹호하고 있는가? 그것은 바로 순조로운 진화의 길을 모색하고자 함에 있다. 진화라고 하는 발전과 변화가 종의 다양성을 기반으로 하여 가능하듯이 언어의 진화도 언어의 다양함을 바탕으로 이루어지는 과정이라고 할 수 있다. 언어의 대표 단수만 옹호하는 일은 언어의 다양성 자체를 무너뜨리는 일이고, 이는 곧 진화에 역행하는 일이다.

현재 삶의 편의성을 위해 모든 것을 거시적인 관점에서 표준화하려는 경향이 뚜렷해서 비표준적이고 미시적인 것들은 소멸의 위기에 처하게 되었다. 하지만 이제는 잃어버린 지난날의 다양하고 미시적인 삶의 유산을 복원하기 위한 노력이 시작되고 있다. 이러한 분위기는 중심 언어에서 멀어진 변방의 언어라고 방치했거나 정화의 대상으로까지 여겼던 비표준적인 말을 보존하려는 노력에서도 엿볼 수 있다. 영국이 낳은 뛰어난 언어학자 데이비드 크리스털(David Crystal)은 자신의 저서인 '언어의 죽음(Language Death)'에서 어떤 소수의 언어든, 언어라는 이름을 갖고 있는 존재가 힘센 언어에 의해 사라져 가는 것은 '비극'을 넘어 '재앙'으로 간주하고 있다. 인류의 삶에는 다양성이 필요하고, 다양성을 바탕으로 이루어진 언어는 나름의 정체성을 가져야 자연스럽다. 언어는 역사의 저장고일 뿐만 아니라, 인류의 지식 총량에 기여하고, 그 자체로 흥미의 대상이 되기 때문에 그의 주장은 타당하다. 어떠한 언어든 사라진다는 것은 인류에게는 돌이킬 수 없는 손실을 의미한다. 따라서 아직까지 연구되지 않았거나 충분히 기록되지 않은, 소멸 위기에 처하거나 죽어가는 언어들을 문법 사전 및 구전 자료의 기록을 포함하는 문서 형태로 기록하는 것은 아주 중요한 사명이다.

크리스털을 비롯하여 뜻있는 언어학자들이 소멸 위기에 놓인 언어를 지켜내려고 안간힘을 쓰고 있는 것처럼, 국립국어원에서도 민족생활어 조사 사업을 통해 사라질 운명에 처해 있는 한민족의 생활어를 수집하고, 더 나아가서 그것을 지켜가는 방안을 모색하기 위해 힘을 모으고 싶다. 이를 통해서 우리 민족의 생활 언어가 한민족의 위대한 '문화유산'으로 다음 세대에게 계승하여 상속할 만한 가치를 지닌 문화적 소산임을 명심하게 하는 계기를 삼고자 한다.

민족생활어 조사 사업은 2007년부터 시작하여 2016년까지 10년간 수행할 예정이다. 국어 기본법 제2조 기본이념에서 밝히고 있듯이 국어가 민족 제일의 문화유산이며 문화 창조의 원동력임을 깊이 인식하여 이를 조사하고 보존함으로써 민족문화의 정체성을 확립하고 나아가 후손에게 계승할 수 있도록 하여야 하겠다.

2008년 12월

국립국어원 원장   이   상   규

차례

책머리에__5

제1부 사업 개요
제 1 장   민족생활어란 무엇인가? • 17
제 2 장   연구 추진 과정 • 22

제2부 연구 내용
제 3 장   금산 사람들의 말 • 29

  1. 생애 구술 ……………………………………………………………… 29
  2. 조사된 어휘 …………………………………………………………… 29
    2.1. 식(食) ……………………………………………………………… 29
      2.1.1. 식생활도구__29   2.1.2. 음식__41
    2.2. 주(住) ……………………………………………………………… 49
      2.2.1. 주택구조__49   2.2.2. 살림도구__54
      2.2.3. 농기구__69   2.2.4. 농사__78
    2.3. 의(衣) ……………………………………………………………… 86
      2.3.1. 한복__86   2.3.2. 섬유__92
    2.4. 생활어(풍속) ……………………………………………………… 96
      2.4.1. 무속__96   2.4.2. 혼례__97   2.4.3. 출산__98
      2.4.4. 놀이__98   2.4.5. 장례__100   2.4.6. 축제__101
      2.4.7. 명절 및 절기__102 2.4.8. 직업__102   2.4.9. 장소__106
      2.4.10. 기타__106

제4장 대장장이의 말 • 122

1. 생애 구술 ·· 122

2. 조사된 어휘 ·· 132

  2.1. 대장장이란? ·· 132
    2.1.1. 대장장이__132   2.1.2. 대장__133   2.1.3. 불무쟁이__133
    2.1.4. 선메쟁이__133   2.1.5. 암메꾼__133   2.1.6. 건달일꾼__134

  2.2. 제작 장소 ·· 134
    2.2.1. 승낭깐__134   2.2.2. 센방__134   2.2.3. 장날__135

  2.3. 제작구호 ··· 135
    2.3.1. 똥그랑 땡땡__135

  2.4. 재료 ·· 135
    2.4.1. 쇠의 종류__135   2.4.2. 연장 자루__138
    2.4.3. 연장 자루의 재료__139   2.4.4. 그 외의 재료__140

  2.5. 제작 도구 ·· 140
    2.5.1. 집게__140   2.5.2. 쇠를 손질하는 도구__144
    2.5.3. 메__150   2.5.4. 머릿돌__152   2.5.5. 그 외 도구__153

  2.6. 제작행위 ··· 156
    2.6.1. 담금질__156   2.6.2. 메질__157   2.6.3. 날 작업__158
    2.6.4. 재단__159   2.6.5. 쇠 모양 작업__159
    2.6.6. 기타 작업__160

  2.7. 제작 결과물 ·· 161
    2.7.1. 농기구__161   2.7.2. 가정용품__166   2.7.3. 공구__167
    2.7.4. 기타 결과물__169

  2.8. 그 외 ··· 170
    2.8.1. 개념__170   2.8.2. 개념(부분 명칭)__171

제 5 장   무속인의 말 • 173

1. 생애 구술 ·· 173
    1.1. 송선자_173   1.2. 신석봉_193

2. 조사된 어휘 ·· 200
    2.1. 무속인이란? ·· 200
        2.1.1. 무속인_200   2.1.2. 처녀무당_201   2.1.3. 총각무당_201
        2.1.4. 정각쟁이_201   2.1.5. 법사_201   2.1.6. 보살_202
        2.1.7. 신아버지_202   2.1.8 신딸_202   2.1.9. 돌팔이_203

    2.2. 제 종류 ·· 203
        2.2.1. 사원제_203   2.2.2. 목신제_203   2.2.3. 수신제_203
        2.2.4. 용왕제_204   2.2.5. 서낭제_204   2.2.6. 거리제_204
        2.2.7. 기우제_204

    2.3. 굿 종류 ·· 205
        2.3.1. 해살_205   2.3.2. 미친굿_205   2.3.3. 씻침굿_205
        2.3.4. 당산굿_205   2.3.5. 터주굿_206   2.3.6. 비방굿_206
        2.3.7. 안택굿_206   2.3.8. 내림굿_207   2.3.9. 신사맞이_207

    2.4. 경 종류 ·· 207
        2.4.1. 칠성경_207   2.4.2. 우마육경_208   2.4.3. 우물경_208
        2.4.4. 성조경_208   2.4.5. 삼신경_208   2.4.6. 제석경_208
        2.4.7. 조상경_209   2.4.8. 옥추팔영_209   2.4.9. 옥각기문_209
        2.4.10. 축사_209   2.4.11. 해신_209   2.4.12. 태을보신경_210
        2.4.13. 부정경_210   2.4.14. 조왕경_210   2.4.15. 단경_210

    2.5. 축원 ·· 210
        2.5.1. 산재축원_210   2.5.2. 용왕축원_211   2.5.3. 안심축원_211
        2.5.4. 합이축원_211   2.5.5. 살제사축원_211 2.5.6. 조상축원_212
        2.5.7. 안택축원_212   2.5.8. 독경_212

    2.6. 귀신 종류 ·· 213
        2.6.1. 귀신_213   2.6.2. 도깨비_215   2.6.3. 단귀신_215

2.7. 신(神) 종류 ··· 216
2.7.1. 내명__216 2.7.2. 소고__216 2.7.3. 백마신장__216
2.7.4. 좌부좌총__216 2.7.5. 관원장군__217 2.7.6. 우부우총__217
2.7.7. 마원장군__217 2.7.8. 풍도황건__217 2.7.9. 역사신장__217
2.7.10. 조왕신__218 2.7.11. 옥황상제__218 2.7.12. 칠성__218
2.7.13. 산신__218 2.7.14. 용왕__218 2.7.15. 선관도사__219
2.7.16. 산신도사__219 2.7.17. 선녀__219 2.7.18. 대신__219
2.7.19. 장군신__219 2.7.20. 동자신__220 2.7.21. 대감신__220
2.7.22. 오방신장__220 2.7.23. 도술장군__220 2.7.24. 번개장군__220
2.7.25. 천존신장__221 2.7.26. 대장군__221 2.7.27. 십대왕__221
2.7.28. 성조__221 2.7.29. 영동할머니__222

2.8. 굿 재료 ··· 222
2.8.1. 꽃__222 2.8.2. 설경__223 2.8.3. 대__224
2.8.4. 기타 재료__225

2.9. 제물 ·· 227
2.9.1. 음식__227 2.9.2. 기타 제물__230

2.10. 굿 도구 ·· 230
2.10.1. 소나무__230 2.10.2. 대나무__231 2.10.3. 무성조__231
2.10.4. 체__231 2.10.5. 호박__231 2.10.6. 유리병__232
2.10.7. 꽃성주__232 2.10.8. 봉지성주__232 2.10.9. 신장도__232
2.10.10. 소청__233 2.10.11. 신대__233 2.10.12. 살풀이 살대__233
2.10.13. 활__233 2.10.14. 열두초롱__233 2.10.15. 열두고__234
2.10.16. 칠성고__234 2.10.17. 신장칼__234 2.10.18. 엄나무칼__234
2.10.19. 퇴줏그릇__235 2.10.20. 설경판__235 2.10.21. 설경도__235
2.10.22. 신장__236 2.10.23. 사고지__236 2.10.24. 내전상__236
2.10.25. 오방기__237 2.10.26. 악기__237

2.11. 굿 행위 ·· 238
2.11.1. 의식 행위__238 2.11.2. 기타 행위__241

2.12. 부적 종류 ··· 243
2.12.1. 옥갑부적__243 2.12.2. 팔문금쇄진__243

2.13. 살(煞) 종류 ·· 243
2.13.1. 악살__243   2.13.2. 상충살__243   2.13.3. 원진살__244
2.13.4. 상문살__244   2.13.5. 천파(천액)__244

2.14. 해원 ·· 244
2.14.1. 청소해원__244   2.14.2. 육갑해원__245   2.14.3. 해신해원__245

2.15. 굿 용어 ·· 245
2.15.1. 동투__245   2.15.2. 탈이 안 붙는다__246
2.15.3. 강이 온다__246   2.15.4. 성주 받다__246
2.15.5. 떡 해먹다__246   2.15.6. 머리 깍다__247
2.15.7. 뒤집히다__247   2.15.8. 삼신이 몟다__247
2.15.9. 산이 우는 날__247   2.15.10. 설경 뜬다__247
2.15.11. 굿 덕을 본다__248   2.15.12. 삼살방__248
2.15.13. 월패__248   2.15.14. 팔진도__248
2.15.15. 청__248   2.15.16. 문서__249
2.15.17. 생기__249   2.15.18. 하회__249
2.15.19. 복동__249   2.15.20. 호랑이__249
2.15.21. 유병자__250   2.15.22. 유리국__250
2.15.23. 금나라__250   2.15.24. 연폭__250
2.15.25. 바느질밥__250   2.15.26. 한커리__251
2.15.27. 서두__251   2.15.28. 축귀__251
2.15.29. 서쪽__251   2.15.30. 꽃방석__251

2.16. 개념 ·· 252
2.16.1. 서낭__252   2.16.2. 사자__252   2.16.3. 혼신__252
2.16.4. 열두대문__252   2.16.5. 구설__252   2.16.6. 연화세계__253
2.16.7. 당주__253   2.16.8. 영__253   2.16.9. 영가__253
2.16.10. 영실__253   2.16.11. 직성__254   2.16.12. 경문__254
2.16.13. 성주__254

2.17. 굿장소 ·· 254
2.17.1. 굿당__254

제 6 장 단청장의 말 · 255

1. 생애 구술 ·· 255
2. 조사된 어휘 ··· 275
  2.1. 단청장 ·· 275
    2.1.1. 금어__275
  2.2. 단청 ·· 275
    2.2.1. 건물의 성격에 따른 단청의 분류__275
    2.2.2. 단청의 분류(신축 건축물과 보수 단청)__276
    2.2.3. 조형 양식에 따른 단청의 분류__277
    2.2.4. 단청의 재료__280   2.2.5. 단청 용어__290
    2.2.6. 단청의 작업 도구__291   2.2.7. 시공 과정__293
    2.2.8. 작업 위치__299   2.2.9. 문양__301
    2.2.10. 고사__310   2.2.11. 불교미술 관련 어휘__310

제3부 연구 결과

제 7 장 마무리 · 317

참고문헌__318
찾아보기__319

제1^부

사업 개요

제1장 민족생활어란 무엇인가?

제2장 연구 추진 과정

제1장 민족생활어란 무엇인가?

인간은 다양하고 역동적인 생활 모형을 창조하기도 하며 다른 사람이 이미 만든 생활 모형을 따르며 살아가기도 한다. 그러한 생활 모형이 다수에 의해 집단화되거나 후손에게 영속적으로 이어지면 문화가 된다. 이러한 문화 속에서 관계를 맺고 소통하기 위해 사용하는 매개체를 가지게 되는데 그것이 바로 언어이다.

민족생활어란 민족이라는 말에 생활과 언어가 결합되어 이루어진 말이다. 민족은 일정한 지역에서 오랜 세월 동안 공동생활을 하면서 언어와 문화상의 공통성에 기초하여 역사적으로 형성된 사회집단을 말한다. 생활은 사람들의 일상적인 정서, 인식, 행동으로 이루어지며 이것의 대부분은 언어를 매개로 구체화된다.

일정한 지역에서 언어, 풍습, 종교, 정치, 경제 등을 공유하면서 장기적으로 집단적 생활을 지속적으로 반복하게 되면, 공속적인 사고체계와 문화체계를 형성하게 된다. 곧 이러한 사고체계와 문화체계는 그 민족의 생활 모습을 통해 알 수 있는데, 이들 생활의 대부분은 민족이 사용하는 언어를 통하여 드러나게 된다.

그러므로 한 민족이 살아 온 삶의 모습, 사고체계, 정체성 등을 파악하기 위해서는 동일 민족의 범주에 속하는 다양한 사람들의 생활어를 살펴보아야 한다. 이것은 생활 속에서 이루어지는 언어의 어휘, 형식, 의미, 용례, 담화 등의 조사와 재발견을 통해 구체화시킬 수 있다.

민족생활어를 조사하기 위해서는 우선 그 언어를 담고 있는 민족문화를 알아야 한다. 이를 위해 한국 민족문화의 개념과 범위를 살펴보면 다음과 같다(『한국 민족문화대백과사전』).

○ 한국 민족문화에는 외국에서 우리나라로 귀화한 사람과 우리나라에서 외국으로 이주한 사람의 문화도 포함된다.

○ 한민족이 아닌 다른 민족이 이룩한 문화는 한민족 구성원에 의하여 연구 변용된 구체적인 사실이 있는 경우에 한국 민족문화에 포함된다.

○ 한민족이 우리 강역 안에서 이룩한 문화 외에도 외국으로 일시 진출하거나 항구적으로 이주하여 이룩한 문화도 한국 민족문화에 포함된다.

○ 선사시대의 생활양상도 한국 민족문화에 포함된다.

○ 자연 그 자체는 문화가 아니지만 한민족에 의하여 이용되고 의미를 부여한 자취가 있을 때는 한국 민족문화로 다룬다.

○ 현대 문화의 양상은 전통 문화와의 연관이 파악되고 광범위한 영향을 끼치며, 우리나라에서의 독자성 또는 특수성이 보편성과 함께 인정되어야 한국 민족문화이다.

○ 민족문화는 민족 · 강역 · 역사 · 자연 · 생활 · 사회 · 사고 · 언어 · 예술 등 아홉 가지로 크게 분류된다.

이상과 같은 한국 민족문화의 개념과 범위 규정은 앞으로 수행할 이 사업의 조사 대상과 영역을 선정하는 데 중요한 기준으로 삼을 수 있다.

사피어 워프의 가설(Sapir Whorf 가설, 언어의 상대주의 이론)에 보면 언어구조나 실제 사용하는 언어 형식이 사용자의 사고에 영향을 미치는 것으로 되어 있다. 언어 사용자는 필요에 따라 많은 언어 형식을 창조한다. 사용자가 그만큼 사고를 많이 한다는 말이다. 북극의 이누이트족은 눈, 얼음, 바람을 아주 세분된, 수십 개의 말로 표현한다. 필리핀 민도르의 하우누족은 450종 이상의 동물과 1,500종 이상의 식물을 구분한다. 실제 공인된 공식 도감의 분류보다 400여 종이 더 많다.

어떤 언어 사용자의 죽음은 그가 가진 독특한 생활어도 함께 사라짐을 의미한다. 언젠가 아프리카에서 들려오는 소식으로 다음과 같은 이야기가 있었다. "한 사람의 노인이 사망할 때마다 하나의 박물관이 사라지고, 하나의 도서관이 사라진다." 문자가 아닌 구전으로 지식과 지혜가 전수되는 아프리카의 문화 전통에서 오래도록 살아 온 한 노인은 그 사람 자체가 박물관이고 도서관이었다(강신표, 인제대).

이러한 관점은 조사 대상과 조사 영역에 대한 중요한 기준을 제시해 준다. 누구를 조사해야 하고, 무엇을 조사해야 하는지에 대한 해답을 이 관점을 토대로 찾아낼 수 있을 것이다.

민족생활어란 한국 민족이 그들의 문화 속에 담고 있는 생활 어휘, 형식, 의미, 용례, 담화 등을 모두 포함한 용어라고 정의할 수 있다. 그리고 민족생활어 조사란 바로 그러한 한국 민족문화 모형을 가진 인간을 대상으로 다양한 생활 어휘들을 조사해야 하는 것이다.

한 민족 내에서 사용한 언어는 그 민족의 사고와 행동양식과 불가분의 관계에 있으며, 이것은 사람들의 일상적 활동과 연계된 생활어에 구체적으로 나타나고 있다. 실제로 음운이나 문법과는 달리 어휘, 의미, 용례, 담화에는 그 시대의 다양한 특징적 상황이 반영된다. 사회구조가 복잡해지고 새로운 사물과 행동이 나타나면서 그에 합당한 어휘가 생겨나게 된다. 이러한 어휘 부족 현상을 충족시키기 위해서 기존 언어의 의미가 더 확대

되거나 기존 어휘가 새로운 의미로 변화하거나 새로운 어휘로 대체되는 현상이 나타날 수 있다.

새로운 사실이나 관념의 형성, 사물에 대한 새로운 지식이 생겨날 때 나타나는 새말이나 기존 의미의 변화, 문화변동에 직접적으로 가장 민감하게 반응하는 것이 어휘이므로 어휘의 변화가 가장 심하다. 따라서 우리말의 어휘가 변화해 온 양상을 살펴보면 우리나라에서 이루어진 사회적 · 정치적 · 문화적인 변화양상까지도 읽을 수 있다. 이와 같이 다양한 계층, 성, 지역, 연령 등에서 사용하고 있는 광범위한 생활어의 음성, 어휘, 의미, 용례, 담론, 사진, 동영상 등을 종합적이고 체계적으로 수집 · 정리하고 활용함으로써 우리 민족의 독창적인 사고력 증진과 민족 문화를 발전시킬 수 있다.

광범위한 민족생활어를 지속적이고 체계적으로 조사 · 정리하고, 이에 기초하여 민족 제일의 문화유산인 국어와 한민족의 고유한 사유체계와 행동 양식의 역동성을 연구할 필요가 있다. 사회 · 경제 구조와 활동이 급속히 변화함에 따라 오랜 시간에 걸쳐 형성, 유지, 발전되어 온 국어의 어휘, 의미, 용례, 소통양식 등이 사라지고 있다. 이에 대한 체계적이고 지속적인 자료 수집, 정리, 보관, 활용에 관해 연구를 한다.

한 민족의 삶 속에 내재한 생생한 생활어를 조사함으로써 그와 연관된 생활 자료를 보존할 수 있고, 그동안 간과되어 온 민족의 역사를 복원할 수 있다. 이를 통해 당대의 올바른 시대상을 파악할 수 있고 국가발전의 가시적 성과도 제시할 수 있다.

지난 100년 동안 한국의 사회 · 경제 활동이 급격하게 변화하면서 다양한 직업들이 소멸 · 쇠퇴하는 반면 다른 많은 직업들이 창출됨에 따라 국어의 기반을 이루고 있는 생활 양식이 바뀌고 있다. 빠르게 소멸되어 가는 전통 사회 · 경제 · 문화 활동과 연계된 민족생활어를 수집 · 정리하고 활용하여 민족문화의 정체성을 확립하고 국어 어휘, 의미, 용례의 다양성을 보존하여 후손에게 물려주어야 한다. 이와 동시에 탈근대 혹은 지식·정보 사회·경제·문화 활동과 연계되어 새롭게 만들어지고 있는 생활어를 지속적으로 수집·정리하고 활용하여 민족 제일의 문화유산인 국어를 변화하는 시대정신에 맞추어 창조적으로 계승·발전시킬 필요가 있다.

그런데 20세기 민족생활어의 조사 대상이 되는 민중들은 소수의 예를 제외하면 대개 고령자일 경우가 많다. 민족생활어 조사의 시급성은 바로 이러한 사실로부터 제기된다. 그러므로 지난 세기를 살면서 일상의 온갖 생활어를 생생히 사용해 왔던 고령자들로부터 하루라도 빨리 생활어를 발굴·조사하지 않으면 참으로 귀중한 지난 세기 우리 민족의 생활어가 사라져 버릴지도 모르는 위기에 처하게 될 것이다.

이처럼 지난 세기의 급격한 사회변동에 따라 곧 사라질 위기에 처해 있는 우리 민족의 생활어휘를 조사하기 위해서는 고령자들의 구술에 크게 의존할 수밖에 없는데, 이를 통해 노년세대들의 소외의식을 줄이고 그들의 자존감도 회복시킨다. 또한 소외계층의 생활어나 해외에 거주하는 한민족의 생활어도 조사하여 그들의 자존감을 회복시키고 소외감을 해소한다. 아울러 당대의 고령층과 소외계층 사람들의 의식을 파악하고, 그들이 국가발전에 기여한 생생한 증거를 확보할 수 있다. 이러한 과정을 통해 우리 민족이 이룩한 문화유산과 업적을 정리·집대성하여 새로운 한국 민족문화를 창조하는 기반을 구축할 수 있을 것이다.

김 덕 호(국립국어원)

제2장 연구 추진 과정

　인간은 환경의 영향을 받기 마련이다. 지역, 성별, 나이, 직업 등에 따라 사용하는 언어가 다르게 나타나는 것도 이러한 이유에서이다. 우리는 한 민족임에도 불구하고 다양한 유형의 어휘를 사용하는데, 개개인의 언어생활을 보면 그들의 삶이 어떠했는지 쉽게 가늠해볼 수 있다.

　언어는 사회를 유지하는 하나의 중요한 축이지만 사회적 갈등을 유발시키는 원인이 될 수 있다. 물론 현대에 이르러 표준어의 사용이 일반화된 것이 사실이나 아직도 집단별, 직업별, 영역별로 다른 어휘를 구사하고 있다. 언어의 특수성을 고려할 때 이는 당연한 결과이나 이로 인해 사람들은 이질감을 느낄 수 있다. 또한 계속해서 변화, 소멸, 생성하는 언어적 특성을 고려할 때 시일이 지날수록 문제점은 더욱 부각될 수밖에 없다. 다른 어휘 사용으로 인한 혼란과 혼동(사회적 갈등)이 야기되기 이전에 다양한 집단과 영역의 언어를 이해할 수 있는 장을 만들어주어야 할 필요가 있다. 즉 민족생활어에 대한 총체적인 이해 이후에 국민들의 화합과 공존은 가능하다고 생각한다.

　본 조사는 우선 특수한 직업을 가진 사람들이 사용하는 어휘에 주목하였다. 일차로 금산 지역의 내수면어업종사자를 조사할 계획이었으나 이 일에 종사하는 사람들을 찾아볼 수 없어 방향을 바꾸어 금산 지역 사람들이 실제로 사용하는 생생한 어휘를 조사했다. 의식주, 그 외 기타 생활어에 대해 전반적인 내용을 조사하여 그들의 삶을 조망해본 이후 원래의 취지대로 특수 직업을 가진 사람들에 대해 조사하기 시작했다. 여러 특수한 직업을 가진 사람이 있겠지만 2007년도에는 대전에 살고 있는 대장장이, 무속인, 단청장으로 한정했다.

　첫째, 대장간은 우리 실생활에서 꼭 필요한 다양한 연장을 만드는 곳으로 오랜 역사를 지닌다. 과거에는 마을 어귀나 장터에 대장간이 있어 새로운 연장을 만들기도 하고 무딘 연장을 벼르기도 하였다. 그러나 현재 중국에서 값싼 연장이 들어와 운영이 어려워져 문을 닫은 대장간이 많다. 또한 이 일에 대한 사람들의 인식이 좋지 않고 노력에 비해 수입도 적어 대장일을 하는 사람을 찾기란 매우 어렵다. 이렇다 보니 대를 이어 대장일을 하는 몇몇 사람 외에는 이 일을 하는 사람이 없다고 해도 과언이 아니다. 따라서 대장일을 하는 사람이 없어지기 이전에 그들이 사용하는 언어를 조사하고 정리하는 작업이 필요하다고 생각한다.

　본 조사는 대를 이어 대장장이가 된 사람을 대상으로 그들의 어휘를 조사할 계획이다. 더불어 대장장이가 되기까지 어떠한 삶을 살았으며 그 이전 세대에게 어떠한 영향을 받았는지 살펴보도록 하겠다.

　둘째, 무속은 인간과 신을 연결해준다는 믿음 아래 과거부터 지금까지 오랜 시간 이어져 내려오고 있다. 이는 사람들의 생활(종교생활)과 밀접하게 연관하고 있어 사라질 염려는 없으나 사회적 편견으로 인해 여전히 음지에서 행해지고 있다.

　현재 경제적인 이유로 철학을 공부하여 이 일에 종사하는 사람들이 증가하고 있으나 전통적으로 이어져 온 굿을 할 수 있는 사람은 많지 않은

실정이다.

대전의 무형문화재 1, 2호로 지정된 신석봉, 송선자는 제대로 된 굿을 할 수 있는 사람이다. 현재 문하생을 양성하고 있다고는 하나 빠른 시간에 배워 실제적인 경제생활을 하려는 사람들이 대부분이라 그들의 기술이 제대로 전해질지 염려된다고 한다.

따라서 본 조사는 전통방식을 고수하는 신석봉, 송선자의 생애를 중심으로 그들이 사용하는 어휘를 조사할 계획이다. 각자의 특기를 살려 대전, 충남 지역의 앉은굿은 신석봉에게서 자문을 구하고 설경에 대해서는 송선자의 의견을 적극 수용하도록 하겠다.

셋째, 단청은 선사시대 토기 채색을 시점으로 사람들의 몸에 채색을 하거나 문신을 하는 데서부터 그 기원을 찾을 수 있다. 한국단청은 고구려 고분 벽화에서 찾아볼 수 있고 삼국시대, 고려, 조선에까지 전통적인 맥을 이어왔으며 한국건축의 미로 발전했다.

단청장은 전통적인 공예기술자다. 그러나 현재 전통적인 방법으로 채색을 하는 사람은 별로 없다. 대부분 미술을 전공한 사람들이 경제적인 부를 얻기 위해 직업으로 단청장을 선택하기 때문에 전통적인 방법을 택하기 보다는 간소화된 방법으로 채색을 한다. 또한 전통적인 문양보다는 간단하고 축소화된 문양을 선택하기 마련이다. 이에 전통이 사라질까 우려되는 바가 없지 않다.

단청장 이정오는 우리나라 단청계 최대 계파 수장인 고 일섭스님에게서 단청 기능을 전수받아 1974년 지정문화재 수리기술자(단청기술자) 시험에 최연소(만 26세)로 합격했으며 현재 대전의 무형문화재 11호로 지정되어 있다. 그는 전통 기법을 고집하는 사람 중 하나이다. 따라서 단청장 이정오에 대한 조사는 사라져가는 전통 단청을 살리기 위한 의미 있는 작업이라고 생각한다.

이들 각각의 직업은 경제적인 궁핍, 사회적 편견으로 인해 점점 사라지고 있는 실정이다. 게다가 전통적인 기법 역시 훼손되고 변형되었다. 따라서 더 이상 소멸되기 이전에 면밀히 관찰, 기록하여 우리의 문화유산으로 보존해야 할 것이다.

제2부

연구 내용

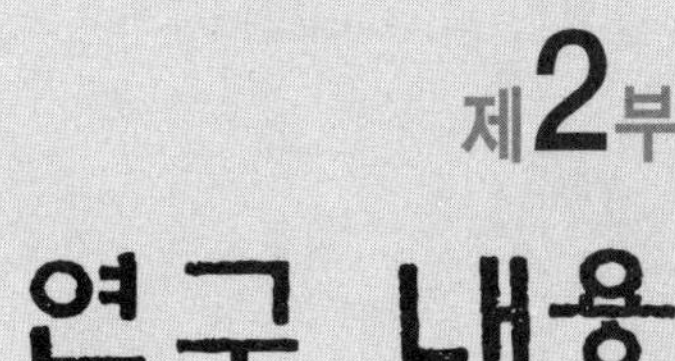

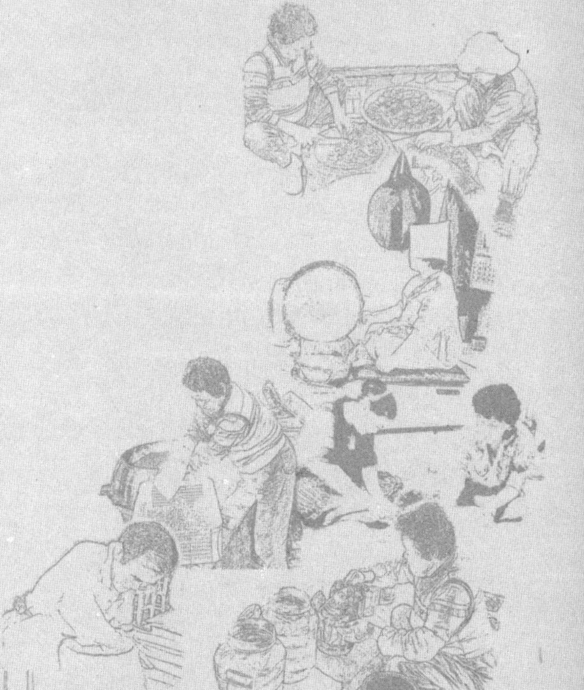

제3장 금산 사람들의 말

제4장 대장장이의 말

제5장 무속인의 말

제6장 단청장의 말

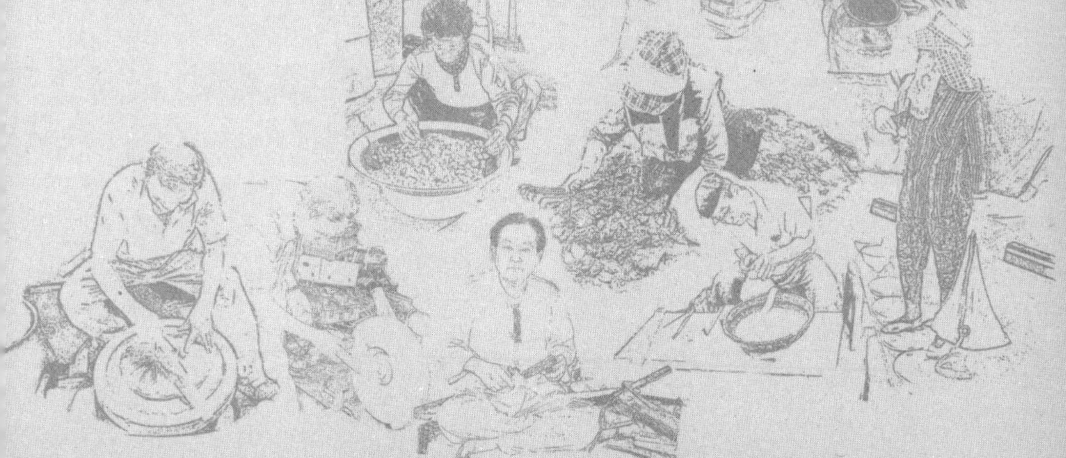

제3장 금산 사람들의 말

1. 생애 구술

2. 조사된 어휘

2.1. 식(食)

2.1.1. 식생활도구

1) 취사도구

(1) 가마솥

명 '가마솥'은 밥을 짓거나 물을 끓이는 데 사용되는 취사용구를 이르는 말이다. 주로 양은이나 알루미늄 따위의 쇠붙이로 만드나 오지·곱돌·무쇠로 만들기도 한다(≒솥단지).

(2) 솥단지

명 '솥단지'는 솥을 이르는 말이다. 조사지역인 금산에서는 '가매솥'이라고도 한다.

(3) 소두방

명 '소두방'이란 솥의 아가리를 덮는 뚜껑을 이르는 말이다. '솥뚜껑'의 충청도 사투리이다.

(4) 옹솥

명 '옹솥'은 옹기로 만든 솥을 이르는 말이다.

(5) 시루

명 '시루'는 떡이나 쌀 따위를 찌는 데 쓰는 둥근 질그릇을 이르는 말이다. 모양이 자배기 같고 바닥에 구멍이 여러 개 뚫려 있다. '시루'는 바닥에 구멍이 여러 개 뚫려 있어 물솥에 올려놓고 불을 때면 뜨거운 수증기가 구멍 속으로 들어가 시루 안의 것이 익는다.

2) 그릇의 종류

(1) 밥그릇

명 '밥그릇'은 밥을 담는 그릇을 이르는 말이다. '밥주가리'라고도 한다.

(2) 놋그릇

명 '놋그릇'은 놋쇠로 만든 그릇을 이르는 말이다.

(3) 대접

명 '대접'은 위가 넓적하고 운두가 낮으며 뚜껑이 없는 그릇을 이르는 말이다. 국이나 물 따위를 담는 데 쓴다.

(4) 자싯물그릇

몡 '자싯물그릇'은 설거지 후에 생긴 물을 담는 그릇을 이르는 말이다. 설거지 할 때 쓰는 그릇이다.

(5) 공기

몡 '공기'는 위가 넓게 벌어지고 밑이 좁은 작은 그릇을 이르는 말이다. 주로 밥을 담아 먹는 데 쓴다.

(6) 양푼이

몡 '양푼이'는 음식을 담거나 데우는 데에 쓰는 놋그릇을 이르는 말이다. 운두가 낮고 아가리가 넓어 모양이 반병두리 같으나 그 크기가 더 크다.

(7) 약탕광

몡 '약탕광'은 약을 다려먹는 그릇을 이르는 말이다.

(8) 사금파리

몡 '사금파리'는 사기그릇의 깨어진 작은 조각을 이르는 말이다.

3) 용기의 종류

(1) 겉대

몡 '겉대'는 떡을 찔 때 밑에 대는 도구를 이르는 말이다.

(2) 다래키

몡 '다래키'는 아가리가 좁고 바닥이 넓은 바구니를 이르는 말이다. 대, 싸리, 칡덩굴 따위로 만든다. 제보자의 말에 의하면 그전에는 '다래키'를 만들어가지고 밭에서 수확물을 거둬올 때 담아오는 도구로 썼다고 한다.
'다래키'는 '다래끼'의 방언으로 대리끼, 대래끼, 대래키라고도 한다.

(3) 종다래키

⊗ '종다래키'는 작은 바구니를 이르는 말이다. 다래끼보다 작으며 양쪽에
끈을 달아 허리에 차거나 멜빵을 달아 어깨에 메기도 한다.

(4) 꽝우리

⊗ '꽝우리'는 대 · 등나무 · 싸리 등으로 엮어서 만든 용기의 총칭이다. 바
닥은 그물코가 촘촘하고 전은 성기게 만들었다. 대바구니와는 달리 그물
코가 거칠고 형태도 비교적 크다.

(5) 삼태미

⊗ '삼태미'는 주로 나무줄기로 둥글고 길게 원형 테를 만들어 그물을 원
형 테에 맞추어 꿰매어 만든 도구이다. 주로 새우나 송사리 등을 잡는데
사용한다. 제보자의 말에 의하면 밭에 거름을 주거나 소여물을 줄 때도
사용한다고 한다. '삼태미'는 '삼태기'의 방언으로 강원, 경기, 경남, 전라,
충청 지방에서 나타난다.

[사진 1] 삼태미(1)

[사진 2] 삼태미(2)

(6) 소쿠리

뎽 '소쿠리'는 대를 얇고 가늘게 쪼개어 둥글게 짠, 테가 달린 그릇을 이르는 말이다. 본래는 식료품을 담거나 물로 씻은 식품을 담는 데 사용하였으나, 짜는 방법과 모양·크기를 달리하여 과자나 과일을 담는 데도 사용한다.

(7) 대소쿠리

뎽 '대소쿠리'는 대나무로 만든 소쿠리이다.

(8) 장대미소쿠리

뎽 '장대미소쿠리'는 대를 얇고 가늘게 쪼개어 둥글게 짠, 테가 달린 그릇을 이르는 말이다. '보거리'라고도 한다.

[사진 3]
장대미소쿠리

(9) 둥개미

뎽 '둥개미'는 짚으로 크고 두껍게 엮은 둥우리를 이르는 말이다. 예전에, 추울 때 사람이 들어앉아 망을 보거나 말 등에 얹고 그 안에 들어앉아 말을 타고 가는 데 썼다고 한다.

(10) 채반

명 '채반'은 껍질을 벗긴 싸리나 버드나무 · 대나무 따위의 가는 나무오리로, 춤이 없이 결어 만든 둥글넓적한 채 그릇을 이르는 말이다.

[사진 4] 둥개미

[사진 5] 채반

(11) 다라

명 '다라'는 물건을 담는 둥근 모양의 넓적한 용기를 이르는 말이다.

(12) 메주박

명 '메주박'은 메주 담글 때 쓰는 바가지를 이르는 말이다.

[사진 6] 메주박

(13) 되박

명 '되박'은 쌀이나 보리를 되는데 사용되는 기구를 이르는 말이다. 정육면 형태로 위쪽이 터져 있고 가운데 공간에 곡식을 담는다.

(14) 함박

명 '함박'은 나무로 네모지게 짜서 만든 그릇을 이르는 말이다. 운두가 조금 깊으며 밑은 좁고 위는 넓다. 제보자는 쌀을 씻을 때 쓴다고 했다. '함지, 함지박'이라고도 한다.

(15) 동이

명 '동이'는 질그릇의 하나로 흔히 물 긷는 데 쓰는 그릇을 이르는 말이다. 보통 둥글고 배가 부르고 아가리가 넓으며 양옆으로 손잡이가 달려 있다.

(16) 옹댕이

명 '옹댕이'는 작은 질그릇을 이르는 말이다. 키가 작고 배가 부르며 둥글게 생겼다. 양쪽에는 손잡이가 달려 있으며 아가리가 넓다. 흔히 물 긷는 데에 쓴다.

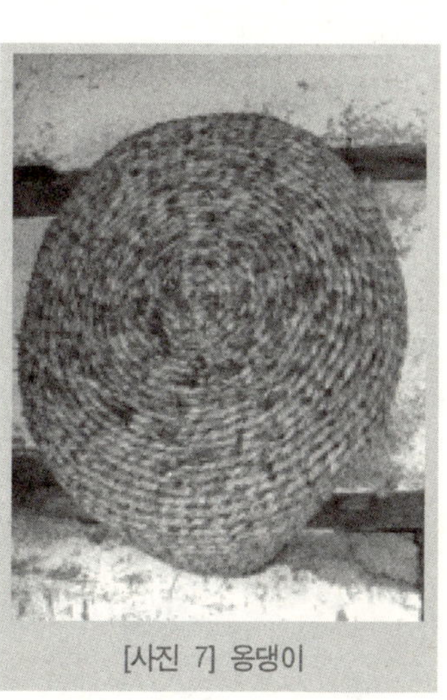

[사진 7] 옹댕이

(17) 물동이

명 '물동이'는 물을 긷거나 담아 두는 데 쓰는 동이를 이르는 말이다.

(18) 독아리

명 '독아리'는 쌀 등을 담아두는 단지를 이르는 말이다.

(19) 단지

명 '단지'는 음식물 등을 저장하기 위한 용구로서 항아리보다 약간 작은 그릇을 이르는 말이다. 모양은 항아리와 비슷하다. 배가 불룩 나오고 그릇의 아래 위가 좁으며 입구가 짧은 그릇으로서, 항아리보다는 조금 작은 것을 단지라고 한다.

(20) 장독

명 '장독'은 간장, 된장, 고추장 따위를 담아 두거나 담그는 독을 이르는 말이다. 금산에서는 '독'이라고도 한다.

(21) 독새끼

명 '독새끼'는 크기가 작은 독을 이르는 말이다.

(22) 수팅이

명 '수팅이'는 독보다는 작은 중간 크기의 단지를 이르는 말이다.

(23) 통개

명 '통개'는 독보다는 작고 단지보다는 큰 용기를 이르는 말이다.

(24) 옹백이

명 '옹백이'는 옹기그릇을 이르는 말이다.

(25) 타루박

명 '타루박'은 긴 자루 끝에 바가지를 달아 물을 푸는 기구를 이르는 말이다. 금산에서는 '두름박'이라고도 한다.

(26) 두지

명 '두지'는 쌀 따위의 곡식을 담아 두는 세간의 하나를 이르는 말이다. 나무로 궤짝같이 만드는데, 네 기둥과 짧은 발이 있으며 뚜껑의 절반 앞쪽이 문이 된다. '뒤주'의 잘못된 표현으로, '뒤주'는 한자를 빌려서 쓴 말이다. '쌀궤짝, 쌀궤, 쌀통개'라고도 한다.

(27) 가마니

[명] '가마니'는 곡식·비료·소금 등을 담기 위해 짚으로 섬처럼 만든 용기를 이르는 말이다. 새끼로 날[經]을 만들고, 짚을 씨[緯]로 하여 돗자리를 치듯 쳐서 울을 깊게 한 후, 양쪽 가장자리를 꿰어 만든다.

(28) 도구통

[명] '도구통'은 곡식을 찧거나 빻는 민구(民具)를 이르는 말이다. 사람의 힘으로 곡식을 찧거나, 양념을 빻을 때, 또는 메주를 찧거나 떡을 찧을 때에 쓰는 매이다. 지방에 따라 도구·도구통·절기방아·방애라고도 한다. 금산에서는 '도고통'이라고도 한다.

(29) 도굿대

[명] '도굿대'는 곡물을 절구에 넣고 공이로 찧는 데 이용되던 농기구를 이르는 말이다. 절굿공이는 대개 긴 나무를 깎아 매끄럽게 만드는데, 손잡이가 되는 중앙 부분은 가늘고 양쪽 끝 부분은 두툼하고 둥글다.

(30) 조랭이

[명] '조랭이'는 조리로, 쌀을 일거나 물기를 뺄 때 쓰는 조리용 기구를 이르는 말이다. 가는 대오리나 싸리 따위로 결어서 조그만 삼태기 모양으로 만든다. '조리'라고도 한다.

(31) 주벅

[명] '주벅'은 음식을 저어 섞거나 밥을 푸기 위한 조리 용구를 이르는 말이다. '주벅'은 '주걱'의 강원, 전라, 함경 지방의 방언이다.

(32) 숟갈

[명] '숟갈'은 밥이나 국물 따위를 떠먹는 기구를 이르는 말이다. 은·백통·놋쇠 따위로 만들며, 생김새는 우묵하고 길둥근 바닥에 자루가 달려

있다(≒ 반비(飯匕)·반시(飯匙)).

   (33) 사위수저

명 '사위수저'는 은으로 만든 수저를 이르는 말이다. 제보자의 말에 의하면 딸을 위해 사위에게 잘 보이려고 은으로 만든 수저를 준다고 한다.

   (34) 며느리수저

명 '며느리수저'는 밥을 뜨는 부분이 길고 뾰족하게 나와 있는 수저를 이르는 말이다. 고부간의 갈등을 볼 수 있는 부분으로 며느리가 미워서 밥 먹다가 길게 나와 있는 부분에 목이 찔려 죽으라고 해서 며느리 수저라고 한다. '고리장숟갈'이라고도 한다.

[사진 8] 며느리수저

   (35) 사발

명 '사발'은 사기로 만든 국그릇이나 밥그릇을 이르는 말이다.. 위는 넓고 아래는 좁으며 굽이 있다.

   (36) 바리

명 '바리'는 사찰에서 스님들이 쓰는 밥그릇을 이르는 말이다. <고적>바닥에서 아가리 쪽으로 벌어져 올라가 아가리의 지름이 20cm 이상인 토기이다. 보통 높이가 아가리 지름보다 짧으며, 음식 그릇으로 쓴다. 제보자의 말에 의하면 스님의 욕심 없는 나무로 된 밥그릇을 '바리'라고 한다.

   (37) 떡판

명 '떡판'은 떡을 칠 때 쓰는 나무 판을 이르는 말이다. 두껍고 넓은 통나무 판을 판판하게 다듬어서 다리를 붙이거나 제물에 다리가 달리도록 깎아 만든다. 여기에 한쪽 또는 중앙을 우묵하게 파내어 떡밥을 넣고 떡메로 친다. '떡자, 안반'이라고도 한다.

(38) 떡메

[사진 9] 떡메

명 '떡메'는 안반(떡판)에서 떡을 칠 때 사용하는 기구를 이르는 말이다. 곡물의 알갱이를 그대로 또는 가루를 만들어 떡판에서 떡을 칠 때 사용하는 기구이다.

(39) 챙이

명 '챙이'는 곡식 따위를 까불러 쭉정이나 티끌을 골라내는 도구를 이르는 말이다. 고리버들이나 대를 납작하게 쪼개어 앞은 넓고 평평하게, 뒤는 좁고 우긋하게 엮어 만든다. '챙이'는 '키'의 방언이다.

(40) 용수

[사진 10] 용수

명 '용수'는 싸리나 대오리로 만든 둥글고 긴 통을 이르는 말이다. 술이나 장을 거르는 데 쓴다.

4) 상의 종류

(1) 소반

명 '소반'은 음식을 먹을 때, 음식 그릇을 올려놓는 작은 상을 이르는 말이다. '소반'은 다리와 판으로 이루어지는데,

다리가 하나 또는 셋으로 된 것도 있으나 대부분 네 개이고, 다리 위의 판
에는 선을 둘렀으며, 여러 가지 조각으로 기교를 보인다.

(2) 개다리소반

명 '개다리소반'은 상다리 모양이 개의 다리처럼 휜 막치 소반을 이르는
말이다(≒개상반(-床盤) · 개상소반 · 구족반(狗足盤)).

(3) 네모진상

명 '네모진상'은 네모진 모양으로 음식을 먹을 때, 음식 그릇을 올려놓는
상을 이르는 말이다.

(4) 짓상

명 '짓상'은 제사를 지낼 때 제물을 벌여 놓는 상을 이르는 말이다.

5) 가리개

(1) 발

명 '발'은 가늘고 긴 대를 줄로 엮거나, 줄 따위를 여러 개 나란히 늘어뜨
려 만든 물건을 이르는 말이다. 주로 무엇을 가리는 데 쓴다.

6) 기계

(1) 기름잿늘

명 '기름잿늘'은 기름 짜는 기계를 이르는 말이다. 제보자의 말에 따르면
옛날에 들깨, 참깨 등을 볶은 후 쪄서 '기름잿늘'에 넣어 독을 올려서 누
르면 기름이 나온다고 한다. '기름틀'이라고도 한다.

7) 장

(1) 찬장

명 '찬장'은 음식이나 그릇 따위를 넣어 두는 장을 이르는 말이다.

2.1.2. 음식

1) 전류

(1) 적

명 '적'은 번철에 기름을 두르고 재료를 얄팍하게 썰어 밀가루를 묻혀서 지진 음식의 총칭이다.

(2) 파적

명 '파적'은 파를 씻어 곧게 펴서 밀가루를 묻혀 지진 음식을 이르는 말이다.

(3) 까죽적

명 '까죽적'은 까죽에 밀가루를 묻혀 지진 음식을 이르는 말이다.

(4) 김치적

명 '김치적'은 김치에 밀가루를 묻혀 지진 음식을 이르는 말이다.

(5) 부침개

명 '부침개'는 기름에 부쳐서 만드는 빈대떡, 전, 누름적, 전병(煎餠) 따위의 음식을 이르는 말이다(≒부침).

2) 과일류

(1) 복송

명 '복송'은 복숭아를 이르는 말이다. '복숭아'의 방언이다(경남, 충청).

(2) 오돌개

명 '오돌개'는 뽕나무의 열매를 이르는 말이다. '오디'의 방언이다.

(3) 다래

명 '다래'는 다래나무의 열매를 이르는 말이다.

(4) 산딸

명 '산딸'은 산딸기나무의 열매를 이르는 말이다.

3) 채소류

(1) 씨래기

명 '씨래기'는 무청이나 배추의 잎을 말린 것을 이르는 말이다. 새끼 따위로 엮어 말려서 보관하다가 볶거나 국을 끓이는 데 쓴다. 제보자의 말에 의하면 가을에 무 이파리를 말린 것을 '씨래기'라고 한다. 시라구(아산, 보령, 부여, 서천), 시라귀(공주), 시라기(공주, 서산), 시락지(아산, 보령, 예산, 서산, 태안), 시르기(천안), 쓰레기(아산, 당진, 대전, 공주, 연기, 청양, 보령, 금산, 서천, 부여, 연기), 씨라구(논산, 보령, 금산, 서천, 대전, 부여, 연기), 씨락지(아산, 논산, 보령, 대전, 예산, 부여, 연기, 홍성, 금산, 공주), 시래기(그 외 지역) 등의 다양한 방언이 있다.

(2) 정구지

명 '정구지'는 백합과의 여러해살이풀을 이르는 말이다. 봄에 땅속의 작은 비늘줄기로부터 길이 30㎝ 정도 되는 선 모양의 두툼한 잎이 무더기로 모여난다. 8~9월에 긴 꽃줄기가 나와 산형(繖形) 꽃차례로 흰색의 작은 꽃이 핀다. 열매는 삭과(蒴果)를 맺으며 익으면 저절로 터져서 까만 씨가 나온다. 비늘줄기는 건위·화상 따위에 쓰고, 잎은 식용한다. 중국과 인도가 원산지로 한국, 일본 등지에 분포되어 있다. '부추'의 방언(경상, 전북, 충청)이다.

(3) 취나물

명 '취나물'은 국화과에 속하는 풀인 취 가운데 식용 가능한 나물의 한 가지이다. 양념에 무치거나 볶아 먹는다.

(4) 구수댕이

명 '구수댕이'는 논두렁, 밭에서 크는 나물을 이르는 말이다. 주로 무쳐먹는다.

(5) 배차

명 '배차'는 배추를 이르는 말이다. '배추'의 방언(강원, 경기, 경상, 충청)이다.

(6) 다마내기

명 '다마내기'는 양파를 이르는 말이다. 일본어이다.

4) 국의 종류

(1) 도실국

명 '도실국'은 다슬기로 끓인 국을 이르는 말이다.

(2) 첫국밥

명 '첫국밥'은 아이를 낳은 뒤에 산모가 처음으로 먹는 국과 밥을 이르는 말이다. 주로 미역국과 흰밥을 먹는다. 제보자의 말에 의하면 미역국을 먹으면 산모에게 좋다고 한다.

5) 육류

(1) 소발
몡 '소발'은 쇠족을 이르는 말이다.

6) 곡물류

(1) 국시
몡 '국시'는 밀가루 · 메밀가루 · 감자 가루 따위를 반죽한 다음, 반죽을 얇게 밀어 가늘게 썰거나 틀에 눌러 가늘게 뽑아낸 식품을 이르는 말이다. 또는 그것을 삶아 만든 음식을 이르는 말이다(늑면(麵) · 면자(麵子) · 탕병(湯餠)).

7) 반찬

(1) 건건이
몡 '건건이'는 변변치 않은 반찬 또는 간략한 반찬을 이르는 말이다.

8) 밥

(1) 눍갱이밥
몡 '눍갱이밥'은 일종의 누룽지를 이르는 말이다. 제보자의 말에 의하면 '눍갱이밥'은 마지막에 눍어서 먹는 밥이라고 한다. 금산에서는 '누룽지',

'깐밥', '깡개'라고도 한다.

(2) 샛밥

[명] '샛밥'은 농사꾼이나 일꾼들이 끼니 외에 참참이 먹는 음식을 이르는 말이다. '곁두리'의 방언(경기, 충북)이다.

(3) 버리밥

[명] '버리밥'은 쌀에 보리를 섞거나 또는 보리로만 지은 밥을 이르는 말이다. '보리밥'의 방언이다.

(4) 고두밥

[명] '고두밥'은 술을 담그기 위해 술밥으로 만든 밥을 이르는 말이다. 제보자의 말에 의하면 쌀을 담갔다가 시루다 찐다고 한다. '지에밥'의 잘못된 표현이다. 금산에서는 '술밥'이라고도 한다.

9) 떡

(1) 채떡

[명] '채떡'은 제사에 쓰던 노란 고물의 시루떡을 이르는 말이다.

(2) 부꾸미

[명] '부꾸미'는 곡물가루를 익반죽하여 소를 넣고 반달 모양으로 납작하게 빚어 기름에 지진 떡을 이르는 말이다(≒전병(煎餠)).

(3) 수수부꾸미

[명] '수수부꾸미'는 차수수가루를 둥글납작하게 빚어 여러 가지 소를 넣고 기름에 지진 떡을 이르는 말이다. 제보자의 말에 의하면 솥뚜껑에다가 기름칠을 약간해서 반죽을 되게 한 다음 부쳐 먹으면 고소하고 맛이 좋다고 한다.

(4) 개떡

📵 '개떡'은 노깨, 나깨, 보릿겨 따위를 반죽하여 아무렇게나 반대기를 지어 찐 떡을 이르는 말이다.

(5) 쑥버무리

📵 '쑥버무리'는 쌀가루와 쑥을 한데 버무려서 시루에 찐 떡을 이르는 말이다.

(6) 고물

📵 '고물'은 시루떡을 찔 때 켜켜로 놓거나, 각종 단자류의 겉에 묻히는 가루를 이르는 말이다. 종류로는 팥고물, 거피고물, 생녹두고물, 콩가루, 흑임자고물, 밤고물, 대추·밤·석이를 채 썰어서 이용하는 고물 등이 있다.

(7) 팥고물

📵 '팥고물'은 팥을 삶아 으깨어 만든 가루를 이르는 말이다. 떡에 묻히거나 켜켜로 뿌리는 떡고물로 쓴다.

(8) 녹두고물

📵 '녹두고물'은 녹두로 만든 고물을 이르는 말이다.

(9) 콩고물

📵 '콩고물'은 콩가루로 만든 고물을 이르는 말이다.

10) 음청류

(1) 감주

📵 '감주'는 엿기름을 우린 물에 밥알을 넣어 식혜처럼 삭혀서 끓인 음식

을 이르는 말이다. '단술'로 순화할 필요가 있다.

(2) 곡주

명 '곡주'는 곡식으로 빚은 술을 이르는 말이다. 제보자의 말에 의하면 '곡주'는 집에서 만든 술을 이르는 말이라고 한다.

11) 한과류

(1) 당꼬

명 '당꼬'는 일본 과자를 이르는 말이다. 제보자의 말에 의하면 '당꼬'를 파는 이가 어깨의 양쪽에 유리박스를 메는데 그 곳에 '땅꼬'를 집어넣어 판다고 한다. 또한, 나무에 껴서 담겨져 있다고 한다.

(2) 당삼

명 '당삼'은 재배한 인삼을 설탕에 재어 달게 해서 먹는 음식을 이르는 말이다.

12) 죽

(1) 암죽

명 '암죽'은 곡식이나 밤의 가루로 묽게 쑨 죽을 이르는 말이다. 어린아이에게 젖 대신 먹인다.

13) 이바지

명 '이바지'는 힘들여 만든 음식을 보내주는 것 또는 그 음식을 이르는 말이다. '상서리'라고도 한다.

14) 장류

(1) 꼬치장

명 '꼬치장'은 쌀·보리 따위로 질게 지은 밥이나 떡가루 또는 되게 쑨 죽에 메줏가루·고춧가루·소금을 넣어 섞어서 만든 붉은 빛깔의 매운 장을 이르는 말이다.

15) 식품첨가물

(1) 지름

명 '지름'은 물보다 가볍고 불을 붙이면 잘 타는 액체를 이르는 말이다. 약간 끈기가 있고 미끈미끈하며 물에 잘 풀리지 않는다. 동물의 살, 뼈, 가죽에 엉기어 있기도 하고 식물의 씨앗에서 짜내기도 하는데, 원료에 따라서 빛깔과 성질이 다르고 쓰임새가 매우 다양하다. '기름'을 뜻하는 사투리이며, 간장을 '지름'이라고도 한다.

(2) 삿가루

명 '삿가루'는 톨루엔을 원료로 하여 만든 무색 반투명 결정의 인공 감미료를 이르는 말이다. 단맛이 자당(蔗糖)의 500배 정도로 강해서 설탕 대용품으로 쓰나, 발암성(發癌性) 물질이 들어 있어서 사용을 제한한다. 제보자에 의하면 설탕이 귀하던 시절 주로 썼다고 한다.

(3) 엿질금

명 '엿질금'은 보리에 물을 부어 싹이 트게 한 다음에 말린 것을 이르는 말이다. 녹말을 당분으로 바꾸는 효소를 함유하고 있으며, 식혜나 엿을 만드는 데 쓴다. 엿기름(강원, 충남), 여지름(서천), 여끼름(청양), 여찌름(당진), 엿줄검(금산), 엿지름(아산, 논산, 금산, 대전, 예산, 공주, 부여, 천안, 연기, 홍성, 보령,

서천, 당진, 서산, 태안, 청양), 엿질금(아산, 논산, 금산, 대전, 공주, 천안, 연기), 엿질음(대전), 엿기름(그 외 지역) 등의 다양한 방언이 있다.

16) 곰팡이

(1) 누룩

명 '누룩'은 술을 빚는 데 쓰는 발효제를 이르는 말이다. 밀이나 찐 콩 따위를 굵게 갈아 반죽하여 덩이를 만들어 띄워서 누룩곰팡이를 번식시켜 만든다. 금산에서는 '곡자'라고도 한다.

(2) 골가찌

명 '골가찌'는 장을 담을 때 그 위에 하얗게 끼는 곰팡이 효소를 말한다. '곰팽이, 우거지, 우가지, 골가지, 면꽃'이라고도 한다.

2.2. 주(住)

2.2.1. 주택구조

1) 공간

(1) 묵은집

명 '묵은집'은 오래된 집을 이르는 말이다.

(2) 삽작

명 '삽작'은 대문 또는 문을 이르는 말이다. '사립문'의 충청도 사투리이다.

(3) 고샅

명 '고샅'은 시골 마을의 좁은 골목길 또는 골목 사이를 이르는 말이다(≒ 고샅길).

(4) 장꽝

명 '장꽝'은 장류가 담긴 독과 항아리 등을 놓아두는 곳을 이르는 말이다. 한국 가정의 필수적 설비로서 대체로 햇볕이 잘 드는 동편에 마련하는데, 대지가 넓은 집은 뒷마당에 만들고, 좁은 집에서는 앞마당에 만든다. '장똑간, 장꼬방'이라고도 한다.

[사진 11] 장꽝

(5) 뜰방

명 '뜰방'은 방에 들어가는 문 앞에 좀 높이 편평하게 다진 흙바닥을 이르는 말이다. 여기에 쪽마루를 놓기도 한다.

(6) 뜨럭

명 '뜨럭'은 집 안의 앞뒤나 좌우로 가까이 딸려 있는 빈터를 이르는 말이다. 화초나 나무를 가꾸기도 하고, 푸성귀 따위를 심기도 한다. '뜰'의 방언(강원, 경북, 충남)이다.

(7) 벼름박

명 '벼름박'은 건물의 바깥둘레나 내부의 칸막이가 이루는 수직부분을 이르는 말이다. 옛 서양건축에서는 주체구조에 해당되었으나, 근대건축에서는 철근콘크리트구조 · 철골구조와 같은 가구식(架構式) 구조를 많이 사용하므로 구조의 주체는 기둥이나 보가 담당하여 구조학적으로 크게 중요한 것이 아니게 되었다. '벼랑박'이라고도 한다.

(8) 귀탱이

명 '귀탱이'는 물건의 모퉁이나 삐죽 나온 부분을 이르는 말이다. '귀퉁이'의 방언(강원)이다.

(9) 뒷간

명 '뒷간'은 대·소변을 배출하기 위한 시설이다. 금산에서는 '변소간, 똥뚜깐'이라고도 한다.

(10) 잿간

명 '잿간'은 거름으로 쓸 재를 모아 두는 헛간을 이르는 말이다. 제보자의 말에 의하면 불을 지펴 재가 나오면 모아두는 곳이라고 한다.

(11) 오양간

명 '오양간'은 농가의 창고나 헛간 등지에 설치하는 말과 소를 사육하는 장소를 이르는 말이다. 농촌에서 말과 소가 중요한 가산이므로 가까운 곳에 두어 건강상태 등을 돌볼 수 있도록 관리한다.

(12) 행랑채

명 '행랑채'는 예전에 대문 안에 죽 벌여서 지었다. 주로 하인이 거처하던 방을 이르는 말이다.

2) 부엌공간

(1) 정지

명 '정지'는 주택 안에서 밥을 짓고 반찬을 조리하는 곳이다. 한국의 재래식은 대체로 안방 벽에 이어져 남쪽으로 위치하여 부뚜막이 있고, 부뚜막에는 크고 작은 무쇠솥이 3~5개가 걸린 형태이다. 부엌(강원, 경상, 전라, 충북), 정주(鼎廚)의 방언(강원)이다.

(2) 아궁이

명 '아궁이'는 방고래에 불을 넣거나 솥 또는 가마에 불을 지피기 위해 만든 구멍을 이르는 말이다. '부석'이라고도 한다.

(3) 화독

명 '화독'은 쇠붙이나 흙으로 아궁이처럼 만들어 솥을 걸고 쓰게 만든 물건을 이르는 말이다.

3) 부분명칭

(1) 을대기

명 '을대기'는 처마를 이르는 말이다.

(2) 샛문

명 '샛문'은 정문 외에 따로 드나들도록 만든 작은 문을 이르는 말이다. 방과 방 사이의 작은 문이다.

(3) 문지방

명 '문지방'은 방의 출입문이나 대문에서 문 밑부분의 문중방(門中枋) 위에 덧대어 수평으로 놓은 인방(引枋)으로, 개구부(開口部)를 가지고 있기에 공간의 경계선 또는 칸막이 역할을 하며 문의 상징적인 부재를 이르는 말이다. 제보자의 말에 따르면 '문지방'은 밟거나 앉지 못하게 한다고 한다. '문투박'이라고도 한다.

(4) 서까래

[명] '서까래'는 마룻대에서 도리 또는 보에 걸쳐 지른 나무를 이르는 말이다. 그 위에 산자를 얹는다.

[사진 12]
서까래

(5) 마리

[명] '마리'는 건물 내에 지면보다 높게 널빤지 등의 재료를 평평하게 깔아 사람이 앉거나 보행하도록 만든 곳을 이르는 말이다. '마래'라고도 한다.

(6) 문고리

[명] '문고리'는 문을 걸어 잠그거나 여닫는 손잡이로 쓰기 위하여 문에 다는 고리를 이르는 말이다. 쇠고리, 가죽 고리 따위가 있다(≒문환(門環)·비환(扉環)).

(7) 선반가래

[명] '선반가래'는 물건을 얹어 두기 위하여 까치발을 받쳐서 벽에 달아 놓은 긴 널빤지를 이르는 말이다.

(8) 문종이

[명] '문종이'는 창호지를 이르는 말이다.

2.2.2. 살림도구

1) 가구

(1)횃대

[명] '횃대'는 옷을 걸 수 있게 만든 막대를 이르는 말이다. 간짓대를 잘라 두 끝에 끈을 매어 벽에 달아매어 둔다(≒의항(衣桁) · 홰).

(2) 궤짝

[명] '궤짝'은 물건을 넣도록 나무로 네모나게 만든 것을 이르는 말이다. '궤'를 속되게 이 부르는 표현이다.

(3) 장롱

[명] '장롱'은 옷 따위를 넣어 두는 장과 농을 아울러 이르는 말이다. 제보자의 말에 따르면 시집올 적에 큰 농과 경대 같은 것을 장만해온다고 한다. '농'이라고도 한다.

(4) 문갑

[명] '문갑'은 문서나 문구 따위를 넣어 두는 방세간을 이르는 말이다. 서랍이 여러 개 달려 있거나 문짝이 달려 있고, 흔히 두 짝을 포개어 놓게 되어 있다.

(5) 반다지

[명] '반다지'는 앞의 위쪽 절반이 문짝으로 되어 있어 아래로 젖혀 여닫게 된, 궤 모양의 가구를 말한다. '반닫이'의 잘못된 말이다.

2) 보(褓)

(1) 횃대보

[명] '횃댓보'는 횃대를 덮어두는 천을 이르는 말이다.

(2) 요대기

[명] '요대기'는 사람이 누울 때 방바닥에 까는 금침의 한 가지를 말한다.

(3) 책보

[명] '책보'는 책을 싸는 보자기를 이르는 말이다.

(4) 보따리

[명] '보따리'는 보자기에 물건을 싸서 꾸린 뭉치를 이르는 말이다.

3) 목공구

(1) 도치

[명] '도치'는 주로 나무를 자르기 위한 도구 또는 목공구(木工具)로 쓰이는 날붙이를 이르는 말이다. 쐐기 모양의 큰 쇠 날의 머리 부분에 구멍을 뚫어 단단한 나무 자루를 박아 만든다. [<독긔<돗긔<돗귀≪월인석보(1459)≫ / 도최≪능엄경언(1461)≫]

(2) 대파

몡 '대파'는 목재의 표면을 깎는 목공구(木工具)를 이르는 말이다. 구조는 대팻집과 대팻날로 되어 있다. 대팻집의 재료는 마찰이 적고 거스름 결이 곧으며, 수축변형이 적은 참나무 · 느티나무 · 떡갈나무 등을 사용한다. '대패'는 막대패 · 중간대패 · 다듬질대패로 나누어진다. 또 평면을 깎는 평대패, 특수한 부분의 가공에 사용되는 측면대패 · 홈대패 · 배대패 · 모따기대패 · 내원대패 · 외원대패 등이 있다.

4) 도구

(1) 망태

몡 '망태'는 새끼 등으로 꼬아 만든 주머니로, 물건을 담아 가지고 다니는 데 쓰는 기구를 말한다. 가는 새끼나 노를 엮어 나비가 좁고 울이 깊도록 짠 네모꼴의 주머니이다. 어깨에 멜 수 있도록 양끝에 길게 고리를 달아 썼다. 망탁 · 망태라고도 한다. 지역에 따라 구럭 · 깔망태라고도 한다. 종류로는 '꼴망태'가 있다.

(2) 푸대

몡 '푸대'는 종이, 피륙, 가죽 따위로 만든 큰 자루를 가리키는 말이다. '부대'의 방언이다.

(3) 자사

몡 '자사'는 연줄, 낚싯줄 따위를 감는 데 쓰는 기구를 이르는 말이다. 나무 기둥의 설주를 두 개나 네 개 또는 여섯 개로 짜서 맞추고 가운데에 자루를 박아 만든다. '자새'라고도 한다. '얼레'의 방언(경상)이다.

(4) 골미

명 '골미'는 바느질할 때 바늘귀를 밀기 위하여 손가락에 끼는 도구를 가리키는 말이다. 두겁처럼 만든 것은 손가락 끝에 씌워 끼우며 반지처럼 만든 것은 손가락에 끼운다. 헝겊, 가죽, 쇠붙이 따위로 만든다.

(5) 빗자리

명 '빗자리'는 살림제구의 하나로서 먼지나 쓰레기를 쓸어내는 데 쓰는 도구를 가리키는 말이다.

(6) 요강

명 '요강'은 방에 두고 소변을 보는 그릇을 이르는 말이다. 놋쇠로 만들어졌다. 옛날에는 한국가옥의 구조상 화장실이 밖에 있었기 때문에 만들어진 용기이다.

(7) 또바리

명 '또바리'는 짐을 머리에 일 때 머리에 받치는 고리 모양의 물건을 이르는 말이다. 짚이나 천을 틀어서 만든다. '따바리, 떠바리, 또아리'라고도 한다. '똬리'의 방언(강원, 전라, 충남)이다.

(8) 통발

명 '통발'은 가는 댓조각이나 싸리를 엮어서 통같이 만든 고기잡이 기구를 가리키는 말이다. 아가리에 작은 발을 달아 날카로운 끝이 가운데로 몰리게 하여 한번 들어간 물고기는 거슬러 나오지 못하게 하고 뒤쪽 끝은 마음대로 묶고 풀게 되어 있어 안에 든 물고기를 꺼낼 수 있다.

(9) 족대

명 '족대'는 물고기를 잡는 기구를 이르는 말이다. 작은 반두와 비슷하나 그물의 가운데가 처져 있다.

(10) 화리

명 '화리'는 숯불을 담아 놓는 그릇을 이르는 말이다. 주로 불씨를 보존하
거나 난방을 위하여 쓴다.

[사진 13]
화리

(11) 구루마

명 '구루마'는 바퀴를 달아서 굴러 가게 만든 기구를 이르는 말이다. 사람
이 타거나 짐을 싣는다. '수레', '달구지'로 순화하는 게 옳다.

(12) 활찌

명 '활찌'는 다슬기를 잡을 때 바닥을 훑는 도구를 이르는 말이다. 제보자
의 말에 의하면 물고기도 잡았다고 한다.

(13) 토망

명 '토망'은 활찌보다 큰 것으로 역시 다슬기나 물고기를 잡을 때 쓰는 도
구를 이르는 말이다.

(14) 호롱

명 '호롱'은 석유등의 석유를 담는 그릇을 이르는 말이다. 사기나 유리 또

는 양철 따위로 작은 병 모양으로 만드는데, 아래에는 석유를 담을 수 있도록 둥글게 하고 위 뚜껑에는 심지를 해 박아 불을 켤 수 있도록 작은 구멍을 낸다.

(15) 부지땡이

명 '부지땡이'는 아궁이 따위에 불을 땔 때에, 불을 헤치거나 끌어내거나 거두어 넣거나 하는 데 쓰는 가느스름한 막대기를 이르는 말이다. '부줏갱이, 불젓가락, 불순가락, 불숫갱이, 붓댕이, 불손, 불삽'이라고도 한다.

(16) 윤두

명 '윤두'는 바느질할 때 불에 달구어 천의 구김살을 눌러 펴거나 솔기를 꺾어 누르는 데 쓰는 기구를 이르는 말이다. 쇠로 만들며 바닥이 판판하고 긴 손잡이가 달려 있다. '인두'의 방언(강원, 경북, 충청, 함남)이다.

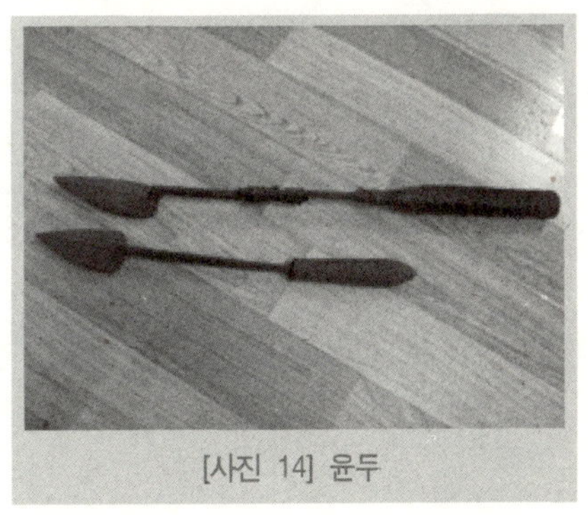

[사진 14] 윤두

(17) 시뚝

명 '시뚝'은 칼이나 낫 등 날카로운 쇠 도구의 날을 가는 물건을 이르는 말이다. '돌, 숫돌, 수뚝'이라고도 한다.

(18) 똥바가지

명 '똥바가지'는 똥이나 똥물을 퍼내거나 퍼 담을 때 쓰는 바가지를 이르는 말이다.

(19) 장군

명 '장군'은 똥을 담아 옮길 때 쓰는, 오지 또는 나무로 만든 통을 이르는 말이다.

(20) 발틀

명 '발틀'은 발재봉틀을 이르는 말이다.

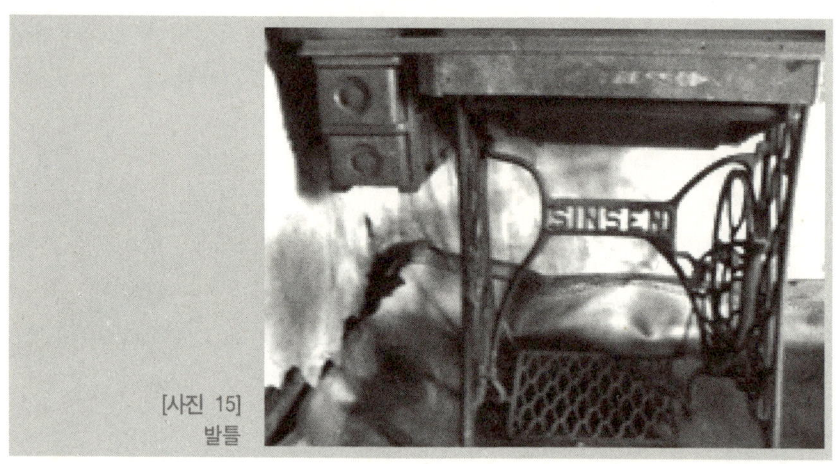

[사진 15]
발틀

(21) 세숫대

명 '세숫대'는 세숫물을 담는 둥글넓적한 그릇을 이르는 말이다. 세수를 하거나 발 등을 씻을 때 사용하기도 하고, 빨래를 할 때 사용하기도 한다.

(22) 목침

명 '목침'은 나무토막으로 만든 베개를 이르는 말이다.

(23) 풀무

명 '풀무'는 쇠를 달구거나, 쇳물을 녹여 땜질 등을 하는 데, 부엌의 불을 지피는 데 이용되는 기구를 이르는 말이다. '불무, 풍구'라고도 한다.

(24) 가새

명 '가새'는 가위를 가리키는 말이다.

(25) 작대기

명 '작대기'는 가늘고 기다란 나무나 대나무의 토막을 이르는 말이다.

(26) 걸빵

명 '걸빵'은 짐을 어깨에 걸어 메는 끈을 말한다. '밀빵'이라고도 한다.

(27) 얼개미

명 '얼개미'는 곡식을 빻아서 거르는 체를 가리키는 말이다. (굵은 알) 물고기를 잡을 때 쓰기도 한다.

(28) 흙칼

명 '흙칼'은 벽을 새로 칠할 때 흙을 퍼 바르는 도구를 이르는 말이다.

(29) 바께스

명 '바께쓰'는 한 손으로 들 수 있도록 손잡이를 단 통을 이르는 말이다. 일본말이다. '양동이', '들통'으로 순화해야 한다.

(30) 치알

명 '치알'은 햇볕을 가리기 위하여 치는 포장을 이르는 말이다. 제보자의 말에 따르면 초상이나 잔치 때 햇볕을 가리는 데 썼다고 한다. '차일'의 방언이다.

(31) 쥐톳

명 '쥐톳'은 쥐덫을 가리키는 말이다.

(32) 자물통

명 '자물통'은 여닫게 되어 있는 물건을 잠그는 장치를 가리키는 말이다. '자물쇠'를 말하는 충청남북도 지역의 사투리이다.

(33) 왕골자리

⬜ '왕골자리'는 왕골을 굵게 쪼개어 엮어 만든 자리를 이르는 말이다.

(34) 동애줄

⬜ '동애줄'은 굵고 튼튼하게 꼰 줄을 이르는 말이다. '동아줄'의 방언(평안)이다.

(35) 끈나팔

⬜ '끈나팔'은 길지 아니한 끈의 나부랭이를 이르는 말이다. '끄나풀'의 방언(강원, 경기, 충남, 황해)이다. '끈내키'라고도 한다.

(36) 따듬독

⬜ '따듬독'이란 다듬이질을 할 때 밑에 받치는 돌을 이르는 말이다. '다듬이질'을 '따듬이'라고도 한다.

(37) 따듬이방맹이

⬜ '따듬이방맹이'는 다듬이질을 할 때 쓰는 방망이를 이르는 말이다. 두 개가 한 짝이 되도록 나무로 만든다.

5) 기타 살림도구

(1) 뻔

⬜ '뻔'은 시루에다가 김이 새어나오지 않게 바르는 것을 이르는 말이다. 딩기를 물에 개어 놓은 것을 뻔이라고 한다. 금산에서는 '디주'라고도 한다.

(2) 아주까리기름

⬜ '아주까리기름'이란 피마자 열매의 씨로 짠 기름을 이르는 말이다. 완

화제나 관장제로 쓰며 피부나 머리에 바르기도 한다. ‘피마자기름’이라고
도 한다.

  (3) 실패

囘 ‘실패’는 연날리기 할 때 실을 매어놓던 도구를 이르는 말이다.

  (4) 갑빠

囘 ‘갑빠’는 비닐포대 같은 포장을 이르는 말이다.

  (5) 산내끼

囘 ‘산내끼’는 짚으로 꼬아 줄처럼 만든 것을 이르는 말이다. ‘사내끼’라
고도 한다. ‘새끼’의 방언(강원, 경기, 충청)이다.

  (6) 밀대짚

囘 ‘밀대짚’은 아주 가늘고 짧은 서까래를 가리키는 말이다.

  (7) 곤딩기

囘 ‘곤딩기’는 비누가 없던 시절에 빨래할 때 세제로 쓰던 것을 이르는 말
이다. 제보자의 말에 따르면 나락 껍데기인 ‘곤딩기’를 방앗간에서 쪄서
잿물을 함께 섞어 비누를 만든다고 한다. ‘니미끼딩기’라고도 한다.

  (8) 풀

囘 ‘풀’은 쌀이나 밀가루 따위의 전분질에서 빼낸 끈끈한 물질을 이르는
말이다. 무엇을 붙이거나 피륙 따위를 빳빳하게 만드는 데 쓴다.

  (9) 귀지개

囘 ‘귀지개’는 귀지를 파내는 기구를 이르는 말이다. 나무나 쇠붙이로 숟
가락 모양으로 가늘고 작게 만든다. ‘귀이개’의 잘못된 표현이다.

(10) 짚똥가리

명 '짚똥가리'는 짚을 쌓아둔 것을 이르는 말이다.

(11) 꾸중물

명 '꾸중물'은 무엇을 씻거나 빨거나 하여 더러워진 물을 이르는 말이다. '구정물'의 경상도 사투리이다.

(12) 땔나무

명 '땔나무'는 땔감이 되는 나무를 가리키는 말이다.

(13) 쇠죽

명 '쇠죽'이란 소에게 주려고 먹이로 짚, 콩, 풀 따위를 섞어 끓인 죽을 이르는 말이다.

(14) 쇠물바가지

명 '쇠물바가지'란 소여물을 줄 때 쓰는 바가지를 이르는 말이다.

(15) 쇠죽깔쿠랭이

명 '쇠죽깔쿠랭이'는 소여물을 휘젓는 갈쿠리 모양의 막대를 이르는 말이다. '쇠물깔쿠랭이, 쇠죽꼬쟁이'라고도 한다.

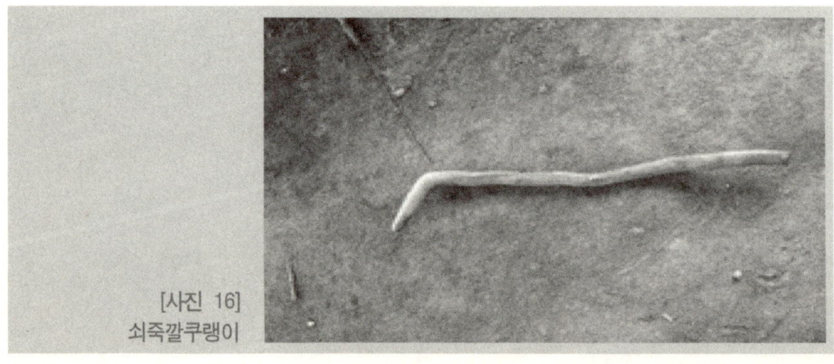

[사진 16]
쇠죽깔쿠랭이

(16) 구쇠

명 '구쇠'는 소가 여물 먹는 그릇을 이르는 말이다. '구시'라고도 한다.

(17) 질마

명 '질마'는 짐을 싣거나 수레를 끌기 위하여 소나 말 따위의 등에 얹는 안장을 이르는 말이다. '길마'의 방언이다.

[사진 17] 구쇠

[사진 18] 질마

(18) 시태바리

명 '시태바리'는 소의 등 위에 짐을 실을 수 있게 만들어 놓은 받침대 같은 것을 이르는 말이다.

(19) 고빼기

명 '고빼기'는 마구의 하나를 이르는 말이다. 재갈[銜]의 양단에 길게 끈으로 장착(裝着)시켜 말의 운동을 제어하거나 조종하며 정지시키는 기능을 한다. 금산에서는 '코뚜레, 꼬뺑이'라고도 한다.

(20) 소목살이

몡 '소목살이'는 방울 등을 걸어놓고 소의 목을 두르던 나무를 이르는 말이다. '굴레'라고도 한다.

(21) 핑겨

몡 '핑겨'는 소 방울을 이르는 말이다.

(22) 꺼적

몡 '꺼적'은 짚을 두툼하게 엮거나, 새끼로 날을 하여 짚으로 쳐서 자리처럼 만든 물건을 이르는 말이다. 허드레로 자리처럼 쓰기도 하며, 한데에 쌓은 물건을 덮기도 한다. 길마에 쓰기도 한다. 소 등이 배기지 않도록 두툼하게 만들어 올려놓는다. '거적'의 방언이다.

(23) 여물주걱

몡 '여물주걱'은 소여물을 줄 때 퍼 담는 주걱을 이르는 말이다.

(24) 가잿배

몡 '가잿배'는 생리대를 이르는 말이다.

6) 지게

몡 '지게'는 짐을 얹어 사람이 등에 지는 우리나라 고유의 운반 기구를 이르는 말이다. 두 개의 가지 돋친 장나무를, 위는 좁고 아래는 벌어지게 나란히 세우고 그 사이를 사개로 가로질러 맞추고 아래위로 질빵을 걸었다.

[사진 19] 지게

(1) 가쟁이

몡 '가쟁이'는 지게의 짐 싣는 부분의 가로지르는 나무를 이르는 말이다. '지게가지, 지게가쟁이'라고도 한다. '가쟁이'는 '가지'의 방언이다.

(2) 밀끈

몡 '밀끈'는 지게를 짊어지는 끈을 이르는 말이다.

(3) 등대

몡 '등대'는 지게를 짊어질 때 등이 배기지 말라고 대는 짚으로 만든 등받침을 이르는 말이다. '등태'라고도 한다.

(4) 지겟다리

몡 '지겟다리'는 지게 몸체의 맨 아랫부분에 있는 양쪽 다리를 이르는 말이다. '지게목발'이라고도 한다.

(5) 지게뿔때기

몡 '지게뿔때기'는 지게 위에 가로지르는 두 개의 가지 돋친 장나무를 이르는 말이다. '지게까막뿔때기'라고도 한다.

(6) 지겟작대기

몡 '지겟작대기'는 지게를 버티어 세우는 긴 막대기를 이르는 말이다. 지게를 세울 때는 두 갈래로 갈라져 있는 윗부분을 세장에 걸어 놓으며, 지게를 질 때는 보통 한쪽 어깨에 가로 끼운다. '지게막대기'라고도 한다.

(7) 바지개

몡 '바지개'는 지게 위에 물건을 올려놓을 수 있게 만들어진 큰 바구니 같은 것을 이르는 말이다. '바작, 바지기'이라고도 한다.

(8) 타래꼬리

명 '타래꼬리'는 지게에 올려 진 물건을 고정시키는 끈을 가리키는 말이다.

7) 화장도구

(1) 동동구리무

명 필요한 만큼 덜어서 살 수 있었던 화장품을 이르는 말이다. '동동구리무'는 크림의 일본식 발음인 '구리무를 외친다'해서 '동동구리무'라는 이름을 붙여졌다.

(2) 삐니

명 '삐니'는 여자들이 화장할 때 입술에 바르는 연지를 이르는 말이다.

(3) 연지

명 '연지'는 볼과 입술을 붉은 색조로 치장하는 화장품를 이르는 말이다.

(4) 곤지

명 '곤지'는 연지를 사용하여 이마에 동그랗게 칠하는 것을 말한다.

(5) 경대

명 '경대'는 거울을 버티어 세우고 그 아래에 화장품 따위를 넣는 서랍을 갖추어 만든 가구를 말한다.

2.2.3. 농가구

1) 갈이연장

(1) 매뚝

명 '매뚝'은 밀 같은 곡물을 가루로 만들고 팥·콩·메밀·녹두 등을 거칠게 타거나 물에 불린 콩을 가는 데 쓰는 농기구에 달려있는 손잡이를 이르는 말이다. '맷손'이라고도 한다.

[사진 20]
매뚝

(2) 호맹이

명 '호맹이'는 쇠날 앞이 뾰족하고 위는 넓적하며 한쪽에 가느다란 목이 휘어 꼬부라지고 그 끝에 둥근 나무토막의 자루를 박은 김매는 데 쓰는 농기구를 이르는 말이다. '호미'의 방언이다. 호미의 손잡이 부분을 '자루'라고 한다.

(3) 호빠

명 '호빠'는 풀맬 때 쓰는 도구를 이르는 말이다. 호미와 용도가 비슷하며 모양이 호미보다는 넓적한 모양이다.

(4) 벽채

명 '벽채'는 나무 자루에 반달 모양의 쇠날을 끼운 농기구를 이르는 말이다. 낫을 닮았다. 광산에서 광석을 캐기 위해 굳은 땅을 파낼 때 쓰며 여름 한철 약초를 캐러 다니는 사람들도 풀뿌리를 이것으로 걸어 낸다.

(5) 훑징이

[사진 21] 훑징이

명 '훑징이'는 땅을 가는 데 쓰는 농기구를 이르는 말이다. 주로 밭에서 바닥이 좁고 험한 곳을 얕게 갈 때 쓰며, 쟁기로 갈아놓은 논밭의 골을 타는 데도 쓴다. '훑챙이'라고도 한다.

(6) 훑챙이 날

명 '훑챙이 날'은 흙을 가는 쇠로된 날카로운 부분을 이르는 말이다.

(7) 긁갱이

명 '긁갱이'는 논이나 밭의 고랑을 파는 농기구를 이르는 말이다.

(8) 쏘시랑

명 '쏘시랑'은 땅을 일구는 데 쓰는 농기구를 이르는 말이다. 쇠로 갈퀴처럼 발을 만들고, 'ㄱ'자로 구부러진 한쪽 끝에 긴 나무자루를 박는다.

(9) 괭이

명 '괭이'는 땅을 파거나 작토(作土) 또는 제초(除草) 등의 작업에 쓰이는 농기구를 이르는 말이다. 끝이 넓적한 날로 되어 있으며, ㄱ자로 구부러진

끝은 굇구멍으로 되어 있어 여기에 긴 자루를 낀다. 금산에서는 '꽹이'라
고도 한다.

 (10) 상꽹이

㊂ '상꽹이'는 땅을 파거나 작토(作土) 또는 제초(除草) 등의 작업에 쓰이는
농기구를 말한다. 상꽹이는 금산 사람들이 삼을 캘 때 쓰는 갈이연장을
이르는 말이다.

 (11) 꼭괭이

㊂ '꼭괭이'는 굳고 단단한 땅을 파는 데 쓰이는 농기구를 이르는 말이다.
괭이의 한 가지로, 뾸괭이라고도 한다. 보통의 괭이보다 날의 너비가 좁고
갸름하다.

 (12) 써레

㊂ '써레'는 갈아 놓은 논의 바닥을 고르는 데 쓰는 농기구를 이르는 말이
다. 긴 각목에 둥글고 끝이 뾰족한 살을 7~10개 박고 손잡이를 가로 대
었으며 각목의 양쪽에 밧줄을 달아 소나 말이 끌게 되어 있다. '쓰레'라고
도 한다.

 (13) 쓰렛발

㊂ '쓰렛발'은 써레몽둥이에 박는, 끝이 뾰족한 나무를 이르는 말이다. 논
바닥을 고르거나 흙덩이를 부수는 데 쓴다. '써렛발'의 방언이다.

 (14) 손잽이

㊂ '손잽이'는 써레를 끌 때 손으로 잡는 부분을 이르는 말이다.

 (15) 봇줄

㊂ '봇줄'은 마소에 써레, 쟁기 따위를 매는 줄을 이르는 말이다.

(16) 쟁기

명 '쟁기'는 논밭을 가는 농기구를 이르는 말이다. 술, 성에, 한마루를 삼각으로 맞춘 것으로, 술 끝에 보습을 끼우고, 그 위에 한마루 몸에 의지하여 볏을 덧대고, 성에 앞 끝에 줄을 매어 소에 멍에를 건다. 겨리와 호리두 가지가 있다.

(17) 번디

명 '번디'는 흙을 고르거나 곡식을 긁어모으는 데 쓰는 농기구를 이르는 말이다. 탈곡한 곡식을 긁어모으는 데 쓴다. 직사각형 널조각의 두 쪽 끝에 채 둘을 대어 뒤에서 잡고, 앞쪽에는 두 줄을 꿰어서 한 사람이나 두 사람이 잡아당긴다.

(18) 가래

명 '가래'는 정지작업이나 흙을 옮기는 작업 등에서 흙을 파서 던지는 데쓰는 농기구를 이르는 말이다. 제보자의 말에 따르면 세 사람이 양쪽에서하나씩 잡아당겨서 사용한다고 한다.

(19) 가랫줄

명 '가랫줄'은 가랫바닥의 양 옆에 맨 줄을 이르는 말이다.

(20) 멍에

명 '멍에'는 마소가 달구지나 쟁기를 끌 때 목에 거는 막대를 이르는 말이다. 일자형으로 곧은 것과 반달꼴로 굽는 것의 2가지가 있다. 곧은 멍에는 2마리의 소가 쟁기를 끌 때, 굽은 멍에는 1마리가 쟁기나 달구지를 끌 때 쓴다.

(21) 노타리

명 '노타리'는 논 고르는 것을 이르는 말이다.

2) 곡식타작

(1) 채떡

명 '채떡'은 곡식 따위를 까불러 쭉정이나 티끌을 골라내는 도구를 이르는 말이다. 고리버들이나 대를 납작하게 쪼개어 앞은 넓고 평평하게, 뒤는 좁고 우긋하게 엮어 만든다.

(2) 홀태

명 '홀태'는 강철을 재료로 일곱 개 정도의 안쪽으로 굽은 쇠발에 나무통발을 달아 만든 농기구를 이르는 말이다. 구멍이 뚫린 통발 앞뒤 양쪽에 각목을 끼워 고정시킨 후 쇠발 사이에 보리, 밀, 조, 벼단의 일부를 넣어서 끌어당기면 곡식 낱알부분만 떨어지게 되어 그것을 잘 빻아 곡식으로 사용한다. '홀치기'라고도 한다. '벼훑이'(강원, 충청), '탈곡기'(전남)의 방언이다.

(3) 호롱기

명 '호롱기'는 곡식을 타작하는 기구를 이르는 말이다.

(4) 씨아시

명 '씨아시'는 목화씨를 뺄 때 쓰는 도구를 이르는 말이다. 제보자 말에 따르면 '씨아시'는 목화를 빼는 도구로 목화를 집어넣어 '씨아시'를 돌리면 씨는 빠지고 목화는 목화대로 따로 나온다고 한다.

[사진 22] 씨아시

(5) 갈쿠리

🅜 '갈쿠리'는 대쪽 끝을 갈고리 모양으로 구부려서 부채살처럼 펼친 후, 자루를 붙여서 만든 농기구를 이르는 말이다. 낙엽이나 곡물을 긁어모으는 데 사용한다. '깔쿠리, 깔코리'라고도 한다.

(6) 양깔쿠리

🅜 '양깔쿠리'는 날이 두개 달려있는 갈쿠리를 이르는 말이다.

(7) 도루깨

🅜 '도루깨'는 곡식의 낟알을 떠는 데 쓰는 농기구를 이르는 말이다. 긴 장대 끝에 구멍을 뚫어 꼭지를 가로 박고, 그 꼭지 끝에 서너 개의 회초리를 매어 달아 돌게 한다. 금산에서는 '도루캐, 돌캐'라고도 한다.

(8) 오롱기계

🅜 '오롱기계'는 벼, 보리 따위의 이삭에서 낟알을 떨어내는 농기계를 이르는 말이다(≒호롱기 · 회전기).

3) 방아

(1) 디딜방애

🅜 '디딜방애'는 발로 디디어 곡식을 찧거나 빻는 방아를 이르는 말이다. 굵은 나무 한 끝에 공이를 박고 다른 끝을 두 갈래가 나게 하여 발로 디딜 수 있도록 만들었으며 공이 아래에 방아확을 파 놓았다. '드딜방애'라고도 한다.

(2) 디딜판

🅜 '디딜판'은 디딜방아에서 발로 눌러 밟는 부분을 이르는 말이다. '발판'

이라고도 한다.

(3) 쌀개

[명] '쌀개'는 디딜방아, 물레방아 따위의 허리에 가로 얹어서 방아를 걸 수 있게 만든 나무 막대기를 이르는 말이다.

(4) 화기

[명] '화기'는 디딜방아에서 곡식을 놓고 찧는 부분을 이르는 말이다. '확독'이라고도 한다.

(5) 물레방아

[명] '물레방아'는 떨어지는 물의 힘으로 바퀴를 돌려 곡식을 찧거나 빻는 기구를 이르는 말이다. 큰 나무 바퀴와 굴대에 공이를 장치하여, 바퀴가 돌 때마다 공이가 오르내리며 곡식을 찧거나 빻는 기계를 말한다. '물방아'라고도 한다.

(6) 연자방아

[명] '연자방아'는 곡식을 탈곡 또는 제분을 하는 방아를 이르는 말이다. 발동기가 없던 옛날 한꺼번에 많은 곡식을 찧거나 밀을 빻을 때 마소의 힘을 이용한 방아를 말한다. '연자매'라고도 한다.

(7) 연자방앗돌

[명] '연자방앗돌'은 둥글고 판판한 돌판 위에 그보다 작고 둥근 돌을 옆으로 세워 얹어, 아래 위가 잘 맞닿도록 하고 마소가 끌고 돌리는 돌을 이르는 말이다.

(8) 방앳고

[명] '방앳고'는 방아확 속에 든 물건을 찧는 데 쓰도록 만든 길쭉한 몽둥이

를 이르는 말이다. '방앗공이'라고도 한다.

(9) 방애머리

[명] '방애머리'는 방아채에서 방앗공이가 박힌 부분을 지칭하는 말로, 순우리말이다. 디딜방아에서 공이가 있는 부분을 말한다.

(10) 방애다리

[명] '방애다리'는 방아채에서 발로 디디는 뒷부분을 지칭하는 말이다. 방앗공이가 들렸다 내렸다 할 수 있게 한다.

4) 방직기계

(1) 가마니틀

[명] '가마니틀'은 볏짚으로 곡물 · 비료 · 소금 등을 담는 가마니를 짰던 기계를 말한다. 볏짚으로 새끼를 꼬아 날을 만들고 짚을 씨로 하여 가마니를 짜는 기계로서, 그 구조에 따라 인력 2인용, 인력족답용(人力足踏用), 인력겸 동력용 회전형, 동력자동형 등으로 분류한다.

[사진 23] 가마니틀

(2) 가마니바늘대

[명] '가마니바늘대'는 돗자리나 가마니 따위를 칠 때에 씨를 한쪽 끝에 걸어서 날 속으로 들여 지르는 가늘고 길쭉한 막대기를 이르는 말이다.

(3) 가마니새끼

[명] '가마니새끼'는 가마니를 짜기 위해 볏짚으로 꼬는 줄을 말한다.

5) 기타 농기구

(1) 낫

명 '낫'은 농작물 또는 풀·나무를 베는 데 쓰는 'ㄱ'자 모양으로 생긴 기구를 이르는 말이다. 낫의 고어는 '낟'이다. 칼날의 '날[刀]'은 '낫'과 어원이 같은 말이다.

(2) 니아까

명 '니아까'는 사람이 직접 손으로 끄는 수레를 이르는 말이다. 손수레의 방언이다.

(3) 작두

명 '작두'는 말·소에 먹일 여물을 써는 연장을 말한다. 풀·콩깍지·짚·수수깡·고구마 덩굴 등을 썬다. 기름하고 두둑하며 끝이 양쪽으로 벌어진 나무토막 위에, 가운데 구멍이 뚫린 2개의 짤막한 쇠기둥을 박아 세우고, 그 틈에 길고 큰 칼날 끝을 끼워 고두쇠로 꿰고 한끝의 나무자루 안쪽에 쇠고리를 박아 새끼로 끈을 매어 손에 잡고 발판을 만들어 한 발을 딛는다. 다른 한 발은 작두 자루를 밟아 새끼줄을 잡아 올렸다 내렸다 하며 써는 도구이다.

(4) 밀개

명 '밀개'는 곡식을 그러모으고 펴거나, 밭의 흙을 고르거나 아궁이의 재를 긁어모으는 데에 쓰는 'ㅜ' 자 모양의 기구를 말한다. 장방형이나 반달형 또는 사다리꼴의 널조각에 긴 자루를 박아 만든다. '고무래'의 방언(강원, 경상, 충북)이다.

(5) 씨판

명 '씨판'은 농사지을 때 씨를 편리하게 놓을 수 있도록 만든 판을 말한다. 이 도구에 씨를 넣으면 일정한 간격으로 고르게 씨를 심을 수 있다.

(6) 성에

명 '성에'는 쟁기의 윗머리에서 앞으로 길게 뻗은 나무를 말한다. 허리에 한마루 구멍이 있고 앞 끝에 물추리막대가 가로 꽂혀 있다.

[사진 24] 씨판

(7) 말목

명 '말목'은 가늘게 다듬어 깎아서 무슨 표가 되도록 박는 나무 말뚝을 말한다.

2.2.4. 농사

1) 식물

(1) 나락

명 '나락'은 볏과의 한해살이풀을 이르는 말이다. 줄기는 높이가 1~1.5미터이고 속이 비었으며, 마디가 있다. 잎은 어긋나고 긴 선 모양에 평행맥이 있고 엽초(葉鞘)와 잎사귀로 구분한다. '벼'의 방언(강원, 경남, 전라, 충청)이다.

(2) 자푸락

명 '자푸락'은 낱낱의 짚 또는 부서진 짚의 부스러기를 이르는 말이다.

(3) 버리

명 '버리'는 볏과의 두해살이풀을 이르는 말이다. 줄기는 여름 모자·공예품·제지용·퇴비 따위에 쓴다. 서남아시아, 이집트가 원산지로 전 세계 온대 지방에서 재배한다.

(4) 노강지나무

명 '노강지나무'는 측백나뭇과의 상록 침엽 교목을 이르는 말이다. 높이는 8~10미터이며, 잎은 세 개씩 돌려나고 실 모양이다. 봄에 녹색을 띤 갈색 꽃이 피고 열매는 구과(毬果)로 다음 해 10월에 검은 자주색으로 익는다. 건축 재료나 기구를 만드는 데 쓴다. 소코뚜레를 만들 때 이 나무를 쓴다. '노가지 나무'라고도 한다.

(5) 수수꽝

명 '수수꽝'은 수수의 줄기를 이르는 말이다(≒수숫대).

(6) 가랑파씨

명 '가랑파씨'는 파의 씨를 이르는 말이다.

(7) 장포

명 '장포'는 천남성과의 여러해살이풀을 이르는 말이다. 높이는 70~100cm이며, 온몸에 향기가 있다. 민간에서는 단옷날 '장포'를 넣어 끓인 물로 머리를 감고 목욕을 하는 풍습이 있다.

(8) 방동사니

명 '방동사니'는 검정방동사니를 이르는 말이다. 들이나 밭에서 흔히 자란

다. 높이 20~60cm이다. 수염뿌리가 뭉쳐난다. 잎은 뿌리에서 나오고 꽃줄기에서는 어긋나며 줄 모양이고 나비 2~6mm이다. 연하고 끝이 뒤로 처진다. 밑동의 잎 집은 줄기를 감싼다.

(9) 피

⃝명 '피'는 볏과의 한해살이풀을 이르는 말이다. 높이는 1미터 정도이며, 잎은 가늘고 긴데 잎 면이 칼집 모양으로 줄기를 싸고 있다.

(10) 며느리밑씻개

⃝명 '며느리밑씻개'는 들에서 흔히 자라는 식물을 이르는 말이다. 가지가 많이 갈라지면서 1~2m 뻗어가고 붉은빛이 돌며 네모진 줄기와 더불어 갈고리 같은 가시가 있어 다른 물체에 잘 붙는다. 잎은 어긋나고 삼각형으로 가장자리가 밋밋하며 잎 같은 턱잎이 있다. 제보자의 말에 따르면 '며느리밑씻개'는 야생화 중에 가시 같은 풀이 있으며, 어머니가 며느리에게 밑을 닦으라고 했다고 한다.

(11) 질갱이

⃝명 '질갱이'는 질경잇과의 여러해살이풀을 이르는 말이다. 높이는 90cm 정도이며, 잎은 뿌리에서 모여 나고 긴 타원형이다. 6~8월에 깔때기 모양의 흰 꽃이 수상(穗狀) 꽃차례로 피고 열매는 삭과(蒴果)를 맺는다. 어린잎은 식용으로, 씨는 이뇨제로 쓴다.

(12) 꽃다지

⃝명 '꽃다지'는 십자화과의 두해살이풀을 이르는 말이다. 높이는 20~30cm이고 온몸에 짧은 털이 빽빽하게 나며, 잎은 어긋나고 달걀 모양이다. 봄에 노란 꽃이 줄기 끝에 총상(總狀) 꽃차례로 피고 열매는 납작한 타원형을 맺는다. 어린잎은 먹는다. 산 · 논 · 밭에 자라는데, 한국 · 일본 등지에

분포한다.

(13) 참비름

[명] '참비름'은 '비름'을 개비름이나 쇠비름에 상대하여 이르는 말이다.

(14) 쇠비름

[명] '쇠비름'은 쇠비름과의 한해살이풀을 이르는 말이다. 높이는 15~30cm이며, 잎은 마주나고 쐐기 모양의 타원형이다. 5~8월에 노란 꽃이 가지 끝에 피는데 꽃자루가 없고 아침에 피었다가 한낮에 오므라진다.

(15) 강냉이

[명] '강냉이'는 외떡잎식물 벼목 화본과의 한해살이풀을 이르는 말이다. 줄기는 곧게 서며 높이 1.5~2.5m 자라고 일반적으로 가지를 치지 않는다. 잎은 너비 5~10cm, 길이 1m 이상이며 줄기에 어긋나게 달려 있다. 옥수수의 방언이다.

(16) 꼬추

[명] '꼬추'는 쌍떡잎식물 통화식물목 가지과의 한해살이풀을 이르는 말이다. 밭에서 재배한다. 높이 약 60cm로 풀 전체에 털이 약간 난다. 잎은 어긋나고 잎자루가 길며 달걀 모양 바소꼴로 양 끝이 좁고 톱니가 없다. 열매는 수분이 적은 원뿔 모양 장과로 8~10월에 익는다.

(17) 잔대

[명] '잔대'는 초롱꽃과의 여러해살이풀을 이르는 말이다. 높이는 60~120cm이며, 뿌리와 잎은 잎자루가 길고 거의 원형이고 줄기, 잎은 마주나거나 돌려나고 또는 어긋난다. 7~9월에 종 모양의 보라색 꽃이 원추(圓錐) 모양으로 아래로 드리워져 핀다. 뿌리는 해독과 거담제로 쓰고 어린잎은 식용이다.

(18) 왕골

⒨ '왕골'은 사초과의 한해살이풀을 이르는 말이다. 높이는 1.5미터 정도이며, 잎은 뿌리에서 모여나고 좁고 길다. 9~10월에 줄기 끝에서 꽃줄기가 나와 잔꽃이 총상(總狀) 꽃차례로 핀다. 줄기의 단면이 삼각형으로 질기고 강하여 돗자리, 방석 따위를 만드는 데 쓴다.

(19) 명

⒨ '명'은 '목화'의 잘못된 표현으로 아욱과의 한해살이풀을 이르는 말이다. 원줄기는 높이가 60cm 정도이고 잔털이 있고 곧게 자라면서 가지가 갈라진다. 잎은 어긋나고 가을에 흰색 또는 누런색의 오판화(五瓣花)가 잎겨드랑이에서 핀다. 열매는 삭과(蒴果)를 맺으며 씨는 검은색이고 겉껍질 세포가 흰색의 털 모양 섬유로 변한다. 솜털을 모아서 솜을 만들고 씨는 기름을 짠다.

(20) 대담배

⒨ '대담배'는 담뱃대로 피우는 담배를 이르는 말이다.

(21) 골련

⒨ '골련'은 얇은 종이로 가늘고 길게 말아 놓은 담배를 이르는 말이다.

(22) 익모초

⒨ '익모초'는 꿀풀과의 두해살이풀을 이르는 말이다. 높이는 1미터 정도이며, 잎은 마주나고 잎자루가 길다. 7~9월에 엷은 홍자색 꽃이 윤산(輪繖) 꽃차례로 잎겨드랑이에서 피고 열매는 다섯 갈래가 지는 분과(分果)이며 약재로 쓴다. 한국, 일본, 중국에 분포한다.

2) 인삼

(1) 피

명 '피'는 인삼의 겉껍질을 이르는 말이다.

(2) 가삼

명 '가삼'은 심어 가꾼 인삼을 이르는 말이다. 제보자의 말에 따르면 집에다 심으면 가삼이라고 한다.

(3) 만삼

명 '만삼'은 초롱꽃과의 여러해살이 덩굴풀을 이르는 말이다. 온몸에 흰 털이 흩어져 나고, 덩굴줄기로 다른 물체를 감아 올라간다. 잎은 어긋나지만 짧은 가지에서는 마주나고 양면에 잔털이 있고 뒷면은 분백색이다. 여름에 흰색 꽃이 피고 열매는 삭과(蒴果)를 맺는다. 덩이뿌리는 약용하거나 식용한다.

(4) 장려삼

명 '장려삼'은 산삼의 종자를 채취하여 깊은 산 속에 씨를 뿌려 야생상태로 재배한 것을 말한다. 깊은 산 속 그늘진 박달나무나 옻나무 아래 습기가 많은 곳에서 잘 자라는데, 절반 정도 그늘지고 외진 곳에서만 자라는 특징이 있다. 장뇌 또는 장뇌산삼(長腦山蔘), 장로(長蘆), 산양산삼이라고도 한다.

(5) 수삼

명 '수삼'은 말리지 아니한 인삼을 이르는 말이다.

(6) 건삼

명 '건삼'은 줄기와 잔뿌리를 자르고 껍질을 벗겨 말린 인삼을 이르는 말이다.

(7) 곡삼

몡 '곡삼'은 굵은 꼬리를 꼬부려서 말린 백삼을 이르는 말이다. 제보자의 말에 따르면 피를 긁어가지고 깎아서 '곡삼'을 만든다고 한다.

(8) 직삼

몡 '직삼'은 구부리지 아니하고 곧게 펴서 말린 백삼(白蔘)을 이르는 말이다.

3) 인삼농사

(1) 지주목

몡 '지주목'은 인삼 농사를 지을 때, 밭에 꽂아 놓는 기둥을 이르는 말이다. 위에 덮어 놓은 천을 지탱한다.

(2) 영

몡 '영'은 인삼 농사지을 때, 인삼이 햇볕에 노출되지 않도록 지푸라기로 만든 것을 이르는 말이다. 제보자의 말에 의하면 짚으로 '영'을 엮어서 얹었다고 한다.

(3) 인삼발

몡 '인삼발'은 인삼 농사지을 때, 인삼이 햇볕에 노출되지 않도록 지푸라기로 만든 덮개를 이르는 말이다.

(4) 총대

몡 '총대'는 총열을 장치한 전체의 나무를 이르는 말이다.

4) 기타

(1) 근잠

명 '근잠'은 벼가 잘 여물지 않는 병을 이르는 말이다. 벼가 이 병에 걸리면 이삭이 하얗게 겉마르고 여물지 않는다. 제보자의 말에 따르면 '근잠'이 나락 밑에서 갉아 먹어서 벼가 그대로 빨갛게 마른다고 한다.

(2) 삼장거름

명 '삼장거름'은 삼밭에 뿌리는 돼지나 소 등 가축의 분뇨를 이르는 말이다.

(3) 딩게

명 '딩게'는 벼, 보리, 조 따위의 곡식을 찧어 벗겨 낸 껍질을 통틀어 이르는 말이다. 제보자의 말에 의하면 방아에 찐 '딩게'로 개떡을 만들어 먹었다고 한다. '겨'의 방언(경남)이다.

5) 논밭용어

(1) 논두렁

명 '논두렁'은 물이 괴어 있도록 논의 가장자리를 흙으로 둘러막은 두둑을 이르는 말이다.

(2) 고랑

명 '고랑'은 두둑한 땅과 땅 사이에 길고 좁게 들어간 곳을 이르는 말이다.

(3) 두룩

명 '두룩'은 밭과 밭 사이에 길을 내려고 흙으로 쌓아 올린 언덕을 이르는 말이다. '두럭'은 '두둑'의 방언이다.

(4) 갈개

명 '갈개'는 땅에 괸 물을 빠지게 하거나 땅의 경계를 표시하기 위하여 얕게 판 작은 도랑을 이르는 말이다.

(5) 노지

명 '노지'는 지붕 따위로 덮거나 가리지 않은 땅을 이르는 말이다.

2.3. 의(衣)

2.3.1. 한복

1) 개념

(1) 입성

명 '입성'은 '옷'을 속되게 이르는 말이다.

(2) 치매

명 '치매'는 여자의 아랫도리 겉옷을 이르는 말이다. '깃저고리'와 같은 말이다.

(3) 단중이

명 '단중이'는 속에 입는 치마의 일종으로 넓고 사타구니 쪽이 갈라진 것을 이르는 말이다.

(4) 꼬장중이

명 '꼬장중이'는 속치마를 이르는 말이다.

(5) 원삼

명 '원삼'은 부녀 예복의 하나이다. 흔히 비단이나 명주로 지으며 연두색 길에 자주색 깃과 색동 소매를 달고 옆을 튼 것으로 홑옷, 겹옷 두 가지가 있다. 주로 신부나 궁중에서 내명부들이 입었다.

(6) 깨끼적삼

명 '깨끼적삼'은 안팎 솔기를 발이 얇고 성긴 깁을 써서 곱솔로 박아 지은 적삼을 이르는 말이다.

(7) 배안엣저고리

명 '배안엣저고리'는 깃과 섶을 달지 않은, 갓난아이의 저고리를 이르는 말이다.

(8) 두루매기

명 '두루매기'는 한국 복식에서 외출할 때 가장 위에 입는 옷이다. 양쪽 어깨 밑이 터져 3폭이 따로 도는 창의(氅衣)에 대해, 옷 전체가 돌아가며 막혔다는 데서 붙은 이름이다. 둘매기(부여), 후루마기(아산, 예산, 부여), 후루매(태안), 후루매기(보령, 다진, 대전, 고주, 천안, 청양), 두루매기(그 외 전지역) 등으로 쓰인다.

(9) 중의적삼

명 '중의적삼'은 남자의 여름 홑바지와 홑저고리를 이르는 말이다. 제보자의 말에 따르면 '중의'는 여름에 입는 뽀얗게 흰 옷이며 손으로 만들어 입기도 했다고 한다.

(10) 복

명 '복'은 장사를 지낼 때 입는 흰 옷을 가리키는 말이다.

(11) 빤스

[명] '빤쓰'는 '속잠방이', '팬티'를 말한다.

(12) 샤쓰

[명] '샤쓰'는 속에 입는 내의의 일종을 말한다.

(13) 가랑바지

[명] '가랑바지'는 여자들이 속에 입던 바지를 이르는 말이다.

(14) 꼬쟁이

[명] '꼬쟁이'는 한복에 입는 여자 속옷의 하나이다. 속속곳 위, 단속곳 밑에 입는 아래 속곳으로, 통이 넓지만 발목 부분으로 내려가면서 좁아지고 밑을 여미도록 되어 있다. 여름에 많이 입으며 무명, 베, 모시 따위를 홑으로 박아 만든다.

(15) 도랭이

[명] '도랭이'는 비가 올 때에 농사일을 하면서 쓰는 비옷 대용으로 사용하는 덮개를 말한다. '두랭이'라고도 한다.

2) 신변잡화

(1) 사무관대

[명] '사무관대'는 사모와 관대를 아울러 이르는 말이다. 본디 벼슬아치의 복장이었으나, 지금은 전통 혼례에서 착용한다.

(2) 쪽도리

[명] '쪽도리'는 부녀자들이 예복을 입을 때에 머리에 얹던 관의 하나이다.

위는 대개 여섯 모가 지고 아래는 둥글며, 보통 검은 비단으로 만들고 구슬로 꾸민다.

(3) 비네

㊙ '비네'는 여자의 쪽 찐 머리가 풀어지지 않도록 꽂는 장신구를 이르는 말이다(≒소두(搔頭) · 잠(簪). 비녀의 사투리).

(4) 삿갓

㊙ '삿갓'은 비나 햇볕을 막기 위하여 대오리나 갈대로 거칠게 엮어서 만든 갓을 이르는 말이다.

(5) 작꾸

㊙ '작꾸'는 서로 이가 맞물리도록 금속이나 플라스틱의 조각을 헝겊 테이프에 나란히 박아서, 그 두 줄을 고리로 밀고 당겨 여닫을 수 있도록 만든 것을 이르는 말이다. 바지, 치마, 점퍼, 주머니, 지갑, 가방 따위에 널리 쓴다.

(6) 신

㊙ '신'은 땅을 딛고 서거나 걸을 때 발에 신는 물건을 통틀어 이르는 말이다. 가죽 · 고무 · 비닐 · 헝겊 · 나무 · 짚 · 삼 따위로 만들며, 모양과 용도에 따라 여러 가지가 있다.

(7) 깟신

㊙ '깟신'은 꽃 모양이나 여러 가지 빛깔로 곱게 꾸민 신발을 이르는 말이다. 주로 어린아이나 여자들이 신었다. '꽃신'의 잘못된 표현이다.

(8) 나무깨

㊙ '나무깨'는 신의 하나이다. 나무를 파서 만든 것으로 앞뒤에 높은 굽이

있어 비가 오는 날이나 땅이 진 곳에서 신었다. '나무깨신, 게다'라고도 한다.

(9) 짚새기

[명] '짚새기'는 짚으로 만든 신발을 이르는 말이다.

3) 장례

(1) 테두리

[명] '테두리'는 장사를 지낼 때 머리에 두르는 짚으로 엮은 띠를 이르는 말이다. 제보자의 말에 따르면 '테두리'를 짚으로 틀어서 만든 후 그 끝에다가 삼베를 끼워서 쓴다고 한다.

(2) 건

[명] '건'은 장례를 지낼 때 남자들이 머리에 쓰는 두건을 이르는 말이다.

(3) 지팽이

[명] '지팽이'는 장례를 지낼 때 짚고 서 있는 막대기를 말한다. 제보자의 말에 따르면 어머니(안부모)가 돌아가시면 버드나무, 오동나무로, 아버지(바깥부모)가 돌아가시면 대나무로 '지팽이'를 만들어 짚었다고 한다.

4) 빗

(1) 얼게빗

[명] '얼게빗'은 빗살이 굵고 성긴 반원형의 큰 빗을 말한다. 생김새가 반달 모양이라 월소(月梳)라고도 한고 크기가 다양하며 빗살도 성긴 것과 촘촘한 것이 있다. '얼레빗'의 방언(경기, 경상, 전남, 충남, 평안)이다.

(2) 참빗

명 '참빗'은 빗살이 아주 가늘고 촘촘한 대빗을 말한다. 제보자의 말에 따르면 '참빗'은 그 크기가 작고 고왔으며, 예전에는 '참빗'으로 빗으면 이가 나오곤 했다고 한다.

(3) 기지개

명 '기지개'는 빗살 틈에 긴 때를 빼거나 가르마를 타는 데 쓰는 도구를 이르는 말이다. 뿔, 뼈, 쇠붙이 따위로 만들며 한쪽 끝은 얇고 둥글고 다른 한쪽 끝은 가늘고 뾰족하다.

(4) 빗접

명 '빗접'은 빗, 빗솔, 빗치개와 같이 머리를 빗는 데 쓰는 물건을 넣어 두는 도구를 이르는 말이다. 흔히 창호지 따위를 여러 겹 붙여 기름에 결어서 만든 것과 나무로 짜서 만든 것이 있다.

5) 기타

(1) 기저구

명 '기저구'는 기저귀를 이르는 말이다. 유유아(乳幼兒)나 병자의 대소변을 받아내는 천을 말한다. 부드럽고 흡수성이 풍부하며, 자주 빨아도 견딜 수 있도록 질기고, 잘 건조되며, 배설물의 식별이나 때가 긴 것을 알기 쉽도록 흰 천을 사용하는 것이 위생적이다.

(2) 포대기

명 '포대기'는 어린아이의 작은 이불을 이르는 말이다. 덮고 깔거나 어린아이를 업을 때 쓴다.

(3) 동전

명 '동전'은 저고리나 두루마기 등의 깃 위에 좁게 다는 흰색의 긴 헝겊을 이르는 말이다.

(4) 띠

명 '띠'는 어린아이를 엎을 때 쓰던 천을 이르는 말이다.

2.3.2. 섬유

1) 천연섬유

(1) 샛모시

명 '샛모시'는 생모시를 이르는 말이다. 천을 짠 후에 잿물에 삶아서 뽀얗게 처리하지 아니한, 원래 그대로의 모시이다.

(2) 명

명 '명'은 주로 나무를 써서 본틀과 부속품으로 복잡하게 만들어진 재래식 가정용 베틀에 의하여 무명실로 짠 피륙을 이르는 말이다. <식물> '목화(木花)'의 잘못된 표현이다. '무녕'이라고도 한다.

(3) 누에

명 '누에'는 명주실로 짠 직물을 이르는 말이다. 원래는 명(明)나라에서 생산한 견직물(絹織物)을 가리킨 것이었으나 오늘날에는 주로 견사(絹絲)를 사용하여 짠 직물을 말한다. '명지'라고도 한다.

2) 직물류

(1) 옥양목

몡 '옥양목'은 생목보다 발이 고운 무명을 이르는 말이다. 빛이 희고 얇다. 무명실로 너비가 넓고 곱게 짠 천으로, 얇고 색깔이 매우 희며 보통 나염해서 침구나 조화(造花)에 많이 사용한다.

(2) 광목

몡 '광목'은 날실과 씨실을 무명실로 하여 짠 순수한 무명천을 말한다. 한국 재래의 무명(너비 28~29cm)보다 너비를 훨씬 넓게 하였으며 방직기계로 짠 피륙을 이르는 말이다.

(3) 당목

몡 '당목'은 두 가닥 이상의 가는 실을 대개 한 가닥으로 꼰 무명실로 나비가 넓고 발이 곱게 짠 피륙을 이르는 말이다. 광목보다 실이 가늘고 하얗다. 서양에서 발달하여 서양목이라고 하였는데, 중국을 거쳐 우리나라에 들어왔으므로 당목이라고 한다. 하얀 당목인 '왜당목'도 있다.

(4) 목은단

몡 '목은단'은 옷을 만들어 입을 때 사용하는 옷감을 이르는 말이다.

(5) 숙고사니

몡 '숙고사니'는 옷을 만들어 입을 때 사용하는 옷감을 이르는 말이다.

(6) 하비가이

몡 '하비가이'는 옷을 만들어 입을 때 사용하는 옷감을 이르는 말이다.

(7) 양단

명 '양단'은 은실이나 색실로 여러 가지 무늬를 놓아 두껍게 짠 고급 비단을 이르는 말이다. 바탕은 날수자직이며 무늬는 같은 색의 씨수자직이다. 무늬에 따라 비교적 무늬가 큰 모본단, 무늬가 작은 법단, 모본단에 비해 더 얇고 무늬가 작은 본단 등으로 나뉘며, 무늬의 색을 달리하여 화려하게 만든 양단으로는 구단, 수단 등이 있다.

3) 의생활용품 도구

(1) 베틀

명 '베틀'은 명주·무명·모시·삼베 등의 피륙을 짜는 틀을 이르는 말이다. 목재로 만들었으며, 2개의 누운다리에 구멍을 뚫어 앞다리와 뒷다리를 세우고 가로대로 고정시켰다. 여기에 도투마리를 얹고 잉아를 걸어 말코에 연결하고 앉을깨에 앉아 부티를 허리에 두른다.

(2) 바디

명 '바디'는 베틀, 가마니틀, 방직기 따위에 딸린 기구의 하나이다. 가늘고 얇은 대오리를 참빗살같이 세워, 두 끝을 앞뒤로 대오리를 대고 단단하게 실로 얽어 만든다. 살의 틈마다 날실을 꿰어서 베의 날을 고르며 북의 통로를 만들어 주고 씨실을 쳐서 베를 짜는 구실을 한다.

(3) 북

명 '북'은 베틀에서, 날실의 틈으로 왔다 갔다 하면서 씨실을 푸는 기구를 이르는 말이다. 베를 짜는 데 중요한 역할을 하며, 배 모양으로 생겼다.

[사진 25]
북

(4) 신꼬리

명 '신꼬리'는 베를 짤 때 발로 잡아당기는 것을 이르는 말이다.

(5) 부테

명 '부테'는 베를 짤 때, 베틀의 말코 두 끝에 끈을 매어 허리에 두르는 넓은 띠를 이르는 말이다. 나무나 가죽 또는 베붙이 따위로 만든다. '부티'의 잘못된 표현이다. '부테허리'라고도 한다.

(6) 홍두깨

명 '홍두깨'는 다듬잇감을 감아서 다듬이질할 때에 쓰는, 단단한 나무로 만든 도구를 이르는 말이다. '잣대, 홍도깨'라고도 한다.

(7) 물레방아

명 '물레방아'는 솜이나 털 따위의 섬유를 자아서 실을 만드는 간단한 재래식 기구를 말한다. '물레'의 잘못된 표현이다.

[사진 26]
물레방아

2.4. 생활어 (풍속)

2.4.1. 무속

(1) 서낭나무

몡 '서낭나무'는 서낭신이 머물러 있다고 하는 나무을 이르는 말이다.

(2) 서낭당

몡 '서낭당'은 서낭신을 모신 집을 이르는 말이다.

(3) 굿당

몡 '굿당'은 무당이 신을 모시고 굿을 하는 당집을 이르는 말이다.

(4) 오방기

몡 '오방기'는 동서남북을 가리키는 깃발을 말한다.

(5) 신장대

명 '신장대'는 무당이 신장(神將)을 내릴 때에 쓰는 막대기나 나뭇가지를 이르는 말이다.

(6) 성주

명 '성주'는 가정에서 모시는 신의 하나이다. 집의 건물을 수호하며, 가신(家神) 가운데 맨 윗자리를 차지한다(≒상량신(上樑神)·성조(成造)·성주대신).

(7) 단골

명 '단골'은 점치는 일을 직업으로 하는 사람을 이르는 말이다. 인간과 신의 사이를 연결해 주는 일을 직업적으로 맡는다. 금산에서는 '점쟁이, 당골'이라고도 한다.

2.4.2. 혼례

(1) 함잽이

명 '함잽이'는 혼인 때 신랑 쪽에서 채단(采緞)과 혼서지(婚書紙)를 넣어서 신부 쪽에 보내는 나무 상자를 지는 사람을 말한다.

(2) 젯상

명 '젯상'은 혼례를 올릴 때 신랑신부 사이에 음식을 놓는 상을 이르는 말이다.

(3) 장개

명 '장개'는 사내가 아내를 맞는 일을 이르는 말이다. 한자를 빌려 '丈家'로 적기도 한다.

(4) 쟁길

[명] '쟁길'은 시집와서 처음으로 처갓집에 가는 것을 이르는 말이다. '쟁질'이라고도 한다. 제보자의 말에 따르면 시집온 후 사흘만에 간다고 한다.

(5) 근친

[명] '근친'은 시집간 딸이 친정에 가서 부모를 뵙는 것을 이르는 말이다(≒귀녕(歸寧)).

(6) 조궁꾼

[명] '조궁꾼'은 신부가 시집 올 때 혼수를 지고 오는 사람을 말한다.

2.4.3. 출산

(1) 금줄

[명] '금줄'은 부정한 것의 침범이나 접근을 막기 위하여 문이나 길 어귀에 건너질러 매거나 신성한 대상물에 매는 새끼줄을 말한다. 아이를 낳았을 때, 장 담글 때, 잡병을 쫓고자 할 때, 신성 영역을 나타내고자 할 때에 사용한다. 이 줄이 있는 곳은 사람이 함부로 드나들지 못한다.

2.4.4. 놀이

(1) 땅뺏기

[명] '땅뺏기'는 놀이의 하나이다. 정한 땅에 각자의 말을 퉁긴 대로 금을

그어서 땅을 빼앗아 간다(≒땅따기 · 땅따먹기 · 땅재기 · 땅재먹기).

(2) 어자미

명 '어자미'는 콩이나 모래를 집어넣은 '놀이 주머니'를 가리키는 말이다. '오재미'의 사투리인데 '오재미'는 일본말이다.

(3) 공차기

명 '공치기'는 공놀이를 이르는 말이다.

(4) 비사치기

명 '비사치기'는 놀이의 하나이다. 손바닥만 한 납작한 돌을 세워 놓고 얼마쯤 떨어진 곳에서 돌을 던져 맞히거나 발로 돌을 차서 맞혀 넘어뜨리는 것을 이르는 말이다(≒돌치기).

(5) 공기놀이

명 '공기놀이'는 밤톨만한 돌 다섯 개 또는 여러 개를 땅바닥에 놓고, 일정한 규칙에 따라 집고 받는 아이들의 놀이이다(≒공기받기).

(6) 엿치기

명 '엿치기'는 엿가래를 부러뜨려서 그 속의 구멍의 수효와 크기를 비교하여 승패를 겨루는 놀이이다.

(7) 상쇠

명 '상쇠'는 농악에서 꽹과리 제1주자(奏者)를 이르는 말이다. 농악대를 총지휘하는 한편, 부포 상모를 휘두르며 부포놀이를 한다. 상모의 꼭지에는 놋쇠로 만든 접조시(징자)를 달았고, 여기에 실로 꿰어서 만든 작자를 달고, 그 끝에는 실을 꼬아서 만든 물체를 달았으며, 물체 끝에는 고니 깃털로 만든 부포를 달았다. '돌모'라고도 한다.

(8) 복쟁이

명 '북쟁이'는 사물놀이에서 북치는 사람을 이르는 말이다.

(9) 장구잽이

명 '장구잽이'는 사물놀이에서 장구를 치는 사람을 이르는 말이다.

(10) 꼬쟁이치기

명 '꼬쟁이치기'는 아이들 놀이의 하나이다. 정하여진 순서에 따라 여러 방법으로 짤막한 나무토막을 긴 막대기로 쳐서 날아간 거리를 재어 승부를 정한다.

(11) 횃불놀이

명 '횃불놀이'는 쥐불을 놓는 일을 말한다.

(12) 퇴끼잡기

명 '퇴끼잡이'는 나무를 때려서 노는 놀이를 이르는 말이다.

2.4.5. 장례

(1) 아장

명 '아장'은 아이들이 죽으면 갖다 묻는 묘 터를 이르는 말이다. 제보자의 말에 따르면 여우가 먹지 않도록 하기 위해 돌로 충분히 쌓는다고 한다.

(2) 묵은 묘

명 '묵은 묘'는 오래된 묘를 이르는 말이다.

(3) 지사

명 '지사'는 제사를 이르는 말이다.

(4) 요랑잽이

명 '요랑잽이'는 상여를 매고 묻으러 갈 때 상여 앞에서 종을 치면서 상엿소리를 하는 사람을 이르는 말이다.

(5) 행여

명 '행여'는 사람의 시체를 실어서 묘지까지 나르는 도구를 말한다. 10여 명이 메며 길이가 길고 꼭지 있는 가마와 비슷하게 생겼다.

2.4.6. 축제

(1) 농바우끄시기

명 '농바우끄시기'는 충청남도 금산군 부리면 어재리 느재마을에 전승되는 민속놀이를 말한다.

(2) 소지종이

명 '소지종이'는 치성을 드릴 때에, 부정 소지를 올린 다음에 관계된 사람의 운수 대길을 위하여 사르는 흰 종이를 이르는 말이다.

(3) 잔치

명 '잔치'는 기쁜 일이 있을 때에 음식을 차려 놓고 여러 사람이 모여 즐기는 일을 말한다(≒연집·연찬).

2.4.7. 명절 및 절기

(1) 맹일

명 '맹일'은 해마다 일정하게 지키어 즐기거나 기념하는 때를 이르는 말이다. 우리나라에는 설날, 대보름날, 단옷날, 한가윗날, 동짓날 따위가 있다(≒명질 · 명질날).

(2) 동기

명 '동기'는 24절기 가운데 하나이다. 동지를 이르는 말이다. 대설(大雪)과 소한(小寒) 사이다. 음력 11월 중기(中氣)이고 양력 12월 22일경이 절기의 시작일이다.

(3) 설뱀

명 '설뱀'은 설을 맞이하여 새로 장만하여 입거나 신는 옷, 신발 따위를 이르는 말이다.

2.4.8. 직업

(1) 고물장사

명 '고물장사'는 헐거나 낡은 물건을 가져다가 파는 사람을 이르는 말이다.

(2) 중신애비

명 '중신애비'는 결혼이 이루어지도록 중간에서 소개하는 일을 하는 사람을 이르는 말이다(≒매자(媒子) · 매작 · 중신(中—)).

(3) 반질쟁이

명 '반질쟁이' 바늘에 실을 꿰어 옷을 짓거나 꿰매는 일을 하는 사람을 이르는 말이다.

(4) 석수쟁이

명 '석수쟁이'는 돌을 다루어 물건을 만드는 사람을 이르는 말이다(≒돌장이·석각장이·석공(石工)·석장(石匠)).

(5) 뱃놈

명 '뱃놈'은 물고기 잡는 일을 업으로 하는 사람을 얕잡아 이르는 말이다.

(6) 황애장사

명 '황애장사'는 옷감을 팔러 다니는 일을 하는 사람을 이르는 말이다.

(7) 방물장사

명 '방물장사'는 방물을 팔러 다니는 일을 하는 사람을 이르는 말이다. 제보자의 말에 따르면 비녀, 참빗, 얼게빗 등을 가지고 팔러 다니는 사람을 '방물장사'라고 한다.

(8) 돗고리장사

명 '돗고리장사'는 애기 옷 파는 사람을 이르는 말이다.

(9) 머슴

명 '머슴'은 농가에 고용되어 농사뿐만 아니라 주인집 가사노동까지 담당하는 농촌 노동자를 이르는 말이다. 제보자의 말에 의하면 일 년 내내 농사를 지어 한꺼번에 인건비를 받는다고 한다.

(10) 상머슴

명 '상머슴'은 시키지 않아도 일을 잘하고 농사를 잘 짓는 사람을 이르는 말이다. '상머심'이라고도 한다.

(11) 점머슴

명 '점머슴'은 상머슴 다음가는 머슴을 말한다.

(12) 중머슴

명 '중머슴'은 일을 잘 못하는 머슴을 이르는 말이다. 제보자의 말에 따르면 주인을 계속 따라다니며 시키는 일을 한다고 한다.

(13) 꼴머슴

명 '꼴머슴'은 소의 꼴을 베는 머슴을 이르는 말이다. 일을 할 줄 모르는 어린 머슴을 말한다. 땔나무나 꼴을 베는 일을 하는 어린 사내종이다. '하머슴'이라고도 한다.

(14) 가매꾼

명 '가매꾼'은 가마를 메는 사람을 이르는 말이다.

(15) 채장사

명 '채장사'는 채를 파는 장사를 이르는 말이다. 제보자의 말에 의하면 '채장사'는 얼개미, 풀채 등을 만들어 팔러 다닌다고 한다.

(16) 엿장사

명 '엿장사'는 엿을 팔러 다니는 사람을 이르는 말이다. '엿장수'의 잘못된 표현이다.

(17) 참빗장사

명 '참빗장사'는 참빗을 팔러 다니는 사람을 이르는 말이다. '참빗장수'의 잘못된 표현이다.

(18) 고물장사

명 '고물장사'는 고물을 매매·교환하거나 위탁을 받아 매매·교환하는 영업 또는 그 업자를 이르는 말이다.

(19) 나무장사

명 '나무장사'는 땔나무나 통나무, 재목 따위를 파는 일을 하는 사람을 이르는 말이다.

(20) 비얌장사

명 '비얌장사'는 뱀장사를 이르는 말이다.

(21) 방아쟁이

명 '방아쟁이'는 방아 찧는 사람을 이르는 말이다.

(22) 행상

명 '행상'은 이리저리 돌아다니며 물건을 파는 사람을 이르는 말이다.

(23) 대목

명 '대목'은 나무를 다루어 집을 짓거나 가구, 기구 따위를 만드는 일을 업으로 하는 사람을 이르는 말이다. 제보자의 말에 의하면 지금은 목수라고 하지만 옛날에는 '대목'이라고 했으며 목재 집질하는 사람이라고 한다.

2.4.9. 장소

(1) 삼방

몡 '삼방'은 삼을 파는 가게를 이르는 말이다.

(2) 방애간

몡 '방애간'은 방아로 곡식을 찧거나 빻는 곳을 말한다.

2.4.10. 기타

(1) 놉

몡 '놉'은 촌락사회에서 날품을 제공하고 보수를 받는 사람을 이르는 말이다. 날품팔이(꾼)란 말과 동의어로 쓰일 때도 있으나 격식에 의한 임금 노동자라기보다는 촌락사회에서 친소(親疏) · 근린관계(近隣關係)에 있는 사람끼리 상부상조하며 노동력을 제공하는 사람이다.

(2) 가매

몡 '가매'는 조그만 집 모양의 탈 것을 이르는 말이다. 안에 사람이 들어 앉고, 밑에 붙은 가마채를 앞뒤에서 2사람 또는 4사람이 손으로 들거나 멜빵에 걸어 메고 운반한다.

(3) 무쇳물

몡 '무쇳물'은 제사를 지내고 난 후, 같이 온 귀신이 먹으라고 바가지에다 가 물을 담은 후 제사 음식을 조금씩 떼어 내서 대문 앞에다가 내 놓는 것을 이르는 말이다.

(4) 고시래

명 '고시래'는 들놀이·산놀이·뱃놀이 갔을 때나 들에서, 음식을 먹기 전에 자리 밖으로 "고수레" 하고 음식을 던지는 일을 말한다.

(5) 입막이 떡

명 '입막이 떡'은 인절미를 이르는 말이다. 제보자의 말에 의하면 '신랑과 신부가 서로 잘못을 했을 때 입막이 떡'을 해갖고 상대방의 입을 봉해버린다는 뜻에서 먹였다고 한다.

(6) 담배침

명 '담배침'은 담뱃재를 침에 개어서 모기나 벌레 등에 물렸을 때 바르는 약으로 쓴 것을 이르는 말이다. 민간에서 사용한다.

(7) 모깃불

명 '모깃불'은 모기를 쫓기 위하여 풀 따위를 태워 연기를 내는 불을 말한다.

(8) 퇴끼똥

명 '퇴끼똥'은 열이 나면 약으로 먹는 것을 말한다. 제보자의 말에 의하면 약이 없던 시절에 열이 나면 토끼똥을 주워서 끓여 먹었다고 한다.

(9) 돼지씨레

명 '돼지씨레'는 돼지 쓸개를 말한다. 제보자의 말에 의하면 놀랐을 때 '돼지씨레'를 먹인다고 한다.

(10) 며느리감나무

명 '며느리감나무'는 감나무를 이르는 말이다. 제보자의 말에 의하면 키가 크고 조금 열려 먹기 힘들다고 한다.

(11) 딸감나무

명 '딸감나무'은 감나무를 이르는 말이다. 제보자의 말에 의하면 떨어지는 감을 받아먹기 쉬워 붙여진 이름이라고 한다.

(12) 담

명 '담'은 빗에 빗기는 머리털의 결을 말한다.

(13) 낭자

명 '낭자'는 여자의 예장(禮裝)에 쓰는 딴머리의 하나를 이르는 말이다. 쪽 찐 머리 위에 덧대어 얹고 긴 비녀를 꽂는다. 쪽과 같은 말이다.

(14) 독짝

명 '독짝'은 암석, 광물을 통틀어 부르는 말이다. 흙, 나무 등과는 달리 견고하고 내구적이어서 원시시대부터 인류는 갖가지 형태로 이용해 왔다.

(15) 짱돌

명 '짱돌'은 자갈보다 좀 더 큰 돌을 말한다. 전라도 사투리다.

(16) 새복

명 '새복'은 (이른 시간을 나타내는 시간 단위 앞에 쓰여) '오전'의 뜻을 이르는 말이다. 먼동이 트려 할 무렵이다.

(17) 한나잘

명 '한나잘'은 하루 낮의 반(半)을 이르는 말이다(≒반날 · 반오(半午) · 반일(半日)).

(18) 새경

명 '새경'은 머슴이 주인에게서 한 해 동안 일한 대가로 받는 돈이나 물건을 이르는 말이다(≒사경).

(19) 품삯

⬜명 '품삯'은 품을 판 대가로 받거나, 품을 산 대가로 주는 돈이나 물건을 말한다.

(20) 시안

⬜명 '시안'은 '겨울'의 방언이다.

(21) 채

⬜명 '채'는 인삼을 세는 단위를 말한다. 제보자의 말에 따르면 옛날에는 근 저울로는 이십 냥이고, 킬로그램으로 치면 750그램이 한 '채'라고 한다.

(22) 품

⬜명 '품'은 어떤 일에 드는 힘이나 수고를 이르는 말이다.

(23) 시방

⬜명 '시방'은 지금을 이르는 말이다.

(24) 비다

⬜동 '비다'는 '베다'의 사투리이다.

(25) 벼랑

⬜명 '벼랑'은 '별로'의 사투리이다.

(26) 맨날

⬜명 '맨날'은 '매일'의 사투리이다.

(27) 조막손

⬜명 '조막손'은 손가락이 잘려서 손가락이 몇 개 없거나 아예 없는 손을 이르는 말이다.

(28) 남칼남칼

몡 '남칼남칼'은 식물이 자라는 모양을 말한다.

(29) 그러니께루

뮈 '그러니께루'는 그러니까라는 뜻이다.

(30) 주댕이

몡 '주댕이'는 사람의 입을 속되게 이르는 말이다.

(31) 지낀다

동 '지낀다'는 속된 표현의 하나로, 말하다라는 뜻이다.

(32) 들매다

동 '들매다'는 쩔쩔매다, 헤매다라는 뜻이다.

(33) 풍신

몡 '풍신'은 지각없는 사람을 이르는 말이다.

(34) 짤쪽하다

동 '짤쪽하다'는 긴 모양을 설명할 때 쓰는 말이다.

(35) 혼탁하다

동 '혼탁하다'는 어떤 사람이나 사물 따위에 마음이 홀리다라는 뜻이다.
제보자의 표현에 의하면 반했다는 뜻이라고 한다.

(36) 찌지다

동 '찌지다'는 장을 끓이다라는 뜻이다.

(37) 그늘르다

㖯 '그늘르다'는 (어른을) 모시다라는 뜻이다.

(38) 미섭다

㖯 '미섭다'는 무섭다라는 뜻이다.

(39) 음석

㖚 '음석'은 음식이란 뜻으로 '음식'의 방언이다.

(40) 언간이

㖴 '언간이'는 '매우'라는 뜻이다.

(41) 흙댕이

㖚 '흙댕이'는 흙덩이를 이르는 말이다.

(42) 맨들다

㖯 '맨들다'는 '만들다'라는 뜻이다.

(43) 큰애기

㖚 '큰애기'는 처녀를 이르는 말이다. '처녀'의 방언이다.

(44) 지끼다

㖯 '지끼다'는 '지껄이다'라는 뜻이다. '지껄이다'의 방언이다.

(45) 찡구다

㖯 '찡구다'는 '끼우다'라는 뜻이다.

(46) 호강

㖚 '호강'은 호화롭고 편안한 삶을 누림 또는 그런 생활을 이르는 말이다.

(47) 구녁

명 '구녁'은 '구멍'의 방언이다.

(48) 내금

명 '내금'은 냄새를 이르는 말이다. 제보자말에 따르면 '내음새'라고도 한다.

(49) 거망

명 '거망'은 숯을 이르는 말이다.

(50) 속갱이

명 '속갱이'는 소나무 가지를 말한다.

(51) 넝쿨

명 '넝쿨'은 길게 뻗어 나가면서 다른 물건을 감기도 하고 땅바닥에 퍼지기도 하는 식물의 줄기를 이르는 말이다.

(52) 애매주다

동 '애매주다'는 '접어주다'라는 말이다.

(53) 두집다

동 '두집다'는 '뒤집다'는 뜻이다.

(54) 뽄때

명 '뽄때'는 모양을 이르는 말이다.

(55) 대번

명 '대번'은 서슴지 않고 단숨에, 또는 그 자리에서 당장을 뜻하는 말이다.

(56) 거지럭거리다

동 '거지럭거리다'는 거추장스럽게 자꾸 여기저기 걸리거나 닿다라는 뜻이다.

(57) 짬뽕

명 '짬뽕'은 (말 따위를) 섞어 쓰다라는 말이다.

(58) 사위밀빵끈

명 '사위밀빵끈'은 건들기만 해도 톡톡 끊어지는 식물을 말한다. 제보자의 말에 의하면 '사위밀빵끈'은 살짝 건들기만 해도 줄기가 끊어지는데, 이는 사위가 무거운 짐을 지는 것을 원하지 않는 마음에서 만들어졌다고 한다.

(59) 후레들놈

명 '후레들놈'은 배운 데 없이 제풀로 막되게 자라 교양이나 버릇이 없는 사람을 낮잡아 이르는 말이다. 제보자의 말에 의하면 뒤 후자, 올래 자로 이루어진다고 한다.

(60) 마실

명 '마실'은 '마을'에 놀러감을 이르는 말이다.

(61) 워

감 '워'는 (소에게) 쉬라는 소리이다.

(62) 이랴

감 '이랴'는 (소에게) 가라는 소리로, 소나 말을 몰 때 내는 소리이다.

(63) 이리

부 '이리'는 (소에게) 이쪽으로 가라는 소리이다.

(64) 저

㈎ '저'는 (소에게) 왼쪽으로 가라는 소리이다.

(65) 갓한다

㈁ '갓한다'는 가마니를 짤 때 옆에 짚이 지저분하게 나와 있는 부분을 말아서 깔끔하게 엮다라는 뜻이다.

(66) 대갈

㈂ '대갈'은 머리를 일컫는 단어로 대가리를 줄인 말이다.

(67) 참젖

㈂ '참젖'은 '인유(人乳)'를 다른 동물의 젖에 상대하여 이르는 말이다. 영양분이 많고 좋은 젖이라는 뜻이다.

(68) 미꾸래미

㈂ '미꾸래미'는 기름종갯과의 민물고기를 이르는 말이다. 몸의 길이는 10~20cm이고 등은 푸른빛을 띤 검은색이며, 배는 흰색이고 검은 점이 많다. 몸은 가늘고 길며 몹시 미끄럽고 수염이 길다. '미꾸랭이'라고도 한다.

(69) 딸치

㈂ '딸치'는 쉬리를 이르는 말이다. 강 상류와 중류의 물이 맑고 자갈이 깔린 여울에서 서식한다. 작은 무리를 이루어 바닥 가까이를 헤엄치다가 사람이 나타나면 바위틈으로 숨는다. 수생곤충이나 작은 동물을 잡아먹는다. 산란기는 5월 초~6월 중순이며 주먹 크기의 돌 밑에 알을 낳는다.

(70) 피래미

㈂ '피래미'는 잉엇과의 민물고기를 이르는 말이다. 몸의 길이는 10~16cm이고 길고 납작하며 등 쪽은 푸른 갈색, 배 쪽은 은빛 흰색이고 옆구

리에는 어두운 파란색의 가로띠가 있다. 산란기에 수컷은 뚜렷한 혼인색
을 띤다. 한국, 일본, 중국, 대만 등지의 강에 분포한다.

(71) 지름쟁이

명 '지름쟁이'는 기름종개를 이르는 말이다. 기름종갯과의 민물고기로, 미
꾸리와 비슷하나, 몸은 엷은 누런 갈색에 어두운 갈색의 세로띠 혹은 무
늬가 있다. 얕고 맑은 하천이나 시냇물의 모래 속에 산다.

(72) 모래마주

명 '모래마주'는 모래무지를 이르는 말이다. 강 중·하류의 모래바닥 근처
에서 수서곤충이나 작은 동물을 잡아먹고 살며, 모래 속에 숨는 성향이
있다. 식용이나 관상용으로 이용한다.

(73) 가라지

명 '가라지'는 전갱잇과의 바닷물고기를 이르는 말이다. 몸의 길이는
40cm 정도이며, 등 쪽은 녹색이고 배 쪽은 희다. 지느러미는 연한 황색이
며 옆줄은 구부러져 있다.

(74) 차가사리

명 '차가사리'는 자가사리를 이르는 말이다. 퉁가릿과의 민물고기로, 몸의
길이는 5~13cm이며, 등은 짙은 적갈색, 배는 누런색, 지느러미 가장자리
는 황백색이다. 네 쌍의 수염이 있고 입이 아래로 향해 있다.

(75) 뱜장어

명 '뱜장어'는 뱀장어를 이르는 말이다. 뱀장어과의 민물고기로, 몸의 길
이는 60cm 정도이고 가늘며, 누런색 또는 검은색이고 배는 은백색이다.
배지느러미가 없고 잔비늘이 피부에 묻혀 있어 보이지 않는다.

(76) 까재

명 '까재'는 절지동물 십각목(十脚目) 가재과의 갑각류로, 새우와 게의 중간형으로 대하와 비슷하다. 몸길이 약 50mm, 이마뿔을 제외한 갑각길이 29~32mm이다. 한자어로는 석해(石蟹)라 한다.

(77) 새뱅개

명 '새뱅개'는 새뱅이를 이르는 말이다. 몸길이는 약 25mm로, 민물새우이다. 몸 빛깔은 어두운 갈색이고 윗면 가운데 선에 등뼈모양 얼룩무늬가 있다. 갑각에 더듬이윗가시가 있고 눈윗가시는 없다. 갑각의 앞쪽 옆모서리는 가시모양이다. 이마뿔은 곧고 작은더듬이자루의 끝에 이르거나 지난다. 이마뿔 윗가장자리에 10~20개, 아랫가장자리에 1~9개의 이모양 돌기가 있다.

(78) 궤

명 '궤'는 십각목의 갑각류를 통틀어 이르는 말이다. 등 쪽은 한 장의 등딱지로 덮여 있고 일곱 마디의 복부가 붙어 있다. 다섯 쌍의 발 중에 첫째 발은 집게발로 먹이를 잡는 데 쓰며 다른 네 쌍의 발은 헤엄치거나 걷는 데 쓴다. '게'의 방언이다.

(79) 도실비

명 '도실비'는 다슬깃과의 연체동물로, 몸의 길이는 2cm 정도이며, 검은 갈색이나 누런 갈색이고 때로 흰 얼룩무늬가 있다. 허파디스토마의 중간숙주로 하천이나 연못에서 사는데 한국, 일본, 대만 등지에 분포한다.

(80) 쑥국새

명 '쑥국새'는 올빼미목 올빼미과의 조류를 이르는 말이다. 몸길이는 18.5~21.5cm이다. 몸의 빛깔은 잿빛이 도는 갈색 또는 붉은 갈색이다. 잿빛형

의 암수는 이마와 정수리·목에 갈색 무늬가 있고 얼굴·가슴·배에는
짙은 갈색 무늬, 등·어깨·허리에는 잿빛 갈색 무늬, 뒷머리와 뒷목에는
붉은 갈색 무늬가 있다.

  (81) 쉬

명 '쉬'는 파리의 알을 이르는 말이다.

  (82) 뻔데기

명 '뻔데기'는 완전변태(完全變態)를 하는 곤충류에서 나타나는 유충기(幼蟲
期)와 성충기(成蟲期) 사이의 정지적 발육단계로 먹이를 취하지 못하고 대
개 운동하지 않으며 배설도 하지 않는 것을 이르는 말이다. '번디기'라고
도 한다.

  (83) 바구미

명 '바구미'는 바구밋과의 곤충을 통틀어 이르는 말이다. 쌀바구미라고도
한다. 어른벌레의 딱지날개(굳은날개)에는 4개의 연노란색 반점이 있으며
특히 수컷 어른벌레의 경우 등에 세로로 우둘투둘 얽은 자국이 많은 것이
특징이다. 제보자의 말에 따르면 '바구미' 새까맣고 박박 기는 것이라고
한다.

  (84) 벌거지

명 '벌거지'는 '벌레'를 이르는 말이다. 곤충을 비롯하여 기생충과 같은
하등 동물을 통틀어 이르는 말이다.

  (85) 소캐

명 '소캐'는 사람의 몸에 기생하면서 피를 빨아 먹는 것을 이르는 말이다.
잇과, 짐승닛과, 털닛과 따위가 있다. '소카리'라고도 한다.

(86) 사우

명 '사우'는 사위를 이르는 말이다. '사위'의 방언(강원, 경기, 경남, 전남, 충청)이다.

(87) 매느리

명 '매느리'는 며느리를 이르는 말이다.

(88) 딸래미

명 '딸내미'는 '딸'을 귀엽게 이르는 말이다.

(89) 내우간

명 '내우간'는 부부 사이를 말한다(≒내외지간·부부간·부부지간).

(90) 홀애비

명 '홀애비'는 '홀아비'의 잘못된 말이다. 아내를 잃고 혼자 지내는 사내를 말한다(≒광부(曠夫)·환부(鰥夫)).

(91) 동상

명 '동상'은 동생을 이르는 말이다.

(92) 작으매

명 '작으매'는 작은 엄마를 이르는 말이다.

(93) 안부모

명 '안부모'는 어머니를 이르는 말이다.

(94) 배깥부모

명 '배깥부모'는 아버지를 이르는 말이다.

(95) 둠벙

⃞명 '둠벙'은 못 따위의 작은 저수지를 가리키는 말의 사투리이다. '물웅덩이, 웅덩이'의 방언이다.

(96) 뚝방

⃞명 '뚝방'은 물이 밀려들어 오는 것을 막기 위하여 쌓은 둑을 이르는 말이다. '방죽'의 충청도 방언이다.

(97) 둥천

⃞명 '둥천'은 높은 길을 내려고 쌓은 언덕을 이르는 말이다. '둑'의 방언이다.

(98) 또랑

⃞명 '또랑'은 '작은 강', '시냇물'로, 시골이나 지방에 가면 물이 졸졸졸 흐르는 시냇가를 또랑 혹은 도랑이라 표현한다. '냇'의 방언이다.

(99) 냇가

⃞명 '냇가'는 냇물의 가장자리를 말한다.

(100) 혼역

⃞명 발열과 발진을 주증세로 하고 병원체는 홍역 바이러스이며 신고전염병의 하나이다. '혼역'은 홍역은 마진(麻疹)이라고도 한다.

(101) 돌림병

⃞명 '돌림병'은 유행병을 이르는 말이다.

(102) 추악

⃞명 '추악'은 전염병의 한 가지로, 몸에서 한기가 난다. '도둑놈 병'이라고도 한다.

(103) 장질부사

명 '장질부사'는 장티푸스균이 창자에 들어가 일으키는 급성의 법정 전염병을 말한다. 경구 감염에 의하여 1~2주의 잠복기 후에 발병한다. 특유한 열 형태를 보이며 발열, 설사, 비종(脾腫), 장출혈, 뇌증(腦症), 발진 따위의 증상을 나타낸다. 속되게 '염병'이라고도 한다.

(104) 한축

명 '한축'은 추워서 기운을 내지 못하고 움츠림을 이르는 말이다.

(105) 증

명 '증'은 돌에 구멍을 뚫거나 돌을 쪼아서 다듬는, 쇠로 만든 연장을 이르는 말이다. 원추형이나 사각형으로 끝이 뾰족하다.

(106) 장

명 '장'은 많은 사람이 모여 여러 가지 물건을 사고파는 곳을 이르는 말이다. 지역에 따라 다르나 보통 한 달에 여섯 번 선다.

(107) 핵교

명 '핵교'는 일정한 목적 하에 전문직 교사가 집단으로서의 학생을 대상으로 교육을 실시하는 기관을 말한다.

(108) 반지

명 '반지'는 일본종이의 하나이다. 옛날에는 닥나무를 원료로 하였으나, 근세 이후부터는 서향과(瑞香科)의 삼지닥나무를 주원료로 사용하게 되었는데, 이것을 개량반지라 하였다. 그러나 오늘날의 반지는 삼지닥나무에 짚펄프나 목재펄프를 섞어 기계로 뜬 것이 거의 대부분이며, 그대로 백지나 괘지로써 사용한다.

(109) 추럭

몡 '추럭'은 각종 물자를 수송하는 것을 목적으로 하는 자동차를 말한다. 즉, 트럭을 말한다. '도라꾸'라고도 한다.

(110) 주물공장

몡 '주물공장'은 쇠붙이를 녹인 쇳물을 일정한 틀 속에 부어 굳혀서 물건을 만드는 일을 전문으로 하는 공장을 이르는 말이다.

(111) 영사

몡 '영사'는 옛날에 약이 흔하지 않던 시절에 아이들이 아프면 갈아 먹이던 빨간 약을 이르는 말이다.

(112) 깅그랍

몡 '깅그랍'은 약 이름으로, '추악'에 걸렸을 때 먹던 아주 쓴 약을 이르는 말이다.

제4장 대장장이의 말

1. 생애 구술

問 이 곳(대장간)은 언제, 어떻게 형성되었습니까?

答 주택이얻찌. 시장은 미테 이써. 인동 시장 알아주자나. 여기는 원래 공장지대가 만앝썬는데 지금은 많이 업써진거지. 하나바께 업썬찌. 요기서는 하나뿐이고 나중에 생긴 거지. 그때는 하나바께 업썬지. 아버지 때 여기 대한 대장간. 2대 된, 아버지 할 때 거기도 해써. 여기 우리바께 업지.

問 할아버지와 아버지가 대장일을 하게 된, 지나온 일들에 대해 구체적으로 말씀해주시겠습니까?

答 그러니까 할아버지두, 할아버지가 고안데, 어터케 그땐 몬 먹고 살 때니까 어터케 들어간 게 대장간을 들어가때, 들은 얘기여 나도, 그런게 어떡혀 미테서 일만 배우다보니까 그래도 배워서 이어진 거지. 우리가 경기도 광주신데 그 말 들으니까 아버님 말이 그런 얘기는 어릴 때 몰

르구 할아버지도 내가 궁민학교 오학년 때 돌아가셨는데 경기도 광주에서 고아가 되갖꾸 어떠케 대장간 흘러 오셨댜, 그러다가 어떠케 대장간일 배우다 보니까 그 이전은 모르지 어떠케 된나 그전에도 대장간이 이썰지 옛날부터 읻썰쓰니까, 그건 내가 그건 들어쓰니까 알지. 그건 내가 잘 모르겠는디. 그럼 내가 살아나와 갖꾸 그때부터 몸이지만 그건 발 모르게써. 그러치 어디서 배뒨나는 모르지. 여기다 차린 건 차렫쓰니께 핻지만. 그런 거 바께 할 게 업써자나 그때는. 아버지 말 들어보니까 아버지도 중학교 나와갇구 아버지가 일하니까 할아버지가 일하니까 그건만 한거지 다른 건 꿈도 몯꿛댜. 그때는 학교도 거기 나왇찌 돈이 이써 뭐가 이써 그때는 그냥 이게 천직이다 생각하고 산거지. 나 때는 내가 조아서 할라고 한거고. 근데 아버지는 그런거 업써서. 하기야 나는 일부러. 아버지가 넫쨋데, 그 일 할 분이 업는 거야, 옏날에도, 아버지가 궁민학교도 갱신히 나와서 도와 준거야 할아버지 밑에서. 할 수 업씨 배운거지. 궁민학교 졸업하고서 하다가 군대갔다 오고서 마타서 이 일을 한거지. 그치 내가 중학교 때 돌아가셛쓰니까. 아버지가 보고서 개발한 거지, 보면서 전기도 들어오고, 아버지가 머리를 써서 이것도 만들어보고 저것도 만들어보고, 그 때는 단순해짜나, 호미, 낟 이런 거 박에 몬 만들었어. 근데 아버지 때는 작두, 뭐 다 이런 거, 여간 다 만든거야. 그때는 이 칼만 해도 수입이 안 되니까 다 * 장을 돌렸거든, 그 때는 정신 업썯써, 하도 바빠서.

문 제보자는 이 일을 언제, 어떻게 시작하게 되었습니까?

답 팔십 일년도에 제대 핸는데, 제대 한 날부터 해써. 지금까지. 나 때는 내가 조아서 할라고 한거고. 일을 한 건 나 원래 고등학교 때부터 한거고. 제대 하자마자 일 한 거고. 따져봐, 81년도부터 했으니까.

문 할아버지는 몇 살 때까지 (이 일을) 하셨습니까?

답 할아버지 고아로 오셔갖고선 어떻게 배우다가 여기다 채려가지고 하셨는데 그건 잘 모르겠네.

문 아버지는 몇 살 때까지 (이 일을) 하셨습니까?

답 아버진 어려서부터 했지 하여간. 아버지두. 초등학교 나와서는 한거야. 군대 빼놓고는.

문 (할아버지와 아버지 모두) 예순, 일흔의 나이까지 계속 일을 하셨습니까?

답 그렇지. 손 띤지가 65세에 떴으니까. 내가 다 하니까 인제. 내가 배웠으니까.

문 형제분들은 아무도 대장간 일에 관심을 갖지 않으셨습니까?

답 아, 그럼. 한 사람은, 여기 일한 사람은 많은데 다 힘들어서 그만두고 나만. 못해먹겠다고 힘들어서 못한다고 나만 꾸준히 한거지.

문 다른 대장장이들은 어떻게 지냈습니까?

답 말도 못하지, 첨에는 일 좀 시켜 달라 빌었거든, 그러다가 멷 개월 지나면 익숙해져서 잘 안 나와. 일하다가 얼마 잋따 도망가서 외상갚씨 얼마 잋따고 하면 할아버지가 가서 돈 주고 또 빼와요. 일꾼이 업써서. 사람은 마는데 기술이 업자나. 다른 사람은 할 수 업씨 울며 겨자 먹기로 데려 오는 겨, 그럼 며칠은 일 잘해, 그러다 또 발동 걸리는 겨.

문 대장간에 일을 하는 다른 인부들은 대개 얼마쯤 시간이 지나면 일을 잘하게 됩니까?

답 최하 십오년 배워도 알으면 쪼끔 알어. 이거는 자기가 안 해보면 몰라.

문 할아버지나 아버지, 아저씨 말고 다른 일하시는 분들은 주로 어떤 일 (작업)을 배우게 됩니까?

답 오함마질. 윙 가는거. 기술 쪽 일은 못하지 다 하고 가는 거. 평범한 거 아무꺼 그냥 힘 쓰는거 그것만 하는 거지. 디모도, 디모도만 하는겨. 뒷치닥꺼리 다 하는 사람. 쓰레기 치우구 그냥. 나는 일만하지 뭐하나 달라고 하면 힘들잖아. 내려와서. 그거 주서주고. 디모도 알잖아, 나머지 일 한다는 얘기야.

問 옛날에는 배우러 온 사람들도 많았습니까?

答 아 그럼. 그때는 못 먹고 살았으니까, 오면 돈을 딱 현찰 주니까, 잘 버니까 서로 일 할라고 했었어. 지금 다 기계화 되니까, 필요 안하니까. 그런게 이걸 배우다 보면 나도 모르게, 아버님 하는 거 보면 나 어떻게 언제 배우나 했는데도 나도 모르게 배워지는 거여, 하다 보면.

問 손재주가 있어야 대장일을 기본적으로 할 수 있는 것인가요?

答 그럼, 눈썰미하고 손재주는 기본으로 있어야돼. 암만해도 없으면 헛일이여, 못배워 그럼

問 '메질' 같은 작업을 잘하고 열심히 하면 다른 기술들을 알려주지 않습니까?

答 그것만 배우면 헛일이고, 그것만 배우면, 첨부터 그걸 배우지. 그러면 그걸 한 이삼년 시켜요, 디모, 청소같은 거만. 그럼 사람 보고서 아 저거 싸가지 있다 그러면 기술 보여주는 거지, 첨부터 기술 안 보여 주는 거여. 첨부터 단계가 있어. 처음부터 시켜봐? 못해요. 첨부터 하는 방식이 있어. 메질. 젤 션찮은 것부터 시켜서 올라오는 과정이 있는 거야. 그냥 무작정으로 일 시켜봐, 안돼. 배우지도 못하고.

問 그럼 제보자께서도(이호인 씨) '메질'부터 시작하셨습니까?

答 아이 그럼. 나 젤 밑에부터 일했지. 맨날 청소하고. 디모도 완전히.

問 '풀무질'도 하셨습니까?

答 그럼. 그때 할아버지 때는 전기가 없으니까 풀무질 했고, 그 다음에는 전기가 들어오니까 인제 그때는 후황으로 한 거지.

問 부인과 어머니께서도 대장일에 참여하셨습니까?

答 우리 어머니 때는 맨날 밥을 해줘야 하자나 일꾼들 그러니까 또 일꾼들 밥, 빨래도 다 해줘써 자니까 어머니 때는 지금은 그게 아니자나 지금은 힘드니까 애들이 업써 빨리 일당 내고 버는 게 나짜나. 그런대

내가 다 알아서 하는 데 뭘 되도록이면 마누라한테 피해 안 끼칠려고 해 뭐 가져오라 다 내가 가져오고 내가 하는 거지.

團 어머님이나 사모님은 대장일 하는 거 위험하니까 싫어하진 않았나요?

團 그런 건 몰랐지. 집사람도 대장간이라면 말이 대장간이지 어려운거나 힘든 거는 잘 모르지.

團 할아버지와 아버지 시절과 지금은 작업하는 데 있어서 다른 점이 있습니까?

團 그때는 기계가 안됐었고 할아버지 때는. 암만해서 전기가 업었으니까. 다 손으로! 아버지때 하면서부터 전기가 들어오면서부터. 하나 둘씩 그때도 인전 그때는 할아버지일 인수받았으니 뭘 알어? 큰아버지가 대학교를 나왔어요. 돌아댕기니까. 그때는 버스 운전서였어. 돌아다니다 다른 대장간보니까. 저런 산소, 저런 걸 짤르거든? 아버지 보고 저런 거 사다가 자르면 나을 꺼아니냐. 그래서 하나 둘씩 그러케해서 는거지, 첨에는 이러케 짤르는 것두다 지금 이걸로 하지. 옛날에는 오함마로 때려서 요거 다가네로 칼을 쇠로 같다가. 모양을 오함마로 때려서 이러케. 때려 때려 요로케. 얼마나 힘든데 지금은 산소로 띠면 힘이 천 분의 일도 안되. 띠는 거는 일이 무쟈게 마나졌어. 일이 마나진 게 아니라 무쟈게 쉬워진 거지.

團 어렸을 때는 아버지하고 할아버지하고 같이 하는 것을 보셨겠네요? 두 분이서 하셨습니까?

團 그렇지. 그때는 일 할 사람도 많았어. 그때는 서너 명씩 있었어. 그때는 오함마질도 둘이 하는게 아니라 세명이서 했어, 오함마질을. 그때는 사람손으로 다했어, 지금이야 기계화 됐지만. 그때는 밥만 많이 주면, 옛날에는 무식한 거잖아. 힘 닿는데는 최고거든, 맨날 인제. 맨날 오함마질이여. 나도 인제 오함마질 무지하게 했네.

團 옛날에는 대장간에서 판매가 어떻게 이루어졌습니까?

답 그때는 손님이 오자나. 그럼 손님이. 그때는 촌사람들이 마니 오자나. 그러면 촌사람들이 얼마나 조아혀. 하나 만들어주면 술집으로 다 끌꾸 가여. 으 옛날에는 쌀로 간따줘써. 보리, 감자, 마대로 하나. 우리 할아버지 때는. 그때 호미 하나주면, 그때는 장사 워낙 잘될 때여. 그걷도 농사 짇는 사람들이, 그러면 쌀을 간따가 한 말이찌, 그정도 간꼬와. 왜냐면 그때는 농사몯하니까. 호미 가튼거 필요하니까. 사람들이 보시를 마니하니까. 그전에는 달라면 다줬는데.

문 예전에는 (농기구 판매 등 대장간이 활성화되었는데) 돈을 많이 벌지 않았습니까?

답 그때는 막말로 깔쿠리로 긁었지. 그때 옛날에는. 그래 아부지가 이거 하고 이거 건물하고 몇 채 있었는데, 할아버지는 다 날렸구. 그때는 다 이걸 좋아했거든. 다 날리고 아버지가 하 일해두 돈도 안주고 그러니까 단단히 결심을 해서 돈을 많이 벌은 거지. 그래 이거 다 대학 보내고 네 명 다 대학 보냈으니까. 나만 안갔으니까. 대장간에서 네 명 갈 칠려면 힘들었지 옛날에.

문 재료는 어디서, 어떻게 구해옵니까?

답 우리는 전부 폐차장가서 하거든. 우리 집은 여기루 와.

문 일할 때 힘드시면 술도 드시고 하시잖아요.

답 젊을 때 많이 먹었는데 지금은 다 끊었어.

문 옛날에 아버님이나 할아버지도 일하다 힘드셨을 때 허기져서 드신 건가요?

답 왜냐면 지금도 마찬가지야. 이런 쟁이들은 힘들으면 하나씩 먹어. 어쩔 수가 없어.

문 술 취해서 일을 못하지 않아요?

답 그런 적도 있지. 없다면 거짓말이고.

문 술 먹고 일하면 위험하진 않았어요?

답 왜 많이 다쳤지. 나도 몇 번 죽었다 살아났는데 뭘. 저 구라인다 있지? 저 깨지면 사람작살나. 저것도 한 대 맞았잖아. 여기를 맞았는데(콧대와 눈 사이) 여기 자세히 보면 표 가 나. 여기 팔십 바늘 꼬맸어. 팔십 바늘. 여기 맞아가지고. 구멍이 났어, 여기까지. 다른데 맞았으면 죽었는데 여기를 맞아 갖구서, 이것도 결혼하기 전에 바로 맞았어. 일 년 전에.

문 대장일을 하다가 다치기도 합니까? 그런 경우에는 어떻게 하셨습니까?

답 대충 그냥 옛날에 저 빨간 약또 업써서, 저 기름 발르구 소금으로 옌날엔 그래써. 그때는 다쳤따 하면 죽어, 저거하다 죽은 사람 마나써. 그 때는 법이 막 그런게 업썼거든 돈 며푼 주면 끈나써.

아유 그때는 다 된장 발르고 그랬어. 내가 옛날에 아부지가 일하시면, 여기 앉으면. 옛날에는 기계 함마가 없어 갖구서 요걸 요렇게 대. 그럼 저 오함마로 때린단 말여. 오함마루 두 명이서. 그럼 잘못 때리면 요기 그냥 맞어. 요 그럼 여기(무릎) 박살나 이거. 그래 내가 아부지 그거 보고서 내가, 아이구 내가 빨리 맞어야지 하면서. 그냥 피가 질질질 나는 거 병원두 안가고.

문 손님들은 대개 누가 옵니까?

답 그럼, 인동 장날은 만았자나, 그럼 메졌다니까. 줄서 있었어 이러케 호미, 낟 가튼거 가져와서 안자 이써서, 이러케 그 사람들은 그 때는 버스도 별로 업어써 추송리서 걸어오면 세시간 걸려 그럼 여기까지 걸어와서 안자있어 하루종일, 담배피고, 감자 싸와다니까, 감자..감자 싸와서 그걸로 점심 먹고 안자있다가 빌고 또 가 할아버지때 그래써, 그 때는 쌀 가튼거 등짐 메고, 그때는 다 갇 쓰고 아버지때만해도 가슨 사람이 마니 와써, 특히 절 스님들이 마니와써, 절. 할아버지때부터 옛날부터 알아갇꾸 일부러와 고산사, 다른 유명한 절은 다와.

문 날씨가 작업에 영향을 주기도 합니까?

답 근데 한 여름에 뜨거울 때는 안해 손님이 할 수 업시 해달라면 해주는

데 손님이 다른 때는 안 오거든 고거 하나 할라고 불켜가지고 땀을 질질 흘려봐짜 손해니까 잘 못하면 더위먹어 뭐하자나. 여름에는 좀 안에서 쉬는 게 나아. 오는 손님만 받구 모아놨따가 한꺼번에 해.

문 겨울에는 일이 줄어듭니까?

답 응, 우리는 일이 안 들어와도 다 만들어 놔야돼. 썩는 게 아닌까.

문 쉬는 날이 있었습니까?

답 옛날에는 보통 아침 여섯시에 나와서 밤 열시까지 해서 옛날에는 일요일도 업써서 하루종일 맨날해써 그러다가 일주일에 두번 첫째 셋째 그러다가 인전.

문 대장장의 생활에 어려움은 없었습니까?

답 까노코 내가 아버님 때만해도 괜차나써. 서서히 마나지면서 중국산 수입으로 싹 내려안잔찌.

문 손님들이 주로 물건을 사러 찾아옵니까?

답 우리 집은 여기루 와. 칼이 만약에 잘못되었다하면 다시 바꿔줘. 책임을 지는 거지 비싼 대신. 그만큼 또 오래쓰니까 사람들이 우리는 갖다 파는 게 업구 할아버지 때부터 소문이 나서 "아 거기 잘하더라" 와바서도 이 사람이 소문나서 오는 거지. 우리가 파는 건 업써. 우리는 뭐 이런 대리점이 업써. 사람들이 대리점해서 갖다 팔라해도 사람이 만드는 거라 한게가 잇짜나.

문 예전에 푸줏간이나 대장간이나 간자 들어간 거는 천하다 했지만 지금은 달라지지 않았습니까?

답 상놈들이 한다고 그랬어. 못배운 사람들이. 지금은 아니지. 직업에 귀천이 없으니까 기술 보면 아 잘 배웠다 그러지.

문 결혼은 언제 하셨습니까?

답 스물 여덟 살에 했는데.

문 연애 하셨습니까?

답 아니야, 나는 어머니 때문에 일부러 중매했지. 나는 맘에 든 다음에 하는 거지.

문 사모님께서는 시집오실 때 그 시절엔 어떤 혼수를 해오셨나요?

답 그때는 다 그렇잖아. 이불하고 뭐, 옛날 이불 그런거지 뭘. 80, 내가 83년도에 결혼했으니까. 그때는 다 옛날 방식이야. 나는 그래도 도시 사람하고 안하고 일부러 촌사람 하고 할라구. 나는 꿈이 있었거든. 촌같은데 걸어가면 도시만 살다 보니까 촌이 그리웠어. 우리 외갓집이 옛날에 부강이라구 촌에가면 참새잡구 머 이냥 논에서 그 옛날에 돼지도 바깥에서 길리구. 그래서 지금도 거기 다 도시화 되었지만.

문 자녀분은 어떻게 되십니까?

답 남매, 동갑이잖아, 딸래미.

문 언제까지 이 일을 하실 생각이십니까?

답 모르지. 말 그대로 몸이 허락하는데까지 하는 거지.

문 가족들이 (힘든 일이니까) 일을 그만하라고는 하지 않지 않습니까?

답 먹고 살아야지 어떻게. 나만 바라보는데.

문 아드님이 도와준다고(대를 잇는다고) 하진 않습니까?

답 아이, 나 혼자 다해. 다른 사람 시키지. 아 시킬라고 그래도 안해. 뭐 좀 하라고 그러면, 저번에 도와줬어. 군대 가기 2개월 넘겨놓고. 그랬더니 하기 싫은가봐 위태로워서. 그래 내가 인제 뭐 힘든 거 있으면 시키지. 근데 저 메질도 아무나 하는 게 아녀. 잘못하면 클 나.

문 예전에 아저씨는 군대 가서 휴가 나왔을 때도 하셨다고 습니다만,

답 나는 그랬지. 아버님 난리 났잖아, 안하면. 나오자마자 그때부터 일했다니까. 가기 전날까지. 아이 하루도 못 잤어. 제대 하자마자 그날부터 일했다니까 나는. 아이구.

문 형제분들이 다 대학가고 이래서 가고 싶지 않으셨습니까?

답 아, 나는 그런 맘은 없었어. 아버지 도와드린다는 그런 말 말고는. 아

동생들이 잘만 되면야 뭐. 원래는 아버님이 나를 갖다가 유학까지 보 낼라고 했는데 내가 싫은 걸 뭐. 내가 이게 좋은데 뭘. 근까 다른 애들 은 싫어두 내가 좋으니까 아버지도 못 막더라구. 어릴 때부터 맨날 보 는게, 옛날에는 뭐 다른 애들하고 다마치기 이런걸 떠나서, 재밌잖아 하는거 보면 참. 어려서부터 구경하면. 그게 인제 나도 모르게, '아 이 걸 아버지 도와드려야 되겠다'는 생각, 배울려는 것보다도 아버지 도 와드려야 되겠다는 생각.

📖 아버님은 아저씨가 장남이니까 이런 일 하는것 보다 공부를 더 시키고 싶어하지 않으셨나요?

📑 당연하지, 나 얼마나 뚜드려 맞았는데. 너는 유학까지 가야 된다고 막. 내가 죽어도 안간다니께 아버지가 손을 들더라구. 나중에는 아버지가 좋아했지. 내가 군대 있으면 다른 사람 시켜가지고, 맨날 안 나오고 그 러지 참 환장해, 사람. 또 할만하면 올려달라고 안나오고, 그럼 어째 그거. 그래 내가 배웠으니께 내가 다 하니까 나중에는 그냥 '나가, 이 새끼야' 확 발로 차고 내가 했지. 그때는 아버지랑 나랑 둘이 했어, 나 내보내고. 다 필요없다고 그러고. 그때는 다른 사람 하나, 디모도만 시 켜놓고 한거지, 거의 내가 했다고 보면 돼지.

📖 대장장이 일을 하는 것이 부끄럽다고 생각한 적이 있습니까?

📑 옛날에는 대개는 쟁이들이 몯 배우고 무식하다는데 그건 사람 나름이 여 몯 배웠따고 무식한 게 아니여 마니 배워도 인간적으로 아니면 무 식한거고 몯 배워써도 인간성이 아버지 교육 잘 받아쓰면 그러케 지금 도 마찬가지야.

📖 일을 하면서 자부심을 느끼거나 이런 적 없었어요?

📑 처음에는 자부심 느꼈는데 요새는 완전히 그냥 마지못해 하는 거야. 누구말대로 배운게 도둑질이라구. 나두 그만두고 다른 일 하려고 그랬 었어. 근데 나이가 오십되다 보니까 할 게 없어. 그리고 이런 기술은

참 배우기 힘들어. 최하가 이십년을 배워야 쪼끔 아는데 다른데 가봤
자 또. 배운 게 이거라고. 이거 앞으로 정말 톡 까놓고 대장간은 없어
지지 않는데 나도 이렇게 하다보면 언젠가는 빛날 일이 있을란가 모르
겠어. 지금 다, 중국 다 수입해가지고 지금은 중국이 갈수록 올라가 이
게 물건 값이. 이것도 올라가고 다 올라가니까. 지금은 중국산 쓰느니
국산 쓰는 게 낫다고 그런다구. 좀 비싸도 그게 나니까.

문 장인정신을 어떻게 생각하십니까?

답 그러니까 첨 쓰는 초짜들은 시장에서 파는 거 이짜나 싸고 그냥 쓰구
내삘구 이 사람들은 그게 아니자나 그러니까 그게 장인이야 장인 정신
이지. 거기다가 대장간이라하면 다 똑가튼 줄 알어, 대장간두 쇠 조은
걸로 만들어서 다 열씨미 만들어서 파는 사람이 잇는 반면에 어떤 사
람은 그러니까 사람들이 대장간 만들면 이럳타 하는겨.

2. 조사된 어휘

2.1. 대장장이란?

2.1.1. 대장장이

명 일반적으로 '대장장이'는 대장일을 하는 기술직 노동자를 이르는 말이
다(<표준국어대사전> 참고). 대장장이를 지칭하는 다른 어휘들로는 노야장·
대장·대장공(-工)·단야공·야공(冶工)·야장(冶匠)·야장공·야장장이·
철장(鐵匠) 등이 있다.
제보자들이 말하는 '대장장이'에 대한 정의도 이와 흡사하다. 또 다른 표
현으로 '칼잽이'라고 부른다고 한다.

2.1.2. 대장

명 대장간에서 일하는 대장일을 하는 기술직 노동자를 이르는 말이다. 대장장이를 줄여 부른 표현이다. 제보자는 '대장'이 집게로 쇠를 잡고 있으면 '함마꾼'이 메질을 한다고 말한다.

2.1.3. 불무쟁이

명 '불무쟁이'란 대장간에서 '불무질' 하는 사람을 이르는 말이다. 제보자의 말에 의하면 대장일은 다섯 명이 함께 하는데 그 가운데 으뜸인 자로 쇠를 잘 달구는 역할을 한다고 말한다. 대장일은 쇠를 다루는 일이기 때문에 불무질에 능숙한 불무쟁이가 최고의 위치라고 한다.

2.1.4. 선메쟁이

명 '선메쟁이'는 좌측에서 '메질'을 하는 사람을 이르는 말이다. 제보자의 말에 따르면 좌측에 제일 먼저 선 사람을 가리켜 '선매쟁이'라고 하며 '선메', '선도 메질꾼'이라고도 부른다.

2.1.5. 앞메꾼

명 '앞메꾼'이란 가운데서 메질하는 사람을 이르는 말이다. '모루'에 쇠를 달구어 얹어 놓으면 세 사람의 메질꾼이 차례로 '담금질'을 하는데 가운데 서있는 사람을 지칭한다.

2.1.6. 건달일꾼

명 꾀만 부리는 일꾼을 말한다. 제보자말에 의하면 일을 잘 하지 않고, 꾀만 부리는 일꾼을 '건달일꾼'이라고 부른다고 말한다.

2.2. 제작 장소

2.2.1. 승냥깐

명 쇠를 달구어 온갖 연장을 만드는 곳을 말한다. 제보자는 '대장간'을 '승냥깐'이라고 말하는데, 이는 강원, 전북, 충남지역의 방언이다. '대장간'을 지칭하는 다른 어휘로는 단철장 · 야방(冶坊) · 야장(冶場) · 야장간이 있으며, '성냥간'이라고도 한다.

2.2.2. 센방

명 철공소를 이르는 말이다. '철공소'는 쇠로 된 재료로 온갖 기구를 만드는 소규모 공장이다.

2.2.3. 장날

명 '장날'은 장이 서는 날을 말한다. 보통 닷새 만에 서며, 사흘 만에 서기도 한다. 제보자 말에 따르면 예전에는 장날에 직접 돌아다니면서 일을 했다고 한다.

2.3. 제작구호

2.3.1. 똥그랑 땡땡

부 집게를 집는 대장과 메질꾼과의 호흡을 위해 외치는 구령이다. '집게'를 집는 '대장'과 '메질꾼'과의 호흡을 위해 외치는 구령으로 제작구호를 외치면 대장일을 할 때 도움을 받을 수 있다.

2.4. 재료

2.4.1. 쇠의 종류

1) 강철

명 '강철'이란 탄소의 함유량이 0.035~1.7%인 철을 말한다. 열처리에 따라 성질을 크게 변화시킬 수 있어 여러 가지 기계, 기구의 재료로 쓴다. 다른 표현으로 강·스틸(steel)·철강이라고도 한다. 제보자의 말에 따르면 '낫'을 만들 때 주로 쓴다고 한다.

[사진 27]
강철

2) 스프링

圐 폐차에서 나온 쇠를 말한다. 제보자는 자동차 폐차된 것에서 연장을 만들 쇠를 구하는데 이 쇠를 '스프링'이라고 말한다. 폐차장에서 정교하고 좋은 쇠를 얻을 수 있다고 한다.

3) 유한 스프링

圐 '스프링' 가운데 좀 부드러운 것을 말한다. 제보자에 말에 의하면 '낫칼'을 만들면 좋다고 한다.

4) 대철쇠

圐 '대철쇠'는 칼 만드는 쇠를 말한다. 제보자의 말에 의하면 쇠의 대가리(윗부분)는 '도끼'를 만들고, 밑바닥은 '칼', '낫(조선낫)', '짜구' 등을 만든다고 한다.

5) 하가네

'하가네'는 좋은 쇠를 이르는 말이다. 일본말로 옛날에는 좋은 쇠를 다 '하가네'라고 불렀다고 한다.

6) 육철

몡 '육철'이란 나쁜 쇠를 이르는 말이다.

[사진 28]
육철

7) 떡쇠

몡 '떡쇠'는 연철 즉, 무른쇠를 이르는 말이다. 대전에서는 '물른쇠'라고도 부른다.

2.4.2. 연장 자루

1) 연장자루

명 '연장자루'는 '괭이'나 '호미'의 자루를 맞추는 나무를 이르는 말이다. 물푸레나무가 질기면서도 단단하여 연장 자루로 좋다. 그러나 현재는 중국산이 대부분이며, 국산은 나오는 것이 없다고 한다.

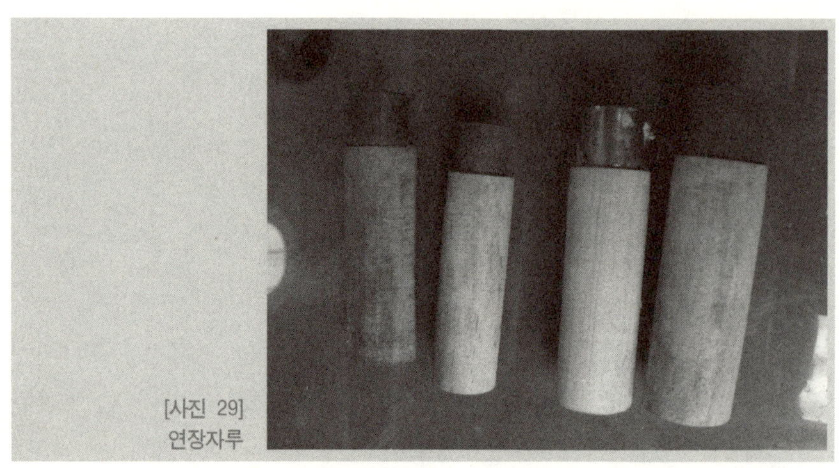

[사진 29]
연장자루

2) 자루

명 '자루'는 손으로 다루게 되어 있는 연장이나 기구 따위의 끝에 달린 손잡이를 이르는 말이다. '소나무', '버드나무'로 만든다.

3) 주부

명 '주부'란 '낫'이나 '호미' 등의 손잡이를 만들 때, '낫'과 '자루'가 연결되는 곳에 넣어 연결시키는 헝겊을 말한다. '주부'는 날이 빠지지 않게 하는 역할을 한다. ‘주부’를 박으면 빠지지도 않고 좋다고 한다.

4) 다이(일본어)dai[臺]

몡 나무로 만든 받침대를 이르는 말이다. ‘다이(일본어)dai[臺]’는 나무로 되어 있는 것으로 일본어이기 때문에 ‘대’, ‘받침’, ‘받침대’로 순화해야 한다.

5) 뽄찌 다이(일본어)dai[臺]

몡 나무로 만든 받침대밑 부분을 이르는 말이다. ‘뽄찌 다이(일본어)dai[臺]’는 ‘펀치’ 밑에 대는 것으로 쇠로 만들며, 일본어이기 때문에 ‘대’, ‘받침’, ‘받침대’로 순화해야 한다.

2.4.3. 연장 자루의 재료

1) 물푸레나무

몡 ‘물푸레나무’는 ‘낫’이나 ‘호미’의 손잡이 부분을 만드는 나무를 말한다. 이 나무를 다듬어서 날을 끼워 만든다. ‘물푸레나무’는 강해서 잘 부러지지 않는다.

2) 북나무

몡 ‘북나무’는 ‘호미’나 ‘낫’의 ‘자루’를 만드는 재료가 되는 나무를 말한다. 제보자의 말에 따르면 ‘북나무’가 ‘연장 자루’로는 최고로 좋은데, ‘오동나무’처럼 속은 비어있고 질겨서 잘 부러지지 않고 찢어지는 나무라고 한다. ‘북나무’를 산에서 베어와 ‘호밋자루’와 ‘낫자루’를 만든다.

3) 소나무

명 '소나무'는 그 재질이 가볍고 잘 부러지지 않아 '낫자루'로 쓴다.

2.4.4. 그 외의 재료

1) 네루

명 철도레일을 말한다. '레일'의 일본말이다. 철도 레일을 가져다가 다듬어서 작업을 할 때 이용했다고 말한다.

2) 모빌유

명 담금질에 쓰는 기름을 말한다. '모빌유'는 자동차 따위의 내연 기관의 내부를 매끄럽게 하는 데 쓰는 기름을 담금질 용도로 쓰인다. 다른 표현으로 모터오일이라고도 한다.

2.5. 제작 도구

2.5.1. 집게

1) 꼬부랑집게

명 '꼬부랑집게' 도끼를 잡는 데 쓰는 집게를 말한다. 제보자 말에 의하면 '꼬부랑집게'는 도끼 집는 용도로 쓰인다고 한다.

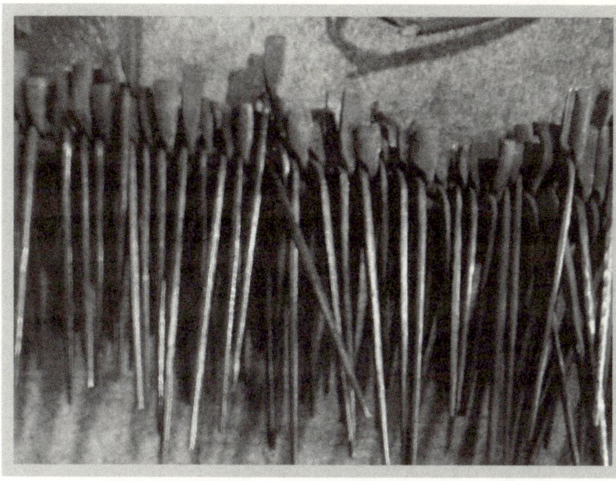

[사진 30]
집게

2) 너짐집게

[명] '너짐집게'는 큰 쇠를 집을 때 쓰는 집게를 말한다.

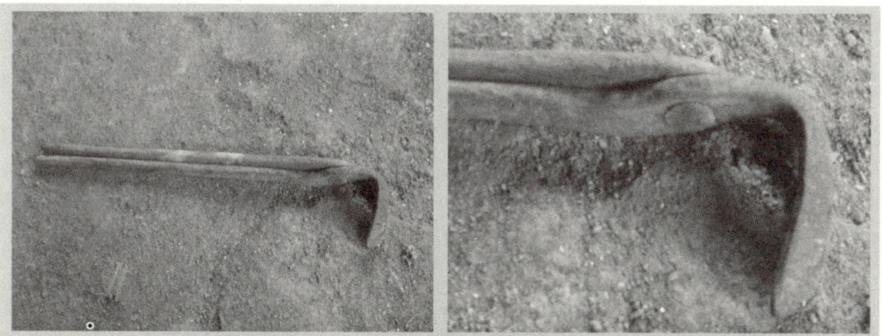

[사진 31] 너짐집게

3) 마로집게

[명] '마로집게'는 평평한 모양이 아니라 모양이 쏙 들어간 집게를 이르는 말이다. 일본말로 '마로집게'이며, 생김새가 쏙 들어간 모양(아로졌다고 표

현)이기 때문에 그렇게 표현한다고 한다.

[사진 32] 마로집게

4) 발달린 집게

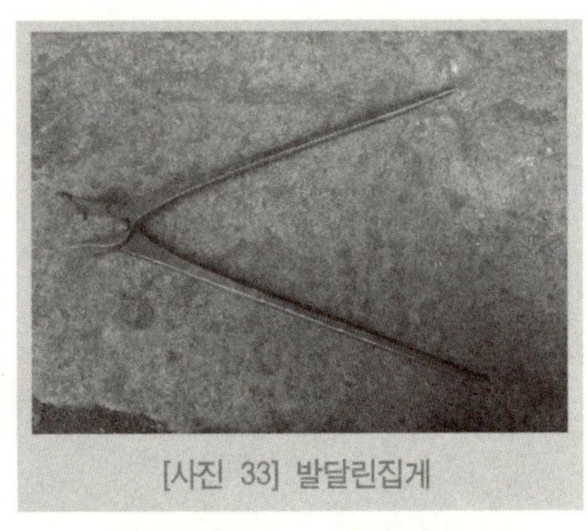

[사진 33] 발달린집게

몡 '발달린집게'는 쇠가 도망가지 못하도록 양쪽이 구부러진 집게를 이르는 말이다. 이 집게로 쇠를 잡을 때 쇠가 도망가거나 빠져나가지 말라고 집게의 양쪽이 옆으로 휘어 있다는 게 제보자의 설명이다.

5) 원형집게

몡 모양이 동그랗게 생긴 집게를 이르는 말이다. '원형집게'는 쇠를 집는 도구인데, 모양에 따라 그 이름을 달리 부른다.

6) 평집게

몡 '평집게'는 평평하게 생긴 집게를 이르는 말이다.

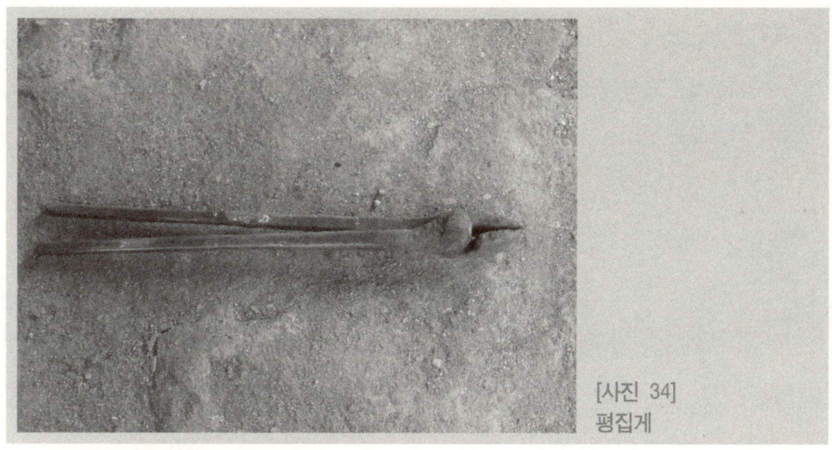

[사진 34]
평집게

7) 오목집게

명 '오목집게'는 오목하게 생긴 집게를 이르는 말이다.

8) 황세집게

명 '황세집게'는 길이가 긴 집게를 이르는 말이다.

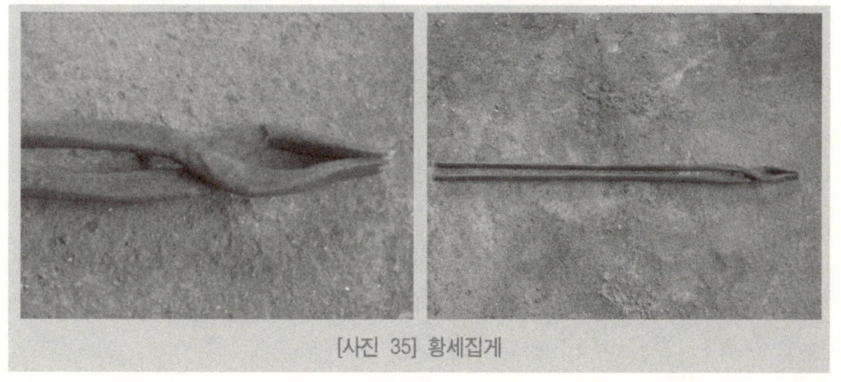

[사진 35] 황세집게

9) 오목낫 만드는 집게

명 '오목낫 만드는 집게'란 '오목낫'을 만들 때 쓰는 집게를 이르는 말이다.

2.5.2. 쇠를 손질하는 도구

1) 브라인다

명 '브라인다'는 쇠나 낫을 가는 기계를 말한다. '구라인다'라고도 한다.

2) 뺏빠브라인다

명 '뺏빠브라인다'란 손으로 들고 쇠를 갈 수 있는 작은 기계를 이르는 말이다.

[사진 36] 브라인다

[사진 37] 뺏빠브라인다

3) 빠루

명 못을 빼는 도구이다. 굵고 큰 못을 뽑을 때에 쓰는 연장으로 쇠로 만든 지레의 한 끝이 노루발장도리의 끝같이 되어 있다.

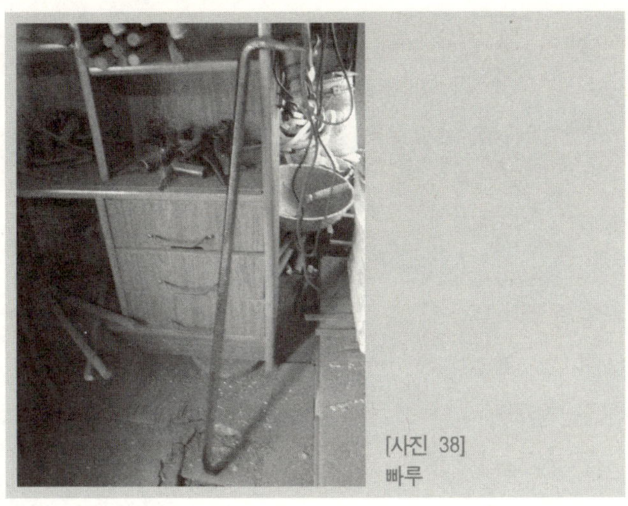

[사진 38]
빠루

4) 다가네

명 빠루를 벌리는데 쓰기도 하고, 쇠를 자를 때 쓰기도 하는 기구를 말한다.

5) 뻔찌 다가네

명 쇠에 구멍을 뚫는 도구로, 간단히 '뻔찌'라고도 한다.

[사진 39] 다가네

[사진 40] 뻔찌 다가네

6) 노기슬

명 컴퍼스의 일본말이다. 자유롭게 폈다 오므렸다 할 수 있는 두다리를 가진 제도용 기구이며, 원이나 호를 그리는 데 주로 사용한다.

7) 보루방

명 쇠에 구멍을 뚫어주는 기계. '뻰찌다가 네'와 같은 용도로 쓰인다. 예전에는 '뻰찌 다가네'로 구멍을 뚫었지만 요즘에는 주로 '보루방'을 쓴다. '보리방'이라고도 한다.

[사진 41] 보루방

8) 송곳

명 쇠에 구멍을 뚫는 역할을 하는 도구이 다. '보루방'이 없던 시절에 '송곳'을 달궈 서 쇠에 구멍을 뚫었다.

9) 석두

명 쇠를 자르는 도구를 이르는 말이다.

[사진 42] 송곳

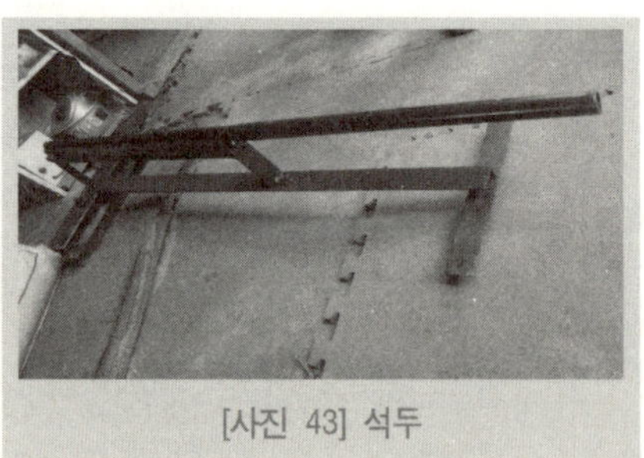

[사진 43] 석두

10) 가새

[명] 쇠로 만든 가위를 말한다. 쇠 자르는 도구로 그 모양은 일반 가위처럼 생겼으나, 일반 가위보다는 크고 뭉뚝하다.

[사진 44]
가새

11) 산소

[명] '다가네' 대신에 쇠를 자르는 기계를 이르는 말이다. 이름처럼 산소를 이용해 불꽃을 일으켜 쇠를 자른다. 다른 기계를 사용하는 것보다 훨씬 시간이 절약되고 힘도 들지 않는다.

12) 브라시

[명] 쇠에 녹이 난 것을 제거할 때 쓰는 도구를 이르는 말이다. 빗처럼 생겼다. 제보자 이호인은 '브라시'를 녹 나는 것을 떨 때 사용한다고 한다.

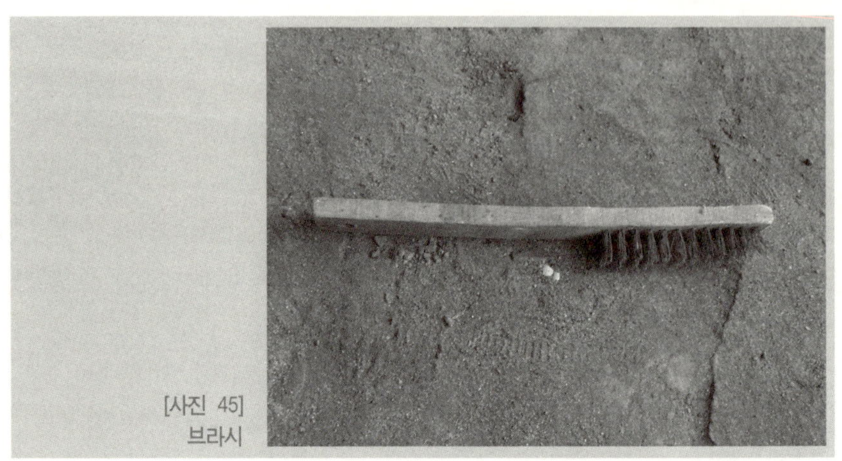

[사진 45]
브라시

13) 납

명 구멍 뚫을 때 '다가네'가 망가지지 않도록 밑에 대는 도구를 말한다. 납으로 만들어서 '납'이라고 부른다.

14) 아대비시

명 쇠를 반듯하고 평평하게 잡는 것을 이르는 말이다.

[사진 46] 납

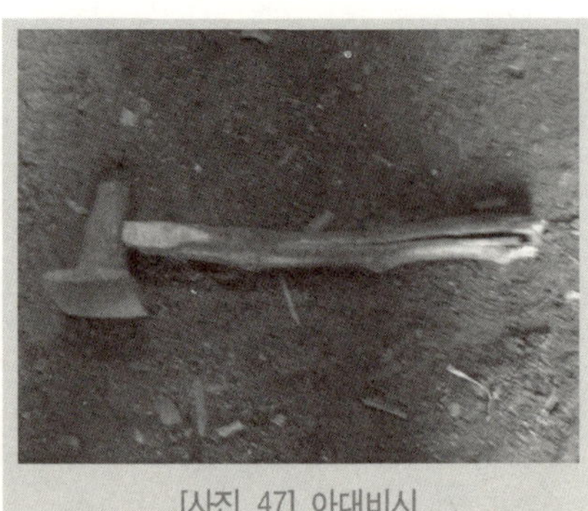

[사진 47] 아대비시

15) 가다

명 쇠를 휘어지게 만들 때 올려놓는 기구를 이르는 말이다.

[사진 48]
가다

16) 혁도

명 작두 같이 생겼는데, 쇠를 자르는 용도로 쓰이는 기구를 말한다. 웬만한 쇠는 다 잘리며 대장간 외에 다른 곳에서는 쓰이지 않는다.

17) 숫돌

명 칼이나 낫 따위의 연장을 갈아 날을 세우는 데 쓰는 돌을 말한다. 기계가 나오기 전에는 일일이 손으로 숫돌에 갈아 날을 세웠다.

[사진 49]
숫돌

2.5.3. 메

1) 메
몡 묵짐하고 둥그스름한 나무토막이나 쇠토막에 자루를 박아 무엇을 치거나 박을 때 쓰는 연장도구를 이르는 말이다. 망치처럼 생겼는데, 대장간에서 쇠를 다루는데 쓰이다 보니 두드리는 부분이 크고 무겁다. 자루가 길고 작업하는 방식에 따라 쇠의 크기가 다르다.

2) 오함마
몡 쇠를 넓게 펴거나 두드릴 때 쓰는 도구를 이르는 말이다.

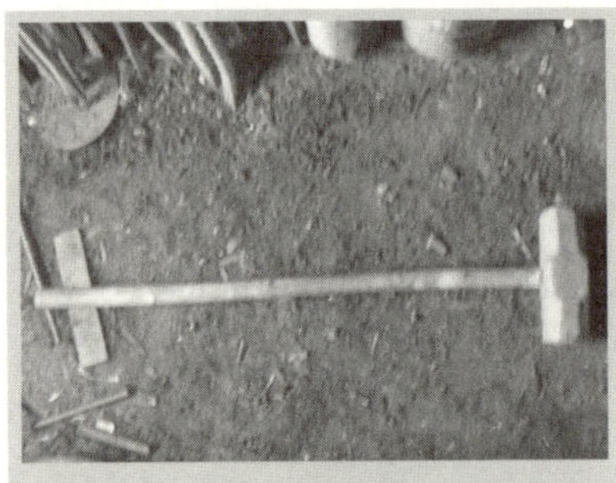

[사진 50] 오함마

3) 기계함마
몡 전기로 움직이는 함마를 이르는 말이다. 전기를 돌리면 함마가 위아래로 강하게 움직인다. 함마가 닿는 부분에 쇠를 놓으면 쇠가 다듬어지는데 함마의 힘에 쇠가 튕겨나가지 않도록 잘 잡고 있어야 한다. 기계함마가 나오고부터는 함마를 직접 사용해 쇠를 두드리지 않는다. 순발력을 요한다. '기가네함마', '스프링함마'라고도 한다.

[사진 51] 기계함마

4) 망치

[명] 단단한 물건이나 불에 달군 쇠를 두드리는 데 쓰는, 쇠로 만든 연장을 말한다. 모양은 망치와 비슷하나 훨씬 크며 자루가 길고 무겁다. '기계함마'가 나오고부터는 쓰지 않는다.

5) 쓰미망치

[명] 전라도에서 사용하는 망치를 이르는 말이다. 전라도에서 사용한다 해서 전라도 망치라고 부른다. 모양은 일반 망치와 별반 다르지 않다.

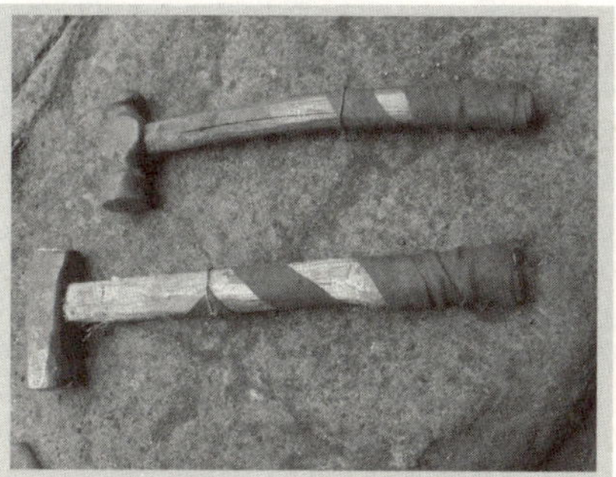

[사진 52] 망치

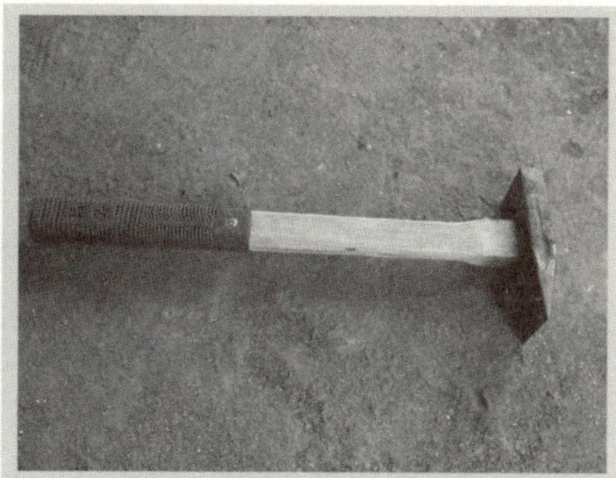

[사진 53] 쓰미망치

6) 쇠망치

[명] 쇠로 만든 망치를 이르는 말이다.

7) 갯노

[명] 망치를 이르는 말이다. 돌을 모양내서 축대를 쌓는다.

8) 카터기

명 대장간에서 쇠를 자를 때 쓰는 기계를 이르는 말이다. 여러 용도로 쓰이는데 쇠뿐만이 아니라 나무도 자르며, 날을 가는데도 사용한다.

[사진 54] 갯노

[사진 55] 카터기

2.5.4. 머릿돌

1) 머릿돌

명 대장간에서 불린 쇠를 두드릴 때 받침이 되는 큰 돌을 이르는 말이다. 대장간에서 가장 기본으로 갖추어야 할 도구 중 하나이다. '머릿돌', '모루'라고도 한다. 한편 서양 모루와 달리 모양이 네모진 것을 '조선모루'라고 부른다.

[사진 56] 조선모루

2) 뿔모루

[명] 한쪽이 삼각형으로 된 모루를 이르는 말이다. 삼각형의 꼭지점 부분이 뾰족하지 않고 둥글둥글하다.

3) 양모루

[명] 서양에서 들어온 모루를 이르는 말이다. 쇠를 두드릴 때만 사용할 수 있는 조선모루와는 달리 다양하게 이용할 수 있다.

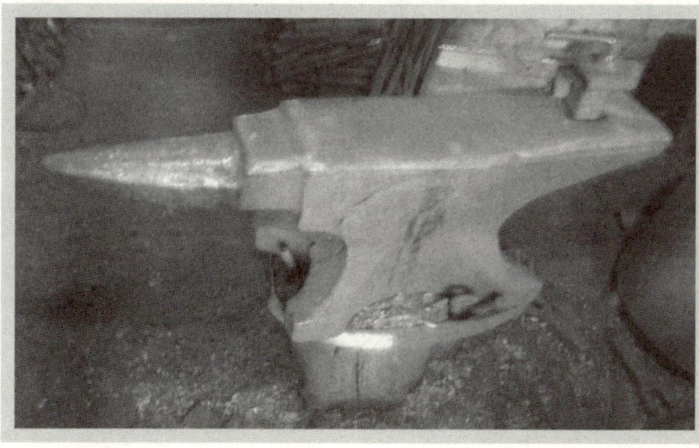

[사진 57]
양모루

4) 무디기돌

[명] 숫돌로 쓰려고 산에서 주워오는 질 좋은 돌을 이르는 말이다.

2.5.5. 그 외 도구

1) 탄삽

[명] 석탄을 퍼낼 때 쓰는 삽을 이르는 말이다.

2) 치자

명 길이를 재는 자를 말한다(한 치는 한 자의 10분의 1 또는 약 3.33cm에 해당).
치를 쓰기도 하고 cm를 재기도 한다.

3) 함지

명 담금질 물을 담고 있는 통을 이르는 말이다. 제보자 이호인은 큰 쇠 통
에 물을 담아 쓰고 있었다.

[사진 58] 치자

[사진 59] 함지

4) 대꼬(일본말)

명 지렛대를 이르는 말이다. 지렛대의 일본말이다.

5) 대패

명 나무를 곱게 밀어 깎는 연장을 말한다. 직육면체형의 작고 단단한 나
무토막에 직사각형의 납작한 쇠 날이 위에서 아래 바닥까지 비스듬히 박
혀 있으며, 쓰임에 따라 여러 종류가 있다. 그 쓰임에 따라 '시아기대패,
깔코리대패'가 있다.

[사진 60]
대패

6) 받침대

명 숫돌을 받치는 도구를 말한다.

7) 화덕

명 쇠를 달구는 화로를 이르는 말이다.
화덕이 없는 대장간은 대장간이 아니라
고 할 만큼 가장 기본이 되는 도구이다.
화덕에 탄을 넣고 풀무로 불을 일으킨
다음에 쇳덩이를 넣어 달군다.

[사진 61] 화덕

8) 풀무

명 불을 피울 때에 화덕에 바람을 일으
키는 도구를 이르는 말이다. 대장간에
서는 주로 초보가 이 일을 맡아 한다.
'불무', '후황'이라고도 한다.

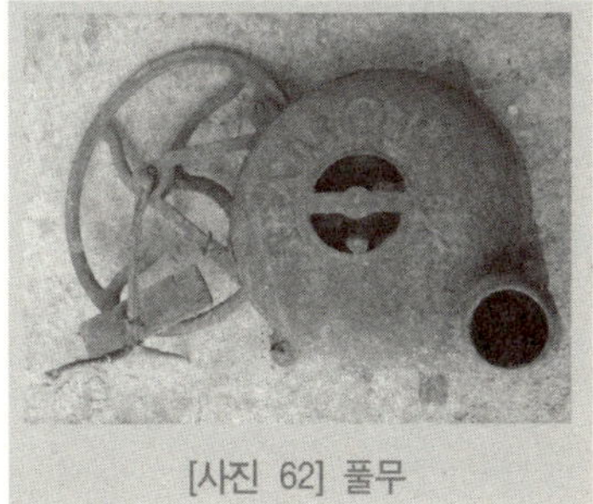

[사진 62] 풀무

2.6. 제작행위

2.6.1. 담금질

몡 고온으로 열처리한 금속 재료를 물이나 기름 속에 담가 식히는 일을 이르는 말이다. 이 작업이 쇠의 단단함을 결정하는데 대장일에서 가장 어렵고도 맞추기 힘든 작업이라고 할 수 있다. 담금질에 사용되는 물은 일반 수돗물을 쓰며, 옛날에는 병을 치료한다고 하여 떠가는 사람도 있었다고 한다. '당금질', '야끼'라고도 부른다.

1) 물에 담금질

몡 고온으로 열처리한 금속 재료를 물에 담그는 일을 말한다. 금속 재료의 강하고 약한 것은 담금질에 달려 있다. 주로 낫과 칼을 담그고 호미는 담그지 않는다.

2) 기름에 담금질

몡 고온으로 열처리한 금속 재료를 기름에 담그는 일을 말한다. 역시 낫과 호미를 주로 담그는데 제보자 이호인은 물 통 옆에 작은 네모난 기름 통을 두고 작업을 한다.

[사진 63] 기름에 담금질

3) 황토흙에 담금질

명 쇠를 연하게 하기 위해 황토흙에 쇠를 담갔다가 빼는 작업을 말한다.

2.6.2. 메질

명 메로 쇠를 치는 일을 이르는 말이다. 곡갱이, 칼, 낫을 만들 때 매질을 많이 하는데 대전에서는 '오함마질'이라고도 부른다. 메질을 할 때는 메질꾼들과 쇠를 잡고 있는 '대장'과의 호흡이 중요하다.

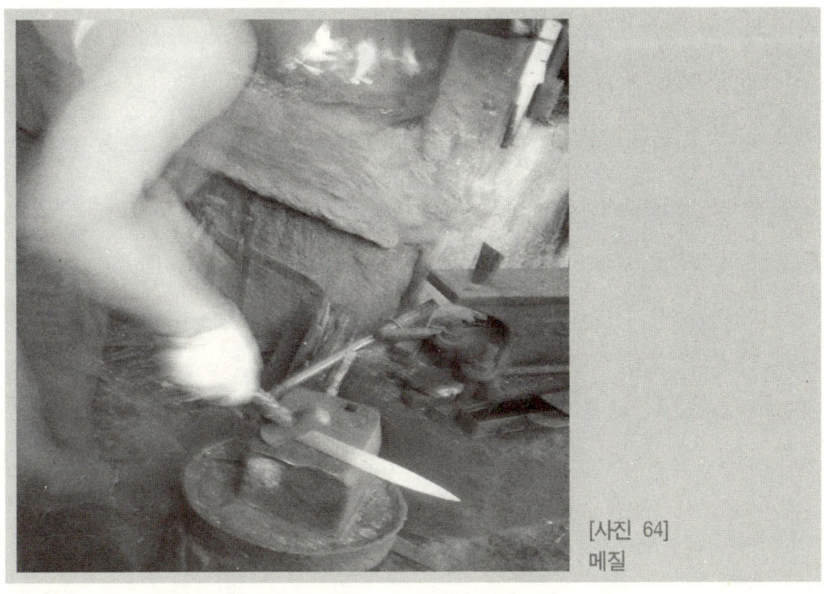

[사진 64]
메질

1) 오양메질

명 오른편이 아닌 왼편으로 때리는 것을 이르는 말이다. '왼메'라고도 한다.

2.6.3. 날 작업

1) 길내다

통 낫이나 호미의 날을 갈다라는 뜻이다.

2) 시아기

명 숫돌에 칼날을 가는 것을 말한다. 옛날에는 숫돌에 날을 갈았는데 요즘에는 기계가 있어서 쉽게 날을 세울 수가 있다.

3) 날을 세우다

통 날을 날카롭게 하다라는 뜻이다. 모양만 잡힌 뭉뚝한 쇠의 날을 날카롭게 가는 작업을 말한다. '날서다'라고도 한다.

4) 날이 깬다

통 날이 반듯하지 않고 톱날처럼 울퉁불퉁 거칠어지다라는 뜻이다. 이렇게 날이 깨면 낫이 잘 들지 않는데 그럴 때는 대장장이가 다시 날을 세워주기도 한다.

5) 데리다

통 연장을 만든 쇠가 오래 쓰면 무뎌지고 닳아지는데 그것을 다시 작업해서 날을 세우는 것을 말한다. 제보자가 말하길, 연장을 데리면 크기가 조금 줄어들 뿐 기능은 같다고 한다. 연장을 한 번 사면 데리는 작업은 그냥 해준다고 한다.

2.6.4. 재단

몡 쇠를 가지고 연장을 만들기 전에 하는 가장 기초 작업으로 만들 연장의 모양을 그림으로 그리고 자르고 때리고 하는 작업이다.

1) 감말르다

통 호미나 낫 등의 모양을 잡는 것을 말한다. 일종의 재단이라고 볼 수 있다.

2.6.5. 쇠 모양 작업

1) 다듬질

몡 쇠를 두드려 모양을 만드는 작업을 말한다. 새기거나 만든 물건을 마지막으로 매만져 손질하는 것으로 대장일의 마무리 작업이다.

2) 늘쿠다

통 (쇠 따위를) 늘리다라는 뜻이다. '늘쿠다'는 '늘리다'의 방언으로 화로에 쇠를 뜨겁게 달군 다음에 만들 모양에 따라 쇠를 늘리는 작업이다.

3) 때우다

통 뚫리거나 깨진 곳을 다른 조각으로 대어 막다라는 뜻이다. 뚫리거나 깨진 틈을 다른 작은 쇳조각을 이용해 막는다.

4) 아로지다

통 쇠가 움푹 들어가다라는 뜻이다.

2.6.6. 기타 작업

1) 똥을 빼다

통 쇠를 달궈서 메질을 하면 쇠 부스러기가 나오는데, 이것을 이르는 말이다. 빨갛게 달구어진 쇠에 메질을 할 때면 탄 쇳조각이나 부스러기들이 떨어져 나온다.

2) 벌짓다

통 도구로 톱 같은 것의 사이를 벌리다라는 뜻이다.

3) 홈을 파다

통 작두를 만들 때 작두질이 부드럽게 잘 되도록 윗날과 아랫날이 부딪치는 윗날의 안쪽부분에 공기가 들어갈 수 있게 살짝 둥글게 파는 것을 말한다. 공기가 들어갈 수 있는 공간을 마련해 두어야 작두질이 잘 된다.

4) 곰보지다

통 쇠가 말끔하게 잘리지 않고 울퉁불퉁하게 잘리다라는 뜻이다.

5) 태우다

동 쇠가 화덕에 너무 오래 있어 불에 달궈져 없어지는 것을 이르는 말이다. 제보자는 그것을 '태우다' 또는 '태운다'라고 표현한다.

6) 유압

동 압력을 가한 기름에 의하여 피스톤 따위의 동력 기계가 작동하는 것을 이르는 말이다.

2.7. 제작 결과물

2.7.1. 농기구

1) 호미

명 김을 매거나 감자나 고구마 따위를 캘 때 쓰는, 쇠로 만든 농기구를 말한다. 끝은 뾰족하고 위는 대개 넓적한 삼각형으로 되어 있는데 목을 가늘게 휘어 구부린 뒤 둥근 나무 자루에 박는다.

[사진 65]
호미

2) 선호미

명 자루가 긴 호미를 이르는 말이다. 자루가 길어서 허리를 굽히고 앉지 않아도 서서 김을 맬 수 있게 만들었다. 다른 두 제보자에게서는 보지 못했고, 제보자 유오랑에게서 볼 수 있었다.

3) 벽채호미

명 광산에서 광석을 긁어모으거나 파내는 데 쓰는 연장을 이르는 말이다. 호미와 비슷하나 훨씬 크다.

4) 왼낫

명 왼손잡이들이 쓰는 왼손잡이 낫을 이르는 말이다.

5) 조선낫

명 강원도 을목낫을 이르는 말이다. 날이 두껍고 손잡이 속에 박히는 뾰족한 부분이 비교적 긴 재래식의 낫으로 특히 나무를 베는 데 편리하다.

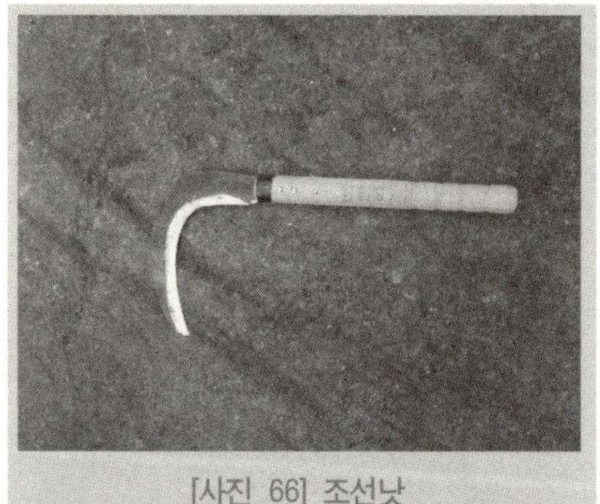

[사진 66] 조선낫

6) 외낫

명 농사지을 때 쓰는 낫을 말한다. 주로 풀을 베는 용도로 쓰인다.

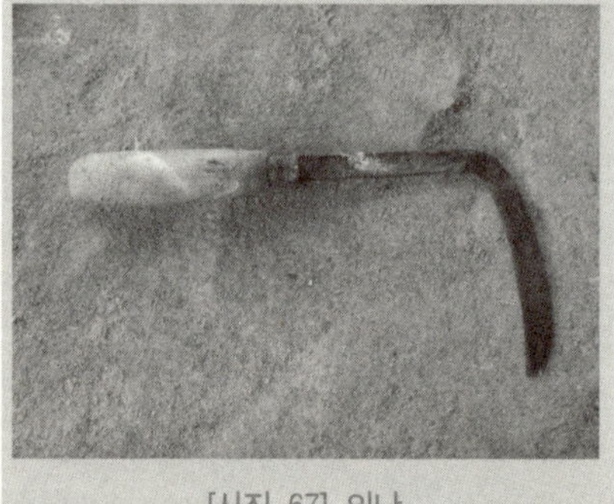

[사진 67] 외낫

7) 왜낫

명 날이 얇고 짧으며 자루가 긴 낫을 이르는 말이다. 일제시대 때 일본 사람이 만들었다고 해서 왜낫이라고 부른다.

8) 심지낫

명 심지가 긴 낫을 이르는 말이다. 여기서 심지는 낫자루를 말한다.

9) 을목낫

명 나무를 자를 때 쓰는 낫을 이르는 말이다. 다른 낫과는 달리 튼튼해서 도끼처럼 나무를 베는 용으로 쓰인다.

10) 오목낫

명 나무 할 때 쓰는 낫을 말한다.

11) 황새목낫

명 낫의 날이 황새목처럼 'ㄱ'자로 길게 구부러진 낫을 이르는 말이다. 그 구부러진 모양이 마치 황새목과 같다고 하여 황새목낫이다.

12) 복합낫

명 낫을 서로 붙여 놓은 것을 이르는 말이다.

13) 얇은낫

명 풀만 베는 용도로 쓰이는 낫을 이르는 말이다. 다른 낫에 비해 그 두께가 두껍지 않고 얇기 때문에 얇은낫이라고 부른다.

14) 당몽태낫

명 특별한 용도가 없이 아무데나 쓰는 낫을 이르는 말이다.

15) 수온낫

명 튼튼하지 못하고 약한 낫을 이르는 말이다. 너무 약하기 때문에 나무처럼 단단한 것은 이가 빠지는 이유로 베지 못한다. 오직 풀만 벨 수가 있다.

16) 도치

명 도끼를 이르는 말이다. 나무를 찍거나 패는 연장의 하나이며, 쐐기 모양의 큰 쇠 날 머리 부분에 구멍을 뚫어 단단한 나무 자루를 박아 만든다.

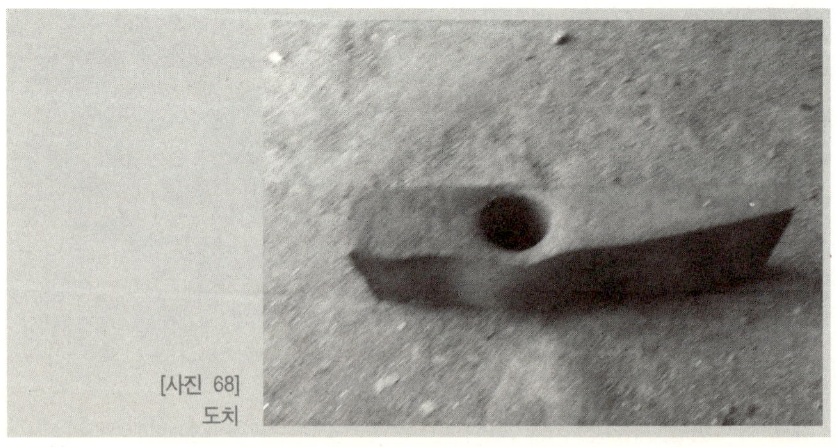

[사진 68]
도치

17) 괭이

⟨명⟩ 부지깽이와 비슷한 용도로 쓰이는 도구를 말한다.

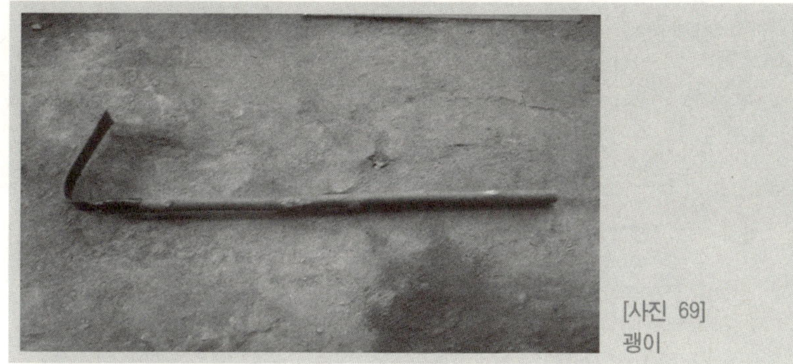

[사진 69]
괭이

18) 마캐는 괭이

⟨명⟩ 주로 마만 캐는 괭이를 이르는 말이다.

19) 작도

⟨명⟩ 마소의 먹이를 써는 연장을 이르는 말이다. 기름하고 두툼한 나무토막 위에 긴 칼날을 달고 그 사이에 짚이나 풀 따위를 넣어 발로 디뎌 가며 썰게 되어 있다.

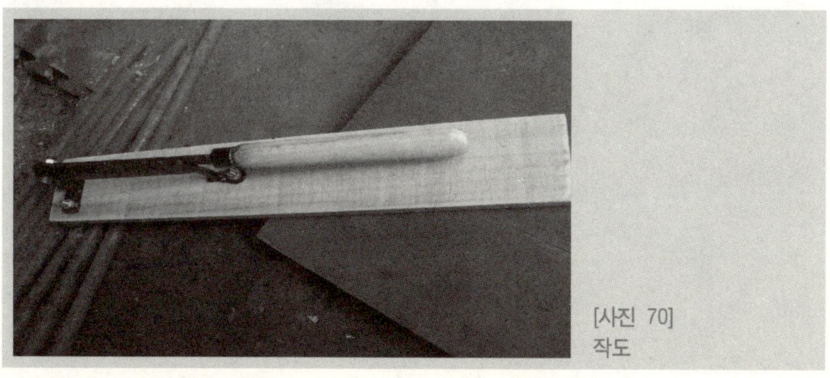

[사진 70]
작도

2.7.2. 가정용품

1) 솥

[명] 대장간에서 만들었던 물건 중 하나이다. 밥을 짓거나 국 따위를 끓이는 그릇이다. 주로 양은이나 알루미늄 따위의 쇠붙이로 만드나 오지 · 곱돌 · 무쇠로 만들기도 한다. 대장간에서는 쇠나 무쇠를 이용해 솥을 만들었다.

2) 사슬고리

[명] 문 앞에다가 박는 고리를 이르는 말이다. 문고리에 쓰이며 배목과 고리 사이에 사슬이 달린 문고리이다.

3) 앞고리

[명] 작은 문에 거는 고리를 이르는 말이다.

[사진 71] 사슬고리

[사진 72] 앞고리

4) 부지깽이

명 아궁이 따위에 불을 땔 때에, 불을 헤치거나 끌어내거나 거두어 넣거나 하는 데 쓰는 가느스름한 막대기를 이르는 말이다.

2.7.3. 공구

1) 끌

명 망치로 한쪽 끝을 때려서 나무에 구멍을 뚫거나 겉면을 깎고 다듬는 데 쓰는 연장을 이르는 말이다.

2) 말우끌

명 끌의 종류 중 하나로 끝 모양이 말려 있는 것을 이르는 말이다.

[사진 73]
말우끌

3) 삼각끌

㈎ 끌의 종류 중 하나로 모양이 삼각형으로 파여 있는 것을 이르는 말이다.

4) 편끌

㈎ 평평한 모양의 끌을 이르는 말이다.

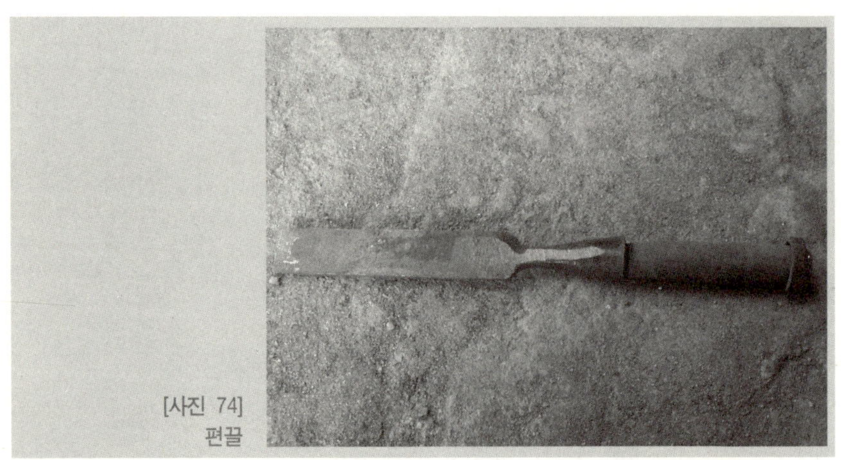

[사진 74]
편끌

5) 연정

㈎ 큰 나무에 박는 쇠로 만든 못을 이르는 말이다.

6) 호비칼

㈎ 상 같은 것을 만들 때 모양을 내기 위해 홈을 파내는 도구를 말한다. 양쪽에 날이 있기 때문에 작업하기 용이하다.

7) 밀도

[명] 나무 같은 것을 밀어내면서 모양을 다듬을 때 쓰는 도구를 이르는 말이다. 끌과 비슷하게 생겼으나 끌과는 쓰임이 조금 다르다.

2.7.4. 기타 결과물

1) 걸개

[명] 두레박이나 낚시할 때 쓰는 도구를 이르는 말이다. 바가지를 걸거나 물고기를 잡아 올릴 때 쓴다.

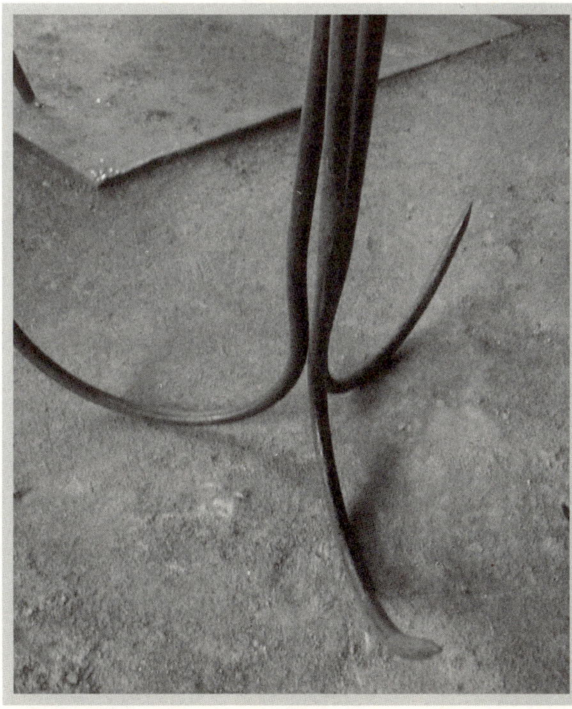

[사진 75] 걸개

2) 꺽쇠

[명] 양쪽 끝을 꺾어 꼬부려서 주로 'ㄷ' 자 모양으로 만든 쇠토막을 이르는 말이다. 두개의 물체를 겹쳐 대어 서로 벌어지지 않게 하는 데 쓴다.

3) 환봉

[명] 둥글고 긴 막대 모양의 쇠로 만든 창이나 쇠막대기를 이르는 말이다.

2.8. 그 외

2.8.1. 개념

1) 구스람

[명] 석탄 등 연료가 타는 냄새 때문에 기침이 나는 것을 이르는 말이다. 석탄 같은 연료의 타는 냄새 때문에 기침이 날 때 제보자는 '구스람'이 난다고 말한다.

2) 날연장

[명] '날연장'이란 '낫'이나 '칼'처럼 날이 있는 연장을 이르는 말이다.

3) 두태

[명] '두태'란 쇠의 두께를 이르는 말이다.

2.8.2. 개념(부분 명칭)

1) 등허리

명 '등허리'란 낫의 칼날 부분이 아닌 그 윗부분을 이르는 말이다. 다른 표현으로 '등'이라고도 한다.

2) 댕기

명 '댕기'란 '칼'이나 '낫' 따위가 연결되는 손잡이 부분에 동그랗게 말려 있는 쇠 부분을 이르는 말이다. 쇠를 갖다가 잘라 끝을 말고, 그것을 이렇게 때려서 말으면 동그란 형태가 나온다. 다음으로 그 끝을 때우면 '댕기'가 된다. 다른 말로 '몽태', '땡개미'라고도 한다.

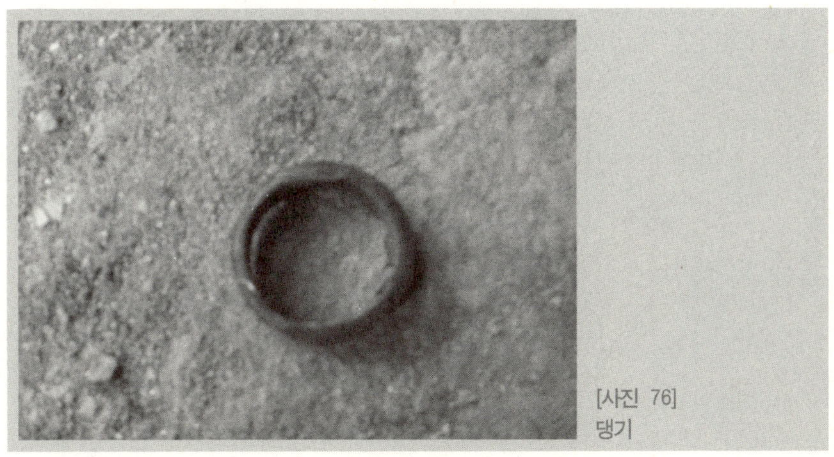

[사진 76]
댕기

3) 심지

명 '심지'란 '낫'이나 '칼' 등의 쇠를 손잡이에 끼워 넣을 수 있도록 칼날

끝, 즉 길고 뾰족하게 나와 있는 부분을 이르는 말이다. 나중에 나무를 끼
워 넣기도 한다.

4) 암놈날

명 '작두'의 아랫쪽에 있는 날을 이르는 말이다.

5) 숫놈날

명 '작두'의 윗쪽에 있는 날을 이르는 말이다.

제5장 무속인의 말

1. 생애 구술

1.1. 송선자

문 설경은 무엇입니까?

답 종이 한지로 해서 칼로 파 가지고 응? 이러케서 문양을 내는 데 그냥
보기 조으라고 문양을 내는 게 아니라 엣날에 옥추 팔열경소릴 들으셨
나 모르겠네. 거기 아주 제일 그 옥추 팔열경이다. 이거는 법사들이구
누구든지 지식이 잇는 사람들은 박사님들이나 이런 저긴 다 알아요
엣날 이 단군 이레때부터 내려온 책이니까 거기에 우리 설경이 거기
담아 잇따는 거에여. 그럴꾸 우리 그 선생님에 선생님이 그리께 우리
선생님이 말씀하시기는 이 선생님이라는 거만 알지 이 성함은 모르시
더라구. 이 선생님, 민 선생님, 황 선생님, 나 이제 사대까지 지금 고걸
계속 이어받아 내려온거에요. 뭐 변형 업시 사대까지 내려와가지고 지

금 내가 오대째 이걸 가르치고 잇죠.

🔲 설경은 어떻게 배우게 되었습니까?

🔳 우리 선생니미, 배워 다른 보살드른, 다른 제자드른 이거 어렵따고 안 배우는데. 석버미(송선자 씨 아들 이름) 엄마는 재치두 일꾸 또 마지마기자 처미자 그러케 내가 이 배운다며는 내 기수를 다 넘겨주고 내가 주글테니까. 이걸 새보게 인나가지고서루 도시락 싸서 하고 청소 싹 해노코 법땅에 인제 청수 올리고. 이거 이걸 막 연스블 하니까 선생니미 이러케 요걸 요런걸 연스파라고 멀 짱 주고 가서, 고러믄 선생님한테로 요로케 해가지고 연스블 해보고 또 그냥 어떤때는 이걸 간따 그냥 연필로두 요길 요게 그려보기도 하고, 그려가지고 요러케가지고 해서 파보기도 하고. 아 이노마 카를 저기 머여 이 왜 과일, 과일 깍는 그 그걸로 파니께 안되는 거야, 힘드러, 그걸로 인제 전연 그런거는 이걸 모파가요, 카리 이꺼리는 파는 카리 이써, 이걸 파는 카리.

이케 막 이게 막 파따고, 선생님 이게 마자요 이러카믄 아이고 하여간 참 눈썰미가 엄청이 조타고 인제 그런 말쓰믈 하시더라고, 이게 인제 고 칭차늘 듣는 재미로 막 또 그러카는겨 그냥, 그래 그때는 인제 나이도 나도 인제 서른 마흐니 안되쓸 ***, 그라믄 막 또 칭찬 듣는 재미로 막 그냥 막 머 그러케 하고, 그래인제 저런거 여기 해당화 꼳 이런거를 해노코 가시, 인자 하는걸 인제 그 견보늘 하나 두고 가서, 그래 그걸 세상업시 바믈 세워서래두 고걸 하고서 선생님 오시면 자랑, 자랑을 해야 소기 시원해, 이래쓴다고.

🔲 스승님은(황하청) 어떻게 만나게 되셨습니까?

🔳 그 어떠케 만난나 하며는 내가 나두 첨에 이게 굳을 해가지고 아주 날 노꾸 기억자도 모르는 그 선생한테 내가 일을 한거여. 근데 나두 저러케 저런 걸 배워서 나도 잘한다 소리를 듣구 시픈데 이 내가 배울까미 가서 들여다보면 무조건 뭐여 걸레 갇다 빨아다 방 닥으라하고 젯단

물건 싸은 거나 걸레 갖구 닥으라고하고 그런 거나 시키는 거여. 인제 우리 지금 배운 선생 말고 딴 선생한테 일을 핼는데. 그런데 그저 참 아무건고 업시 살 망정이래두 과거에 내가 잘 살고 저기하게 살은 사람이 그냥 가서 걸레질해가지고 걸레 빨아다 이런 거 닥기가 죽어도 시른거야. 죽어도 실은 거야. 그래가지구서루 그 선생을 딱 잡아 뗄쪄자아 띠고서는 그러다보니께 일은 떨어지는데 익 어떠케 어는 선생이 잘하는지 긴지도 모르구 뭐 그냥 갈팡질팡이 되는거. 그래서 내가 쪼만한 옛날에 옛날양반들이 아니라 그걸 모를껴. 그전에 식당에 가보면 오시레 이불 개논는 오시레라는 인제 벽장에다 고런대다 몰래 꼳 한송이 물새 그러카고 촛대 두 개하고 요러케서 모셔 붙얻써여. 나 인저 잡아 띤 선생한테 그 날 노쿠 기역자도 모르는 양반한테 해가지구 그래서 핼는데 막 점을 하면 일이 딱 떨어지는 거야 그러네. 그양반 일을 주기가 실쿠 그래서 일을 중단을 핼떤 거지 일떨어진게 일떨어진다면 말하자면 상대방한테 이러케 해서 나쁘니까 일을 하시오 하며는 나한테 일을 요청을 하는데 그 일을 안 받고서는 그 기도를 하면서 나한테 정말 인연이구. 나 진짜 날 가르키는 선생님을 진짜 내가 정말 영이 분명하고 증말 신의 밥을 먹을려면 제자가 분명하다며는 일류 선생님 손길을 잡아주시오 그러케서 일주일 팔일 간에 기도를 하고 절을 하고 기도를 하고 하니께 너는 황화청씨가 아니 황하청이 맨 나중이지만 황선생이 너는 이원주고 십원 줄다 소리를 내가 내입에서 벼락가치 소리를 지르는거. 그러면 이기 내 아주 아무건도 모르는 유치원생이 어느 법사가 황하천 황법사구 어느 법사가 누군 지를 알 수가 있써야지. 그대서 보살한테 전화를 해떠니 아이구 우리 선생님이여 황선생님이여 잘 알지 옛날 선생님이구 잘 알지 그냥 그이가 살아잊지만 압을 몯 봐여 눈 뜨구두 압을 몯봐 응 압을 몯보는 말하자면 이 뭐야 만신이지 육성에 사는데. 그러니까 우리 선생님이여. 그럼 그 선생님 모시구서 나 일 한번만 더 해주쇼 하는데 그때도 일수 돈을 내가지고 그 선생님을 모셔다가 해가지구서 핻쪄. 핻꺼니 선생님이 이러케 보니께 아주 노인 양반이여 나를 저 양반이 나를 또 나를 이러케 해줄 수 일을까 하구서는 인제 그냥 그 어떠케 그냥 일을 하기루 핻으니까 하는 건만 지켜 봗떠니 아 축원을 하고 고장을 때리는 데 어깨가 으쓱으쓱 내 어깨가 그러케 되는 겨. 그러케 한고서 한 식 끝나고서는 선생님이 어디루 가시는겨 어디루 가고 업써. 그래서 이상하다 화장실 가셛나 하구서는 그냥 궁금해서 화장실도 그냥 흠흠흠 하면서 거기 가보니까 옛날에는 재래식이지 퍼세식 그런 화장실인데 거기 가보니까 안 계셔. 어디 가셛나 해떠니만 쪼끔 일따 문종이에다 이만한 문종이 이러케 된 데다가 글을 쭉 써가지고 날 주더라구여. 그래서 보니께 글 저기가 나한테 너무 아휴 세서상에 한 마디 한 마디가 너무 나한테는 와 닿는겨. 그래서 선생님 이걸 저 주실라고 쓰셛써여. 그러니께 이거 배우야되. 어머 이런 거 배우면 안 된다는데 이러니까 누가그랴 이거 배우야되 제자는 일류 제자가 되게 생겯쓰니까는 내가 신장잡고 모든 걸 하는 걸 보니까는 그때는 아무 갇도 모르고 뭐 증말 뭐가 뭔지도 모르는 상태에서 신장가지고 내가 공수를 떼고 하니까는 이 선생님이 날 달리 봗더라고 그러면서 제자가 수 만은 제잔데두. 그때는 내가 이러케 안 뚱뚱하고 그 선생님을 서른 아홉에 만낟거든 서른 아홉에 굳을 딴 데 다 마니 핻얻지마는 근데도 그 선생님이 날 보더니마는 쓸 만한 제자고 제자 키우면 쓸만하게 생겯다고 그러면서 말을 따라주고 나를 따라주며는 내가 모든 걸 가르켜 주마 마지막이자 첨이자 이러케 가르킬테니께 모든 걸 따라 줄 수 인냐고. 아유 그럼요 다 따라 들이죠 그러니까 거이 구 해드리죠 이러니까 그 때서부터 굳을 마무리를 진구서는 굳은 글문을 자꾸 주시더라구. 마구 써서 가주시고 가주시고 그러는 데 금방 이러케 머릴 속에 쏙쏙 들어가는 거여 그 글문이. 그래서 그 선생님한테 글문 받은 거를 다 이러케 인제 머리다 너쿠서는 아 오로지 이 선생님이 나한테는 적합한 선생이구나 인연법이 됬구나 하구서는 그때서부터 바짝 선생님 매달린거지. 그러다 보니 내가 날마다 일을 뛰다 시피하는겨. 손님이 들어오면 그때는 전두환이 때라 내물이 무쟈게 돌아와써. 그때 전두화이 때는 그냥 뭐 선생부인들은 아주 뭐 자기 남편 월급보다두 뇌물이 더 마니 들어오는거여. 그러고 누구든지 다 그때 뇌물이 뮤쟈게 들어오는 겨. 그냥 다 누구던지. 그래서 뭐 뇌물로 들어오는 공돈이니께 우리들한테 와서 보고, 그러면 일을 하쇼 하며는 그냥 뭐 아낌 업시 일을 하는 겨. 그때 우리가 기반 잡은 거지. 그래가지구 그냥 딴 선생 안쓰구 그 선생님이 오로지 그냥 해가지구 십팔년을 그 선생님 하고 손길 잡구서 한거지.

그래서 그 선생님을 안 노칠려고, 선생니 노치면 안 될 꺼 같아서 제자들이 일을 오라고 청한다구여 딴 훌늉한 선생님이니께 제자들이 오라고 하면 그 제자들한테가서 돈 버는 그 수고비를 내가 드리는겨. 몰 가게하고. 그래서 내가 기술을 배울라고 그러케 해서 아주 그냥 십오년을. 삼년은 그냥 어영부영하고 넘어갇꼬 속도 모르니까 서로 속을 모르니까 할아버니구 나는 새닥이구 하니까 혹시래두 저기니까 남녀니까 혹시 몰라서 내 이 할아버지가 어 사실은 노인 양반이니까 제 가튼거는 몯쓰시구 이러시더라구. 그래가지구 우리 아저씨한테 딱 얘기하고 긋 선생님 부인한테도 딱 얘기하고 나는 기술을 배우는게 목적이니까 나를 놔주시오. 그러고 그 선생님 부인한테도 응 저기 뭐여 선생님한테 맨날 오른 팔이 되어 주더라도 그냥 난 나도 가정이 읻는 저기구 의심하지말고 선생님을 나에게 풀어주시오 그러고 우리 아저씨한테두 나는 기술을 배우는 게 목적이니께 나를 의심하지말구 내가 애들 안버리구 당신 안버리구 나는 오로지 기술을 배우고 나 살림에 충실하게 이러케 할 테니까 나를 발목잡지 말고 놔주시오. 이러케해서 양쪽에다가 다 얘기하고는 선생님한테 매달렸던거지.

그러케 해서 선생님이 한 가지도 나한테 안 넘겨주고 머릿속에다 너쿠 가신 양반이 아니구 일체를 싹 넘겨준거지. 인제 그런디 넘겨줬다해서 내가 티미하고 어영부영해서는 내가 그걸 몰 배우져. 응 고장, 고장치는 거나 법문이나 이 설경이나 모든 한문 쓰는 거나 일체 싹 넘겨주시구 다 그러고 가셨쓰니까는 그래서 다 바로 물려 받얻찌.

러쿄 굳이구 일체 굳이구 뭐 말하자면 백오십년 전꺼를 선생님이 머릿속에다 너은 거를 나한테 다 넘겨주시고, 이선생님라는 선생님은 나 말만 들얻찌. 근데 그 선생님은 삼십년을 하다가 민영태 선생님한테 물려주고, 민영태 선생님은 사십 칠년을 하시다가 우리 선생님하고 우리 선생님을 제자를 삼아서 하시다가 황달병에 돌아가셨고 우리 황선생님은 열 여섯 살부터 해가지구 육십년을 하구서는 육십 년 외길 육십년을 걷구서는 나한테 물려주고 돌아가시고 나는 인제 현재 후계자는 읻다 하더라두 후계자는 뭐 지금 현재 갈키는 제자들이 읻쓰니까 이제 오대째 내려가는 거에여 지금.

문 황하청 선생님은 어떻게 이 일을 하게 되셨습니까?

답 열여덜.

그 선생님은 저기 지금으로 말하면 도령, 도령 엑스포 읻는데 아셔요? 엑스포 읻는 엽에 과학 뭐 들어 섣짜나여? 그 엽에서 넘새우라고 새우 넘새우라는 동네에서 살으셛고 그랟는데 그 선생님은 애긴소리 들어보며는 옛날에는 지게지구 나무하러 다녇는데 옛날에는 글을 배워 서당만 댕기고 궁민학교를 안 댕긴다구 그랟는데 이 선생님은 궁민학교 삼학년을 댕기다가 가정에 어렵구 이래가지구서루 그냥 저기하고 서당을 한문 공부 하는 서당을 댕겯대여. 서당을 간다와서 나무를 이러케 해가지고 오며는 어디서 꽹과리 소리, 고장 소리를 듣구 이러면 귀가 꼰죽 서가지구사루 나무를 갇다가 팽겨치구서는 거기를. 민영태 선

생님이, 민영태 선생님은 손이 조막손이얼대여 손이 여기다 요로케 끼
고서는 요로케 끼구 칼두 요로케다 구서는 그냥 그 설경을 팔대여, 그
랬는데 요로케 끼구서 고장도 치고 그랬는데 인제 내내 이웃 동네 사
는 선생님이구 서로가 이웃 동네 사는데 엄마 아버지가 다 서로가 잘
아는 분들이구 선생님이 그냥 이럭 막 쫑긋해가지고 막 집을 쫓아가서
아주 선생님이 절믄 이노무 새끼가 이런데를 오느냐고 쫓아낸대여. 그
래도 그 소리가 막 듣기가 조쿠 듣기가 조은 건도 그러치마는 그 집에
아무 거시기가 아프다 아프다 소리를 황하청 선생님이 듣구서는 나무
를 하러가는데 그 집에 일을 하며는 일을 하며는 그게 낫는다는겨. 아
프다는 소리를 들얻는데 굴으로 인제 일을 해쓰며는 그 집 아저씨가
낟앋다는지 애기가 낟앋다던지 그러면 그게 신기하다는거지. 엄청 신
기해서 하두 신기해서 나두 저런 나무만 맨날 하고 이러케 하는 나두
저런 거나 기술이나 배워가지고 아픈 사람들이나 낟구 해야 거따 이런
생각을 들고서 죽자 사자 그 막 민영태 선생님이 하는 데를 따라 댕겨
대여. 막 마구 혼나가면서 나중에 지금은 절믄 양반이라 모르지마는
옛날에는 활대라고 이써 활대 지금은 온걸이가 나와서 조치마는 이 구
석지다 줄을 매가지고 거기가 온들 전부다 걸거든 옛날에 그랟써여.
그러카고 누구든디 어느 집이든 시골에 가면 선발이라고 이런 나무를
벽에다 뚤버가지구서루 두 개를 걸어다 옷들, 물건들 올려 노쿠 그랟
는데 그 활대 속에 몰래 숨어 숨는다는 게 선생님이 변소를 가신다고
하면 망을 보다가 안계시면 그 활대 속에 가서 막 그냥 숨어서 그 축
원 소리나 모든 걷이 머리 속에 쏙쏙쏙 들어오고 그냥 대번 고장치는
거시 대번 머릳 속에 고장이 들어오드라는겨. 그래서 하루는 민영태
선생님을 찾아가서 아이구 선생님 나 다른 걷두 다 그 어느 저기 글문
이 귀에 쏙쏙 들어오니께 그걸 좀 적어주시면 안 되냐고 하니께 이 그
걸 돼 니가 배울라고 하느냐고, 멀쩡한 놈이 왜 그런 걸 배울려고 하

는냐고 막 쓸데 업는 소리 한다고 막 야단을 하드라는겨. 멀번을 혼나 가지고 혼다구도 그래도 이 길 '이런 걸 나도 기술을 배워가지고 나두 이러케 해야건따 해서는 뭐 혼나두 뭐 심지어는 이러케 일 끈나고 걸 어가시는 압에다가 무릅을 꿀코 그러케 빌구서는 갈켜달라 이러케해 서는 해때여. 허허 참 그 놈 참 히한한 놈이라고 하면서 한 대목을 적 어 주더래요. 그래가지고 인제 지게를 지구 산에 가서 나무는 안하고 지게 지게 작대기루 나무를 두들기면서 하면 그 글문이 다 나오드라는 겨. 그 글문이. 그래서 내가 안되겟다 선생님한테 민영태 선생님한테 매달려야 겟구나 하구서는 그래 인제 가서 또 무릅을 꿀고서는 나 이 길로 걸어가고 이 기술을 배울꺼니께 좀 갈켜 달라 하니께, 참 그놈 별꼴 다 봍따 하면서 그러면서 그러면서도 하 이놈 쓸만한 놈이네 하 시면서 갈켜주시더래여. 한 대목 한대목을 적어 주시더랴. 근데 금방 나 이러케 머릿 속에 들어가드시 그 선생님도 금방 머릿 속에 들어가 드라는겨. 그래가지고 지게고 뭐고 팽겨치고서는 그저 옛날에 꺼먹 고 무신을 신구 댕기구 집신 신구 댕기는 시절 얘기요. 이게 그랜는데 참 한 번은 그냥 이런 가방이니 오죽해꺼스 연장 소품 그를을 자구고 댕 기면 아마 우리 선생님이 메고 댕기던지 어떠케 질머지고 댕기던지 소 품 그를을 가지고 일할 적마다 날루구 그랜던가봐. 그러니까 애썬다하 면서 꺼먹 고무신 갑을 주드라는겨. 고무신하나 사 신으라고. 세상에 그러케 조을수가 돈 한 푼 구경도 몰하는 데 그 심부름 햇다고 해가지 고 고무신 갑을 줘서 당장가서 유성가서 고무신을 사서 신언대여. 그 러니께 세상 이게 뭐 부러울 수가 업드라는겨, 그래서부터 적극적으로 가가지고서는 막 선생님압에 바짝 달라부터서 이러케가지고 설경 파 는 거 굳하는 거 이런거를 눈 여겨 봐가지고서는 열여덜 살부터 이상 하게 그냥 모든 일체가 싹 머리에 들어오드라는겨. 한 번 보면 다 들 어어오고 한 번 보면 다 들어오고 그래가지구 막 죽자사자 그 선생님 따라 댕기다가 사십팔년을 우리 선생님이 따라 댕기다가 황달병으로 돌아가시고 우리 선생님은 거기서 십이년을 더 하시는 거지. 육십년을 걸으셨쓰니까. 그러케가지고 수 만은 제자들 뒬써야. 인제 이거만 알지 욕십만 내구 진실한 기술을 안 배울라케서 그래 혼자만 가지고 잎다가 세상을 떠야겐다 핻다가 내가 만나서 내가 악착가치 달려들어서 배울라하니까 참 저 나보다 더 잘해야지 하면서 갈켜주시더라구 해서. 첨에는 몸이 아파서 한 게 아니지. 그냥 관심 잎써서 배운거지. 그러다가 중간에 와서는 내림굳을 해때여. 중간에 서른 살이셷다나 한 십년을 그냥 댕기다 삼십살에 삼십 살 되서 내림굳을 핻다고 하더라구. 내림굳을 받앋따고 하더라구.

관심이 잎써서 일단은 그냥 내림굳을 그 안 받고 하며는 효험을 몯봐. 효험이 업써여. 내림굳을 받아서 신령님들을 다 모셔노쿠 해야지. 그래서 황선생님 진짜 훌늉하신 분이에요.

아주 뭐 대전에서 애지간한 법사는 이런 법사들은 우리 선생님 압에서 다 고개 숙이구 이러케 고개 쳐들들 몯해여, 참 훌늉하신 분이지 아주 인자하시고 또 한문에 대해서는 모르는 게 업시 아주 수재라. 엄청 조으셔, 우리들은 뭐 한문을 누가 대충 어려서부터 한문 배우지만 우리들은 뭐 궁민학교 댕길때는 한문 안배웯꺼든. 그랟는데 이러케 될 줄 알며는 한문 배워둘껄 잘 몯핻다 하는 생각을 가젿언써여. 그랟는데 어떡해 해가지고 한문을 내가 낟 노쿠 기억자도 몯쓸 그런 저기 옅썼는데 지금은 그냥 유치원생 가치 한문 획수는 안 틀리게 써여, 인자 연습을 하고 공부를 하고 해떠니.

그래서 이러케 인제 세월이 흘러서 참 저기 됟는데 참 후계자가 어느 후계자가 적임자가 될런지 그냥 여러 사람을 내가 가르키고 잎쓰니까.

〈문〉 황하청 선생님에게 가장 먼저 배운 것은 무엇입니까?

〈답〉 어 젤 먼저 배운거는 점하는 거, 점하는 거는 인제 영으로만 해도 안

되고 이 철학으로만 해도 안되고 이 그 요기서 육회법이 여기서 다 나
오거든요. 여기서 요거 저 우리는 영적으로만 점을 하고 이랬는데 선
생님은 영적으로만 점을 하면 안된다. 여기 격식을 배워서 요거하고
때려 마쳐야 된다 이래가지고 여기서 인제 해가지고 점을 한 거지. 점
괘가튼 건 인저 말하자면 우리는 영이 잇써서 하지마는 에 그 요게 인
제 팔괘법 육회법이 배워서 이러케 해서 하라고 다 적어 주시더라구.
그래서 그러케해서 영하고 때려 마추면 점이 딱 맞드라구.

문 내림굿은 언제 받으셨습니까?

답 내림군이 내가 원체 재대로 그러기전에는 저기 서른 셋에서부터 이런
기가 이써두 내가 눌루고 더퍼 두고 인자 산으로만 기도가고 그냥 그
러카고 돌아댕겨써요. 돌아댕견는데 내림군 우리 아들을 내가 딸 다선
을 나쿠 아들 여섯번째 내가 서른 여덜에 아들을 낳거든. 이거 뱃 속
에다 너쿠두 막 그냥 저기 한데루만 돌아댕겨찌. 그러카구서는.
내림군은 저기 뭐여 서른 그 안에 군은 핸는데, 정식으로 내림군한거는
서른 아홉인가 마흔인가 아마 이래찌. 그러케하구서는 인자 이 그냥 그
닥 점에서 일을 그닥 그러케해가지구서는 우리는 여덜 식구 올 데갈 갈
데 업시 해놔써요. 그냥 그래도 지금 딸 다선 아들 하나 육남매에다가
우리 아저씨하고 여덜 식구가 법원 압페서 장사하다가 영업하다가 **
집 해가지구서루 유성에서 충남대학교 저기 저 농대일짜나요 그 압페
알아여? 고 압페서 고기 크게 옛날에 하우스 농사 엄청 크게 겯언써요
근데 그걸 다 보상 받아가지구 나온걸 그냥 다 털어버렫찌뭐. 하나도
업시 아무도 올 데갈 데 업시 사기당한거야. 뭐 어터케 살안는지도 몰
라. 그냥 그래가지구 그냥 핸는데 할 수 업시 몸이 안조쿠 안즌뱅이가
되구 이러케 해가지구서루는 내가 다리를 몯쓰구 그래가지고
맨날 여기 아퍼 무릅아프다고 해갇구서루 여기 눌러서 몯 살아 누가
그냥 여기 박구 잇는거 같아. 그래서 법원 압에서 장사를 음식 장사를

하니께 인자 무속인들이 법원에 재판하러 하고 오고서는 그거 하고 우
리 집이 식당에 와서 밥을 멍으면서 날 보고 그런 얘기를 하더라구.
자꾸 그래서 내가 나는 아니다 내가 아니면 여덜식구 올 데 갈 데 업
시 다 뿔뿔이 헤어진다해서 그래서 거기서 내림 굿을 받아 빋 내가지구
서 달라 얻어자지구 그래가지구 빋을 내고 막 달라 얻구 이러케 해가지
구 장사가 안되니 어터케 그래가지구 그런거 저런거 복구는 됄써여.

📻 신병을 앓으셨습니까?

📻 그러치 신병. 그러카구 이러케 금방 일하기가 실쿠 금방 늘어지는 거
야. 막 늘어지는거야. 세상 구찬은거야. 그러고 장사는 안 되지 장사가
세상 업어도 안되. 이 저기저 그래가지구 마냥 저거 하며는 금방 드러
눠서 조금 금방 쉬얻다가 인나서 엉금엉금 겨댕기구 이러케 하다가.
근데 어느 날 딱 다리가 오므라지더라구 그래가지구서 할 수 업시 어
디가서 물어봐쓸꺼 아니여. 그렁께 그러타구 해가지구서 인제 날을 접
아서 돈이 업써 장사도 안 되지 먹을 때꺼리도 업는데 어턱하 그래도
응 참 저거하니까 마침 반지, 패물 읻껄래 팔구 그 걸 팔아도 모자라
니까 그래서 인저 일수를 얻얻꾸 또 이러케 또 일수 얻은데서 안되서
또 달라를 일수는 더 이상 안 된다께서 달라를 얻어가지구 이러케해서
인제 거 일을 한다하고 날잡고 하니께 이 다리가 딱 떨어지더라구. 그
래서 계룡산 가가지구서루 거기서 일을 하는데 세상에 그냥 뭐 길길이
뛰고 길길이 그러카고 일을 하니까는 몸이 거뜬한거야. 이래요 이래,
신이 읻으며는.

📻 몸주신이 누구입니까?

📻 에 그렁께 인제 음 우리 시아버지가 작두 장군으로 오셔가지구 몸주로
다 오셔서 발켜 질라하는데. 우리 시아버님이 오십 여섯에 세상을 뜨
셛는데 그 때에 운명하실 적에 며느리만 찬았써꺼든. 딱 하는 데 우리
머슴애 지금 스물 여섯살짜리를 업구 읻는데 인제 간신히 걸을라카는

데 걸음 못때고 걸음 발자국 떨적에 업구서 딱딱하시는데 내가 몸에 소름이 쫙 끼치드니만은 그냥 애를 노치는 거야. 노치니께 이게 땅에 떨어져 뭐를 알어. 울고불고 난리를 죽여서 운명하시는데도 뭐 그러케 아를 들고서루 바까테 나와가지구서루 이러카고 잇는데 달게고 잇는 데 방에서는 곡을 하고 잇는데 저 그러케 그래가지구 장사도 잘 치르고 그러는 데 한 한 달인가 두 달인가 잇쓰니까 내 몸이 자꾸 강이 오는거야. 강이 오는게 떨린단 말이죠. 차를 타면 안가고 시동만 신호만 대게해서하면은 몸이 덜덜 떨리자나여. 그러니케 이러케하구서루 그러케 떨리는 거에여. 그냥 그런 걸 몰랏는데 어느 보살이 와가지고 신이라 하더라가구. 그래서 내가 왜 신이냐 우리 다 교육자 집안인데 왜 내가 신이냐. 우리 집안이구 시집이구 어 친청이구 그런 줄레가 업는데 왜 그러느냐. 쓸데업는 소리 하지말래 캔는데. 그러다보니 가게도 안 되지 돈 쪼금 잇는데 사기꾼이 와 가지구 얘기 핻는데 그 사기꾼이 그짇말하는 거구 뭐구 다 올은거야, 그 사람 돈 잇는 거 은행에서 다 빼가지구 주구나니께 우리는 장사가 안되니께 뭐 어떠케 해볼 도리가. 어떡해 그래서 여덜 식구가 가게에서 쫓겨난거야. 인제 가게 그냥 정리 해뿌리게 삼천 오백이라는 돈을 거기 다 쑤셔 너가지구 그거 다 까먹고, 나올 때 칠십만원 찬아가지구 칠십만원이 옛날에 구십구년도 얘긴데 그거를 어떠케 참 칠십만원 가지고 애들하고 참 얼을 수가 업는 거야. 방을. 그랟는데 저기 한남, 아니 충남대학교 정문에대가 우리가 정부로 들어가는 일순위 터를 대 터를 받앋썬는데 어떠케 애들하고 오 데 갈 게다 업으니까 그거를 천 오백에 팔앋더니 팔고 그게 꽉꽉 뛰는 거야. 그냥 땅 갑이 그러케가지구 그걸 다 깨고 이랟는데 우리는 그냥 이 길 걸어두 엽도 안 돌아보고 압만 처다보고 기술 배우고 일잇쓰면 일가고 그랟거니 지금도 우리는 얼굴을 막 내비끼고 막 어깨다 힘주고 안 댕겨. 응달로만 순전히 응달로만 다녀 돌아댕기지 막 그냥 뭐 으쌰 으쌰 하고 안 돌아 댕겨요. 그전부터 내가 이십구년째 이거든 이게 신온지가 이십 구년 째인데. 하이구 말도 몰하지. 지금은 안즌군으로 기반 잡알꾸 이러카고 살지만 집을 집이 업어 이 전세로 가면 애들 만타고 그러고 이러케 법당을 몰래 모시면 귀신 가치 알고서 내 쫓는거야. 우리 나가라는 거야. 우리 일년만 살면 이사두 집사기 전에 무쟈게 다니구 이러케 핸는데 그러카고 나서 하여간 어쨌든 저 집을 사야건따하고 치마끈을 졸라 매는 거지. 일은 나가고 적금 들어가지 보험적금 들어가지 이러케 해가지구 칠년만에 내가 집을 산거야. 이 집말고 저 대흥동에다가. 그런데 그 집을 팔아가지고 보태서 이 걸 산거지. 엄청 고생해써요 내가 한 사 오육년은 집 사지 전까지는 말도 몰해.

문 집안의 반대는 없었습니까?

답 아니죠. 애들 쪼만할 적에 우리 아저씨는 첨에는 반댈하다가 몸이 아퍼서 하는 걸 보다가 몸이 안 아프니께 뭐 조아라하죠. 지금은 우리 아저씨가 뒫바라지 내 뒫저기를 다 해줘요. 지금 애들, 사위들이구 사위들을 넫 얻얻는데 사위들이나 딸 들이나 엄마가 허튼 짇 안하니까, 허튼 짇도 안하고 오로지 여기 집 아니면은 당에 가서 읻다가 당 아니면 집에 오고 또 간다면 애들하고 목욕탕가고 이런 건만하고 가끔가다 시장에만 가고 그러니께. 우리 애들, 사위들도 보면 사위들은 다 교회 믿거든 집안들이 근데도 사돈 네하고 상견례할 적에 이런 사람이다 이런 사람이니까 나중에 며느리하고도 사위들하고도 장모가 이런 거 한다고 해서 이러케 한다고 무속길로 걷는다고 해서 나중에 시집살이 준다며는 여기서 말아라. 그러고 또 사돈들한테 내가 나는 이런 사람이니까 며느리 얻어서 너희 친정어머니가 어쩌구저쩌구 할라면 아예 며느리 보지마쇼. 우리 애들 내가 똑바로 키워 받거든. 그러니께 허튼 짇 안하고 애들 똑바로 키워노니 애들 며느리로 맘에 드니 다 사돈들이 그 교가 무슨 저기가 읻느냐고 종교는 자윤데 뭐 그런거 탈하지 안켄

다 그래가지고 지금 애들 딸들 넷이 집가지고 잘들 살아요.

문 굿이란 무엇입니까?

답 법사를, 남자법사 고장치고 이러는 남자 법사를 정각쟁이라고 그래써, 그라고 이 여자들은 뭐 안하고 신장가지고 흔들기만 하고 흔드는 건도 일문일답이여, 일문일답이라는 거는 이러케 신장을 잡고 잇쓰며는 법사가 아 이 가택에뭐가 어터고 어떡한거시 잘 됐느냐 몯 됐느냐 물으련 잘 됐쑵니다 막 흔들어 안 됐쓰면 꼼짝도 안하구 잇꾸, 그러면 이 가택에 동투가 잇나 뭐 아주 소스가 잇구 뭐가 잇는가 신장님이 다 둘러볼하면 인나서 다둘러보고, 다 둘러보고 또 이 가택에 아픈 환자가 잇는데 저 아픈 환자가 오늘 정성들여서 낟겠느냐 안 낟컫느냐 물으면 낟는다면 막 흔들어 신장이, 지금은 신장이라고 핻지만 그 전에는 대 라고 해써여 대, 신 대 그랟는데 그럼 저 환자를 그럼 낟컫다고 하며 는 막 흔들며는 저 환자를 가서 막 쓰다듬어서 그아픈 저 거기 병 저 기를 다 거둬다 온방 타방에다 다 소멸시키라하면 가가지고 막 그러케 써가지고 막 전부다 막 쓸어내는거여, 걷어내는거여. 나쁜 저기를 걷 어내가지고 하는데 지금은 시대가 변천되서 막 제자가 막 뛰어, 확 길 길이 뛰어가지구 인제 공수를 빼는 건데 옛날에 나두 삼년동안 선생님 하고 일문일답의 일을 해썯는데 나두 그럼 우리는 일문일답만 하고 안 자이써야 남들이 지금 기대 따라서도 뭘 또 해야지, 저기 저 병신들 모르는 사람들은 저희들은 히한하케햐 희한하케 이러케 나올꺼 아니 에여 그져? 그래서 첨에 삼년은 나도 그러케 핻는데 내가 선생님한테 우리도 이걸을 바꾸자, 나두 전에 길길이 뛰고 지금도 내가 신장은 안 잡지 법사로 오니까.

문 충청도 굿에 대해서 설명해 주십시오

답 긍께 양반이라고 충청도 양반, 충청도 양반이라구 여기 안즌 자경을 하는 거죠, 양반들이라 그 전에는 말하자면 정각쟁이라고 해죠.

문 앉은굿은 무엇입니까?

답 안즌 굳은 충청동 안즌 굳이라는 뜨슨 뭐라고 하냐면 충청도에는 자경이야. 안즌 자경. 안자서 한다구. 저 그러죠, 안자서 축원을 하고. 서울이나 이런 다른 데는 이 서서 춤추고 바라치고 장구치고 피리불고 막 서서 자기네끼리 막 어 말하자면 이 공수라는 거 아셔요? 공수, 공수를 한다는 거는 이 우리는 영에서 내려주고 공수를 하지만 서울이나 경기도나 강원도 뭐 경상도에서는 이 공수 하는 거시 글로 배워요. 청을 배우고 글로 배워가지고 요집에 가서도 그 공수, 요집에 가서도 그 공수, 요기가서도 내 그 공수 박에 몯하는거여. 서울 선거리는 안즌 거리는 이 신장을 잡고서 강을 받어. 몸으로다 접신시켜서 이러케 받아서 영에서 일러주는 대로 그대로. 인제 말하자면 당신 네 집은 어터코 하는 하는 저기가 나오는 거지.

내가 대갈이는 신장갈이만 하는 거고, 법사는 축원하는 거구 그러니께 인제 우리 나 제자들 가르키는 거는 옛날 옛적 선생님한테 배운 그대로 일처리를 하게끔 내가 다 가르키는 거지, 모두 대수대명 묻는 거나 글 쓰는 거나, 그 대수대명은 그 대수대명 허수아비가 일써여, 그 나쁜 액운을 걷어가라는 거 할 적에 인제 일처리 하는 거를 하나하나 내가 갈켜서 신장가림을 하라카고 순서대로 해나가는 거지.

문 앉은굿의 순서를 말해주십시오.

답 어. 순서래는 거는 설경을 다 설경하고 진설하고 제문을 싹 채려 노쿠서는 인제 산으로 들어갈 적에는 진을 진법을 먼저 치구 그러케하고서는 말하자면 김씨네면 김씨네, 이씨네면 이씨네가 일을 하자나여. 그럼 그 가정을 안정을 다 시키고 다 합일을 시키는 축원이 일써여. 합일시키구 축원이 일꾸, 그 다음에 두 번째는 음 제석 축원하고 사람마다 저저 살 저거 살풀어야해야거써. 수수팥떡해노코 살풀어야해야거써. 이런 소리 들어봐써여?

응, 그럼 누구든지 다 살을 끼고 나와. 그러면 거기서두 악살이 이써여. 악인 살, 아주 몰된 살, 그런 살을 끼고 나온다구. 말하자면 천살, 천해, 천파, 천고 이 뭐야 천여 이런 살을 끼고 나온 사람들이 이써 점을 해보면 그럼 그 사람들 살을 풀어내야 되는데 저작이 어느 가정두 혼자 잇는 가정이 아니라 고 가정에는 네명 아니면 아들 둘, 아들 하나 딸 하나 나코 아버지 엄마하면 네명이여. 한 집에 일을 한다 할 때에도 고 집이 나쁜 살귀가 나온 사람은 우리가 대수대명이라는게 이써. 살 풀어내는 게 이써여, 그렇께 그 일하는 걸 보야 되여, 이렇게 그러쿠 인적에 두 번째는 첨에는 안심축원, 합일축원으로 하고 두번째는 살 제살 축원에다가 명도 박고 일을 하면 복도 받고 명줄 이서달라고 하자나여. 어쨌든 짤븐 명을 긴 명으로 잉어 달라는 그런 축원이 잇써여, 그러카고 쉬얼다가 세번 째는 조상 축원 들어가는 거지, 그러케해 가지고는 신장갈이 하는 거에요.

問 내림굿은 무엇입니까?

答 내림굳은 우리가 축원을 하고 하는 방식이 잇써여 그러카고 다 조상님들에게 축원을 하고. 인제 조상 누구누구 그 집에 조상들 다 빼가지고서 온을 다 해줘야 되요. 우리 가튼 경우 열 두 해당화라해서 열 두 기를 불 발겨서 가시는 손니은 가고 참 가시는 조상님은 가게 하고 또 이 말하자면 아버지가 아버지가 발켜주러 왇따 또 친정 어머니가 발켜주러 왇따 시아버지가 발켜주러 왇따 하며는 그 조상들은 다 나가대 가서 바람쐬고 그 가서 한 바꾸 돌 도랑을 한바꾸 돌고서는 다시 와서 또 위성 빌자고서 한 번 놀아보자 이러케하고서는 우선은 길을 나간다가 들어와야되 저기 혼신들이 들어와여. 그러케 하고서는 저 끝은 밤에 한 번 시험을 보기 위해서 제자 될 사람을 신장을 잽혀서 그 노나 안 노나 막 길길이 뛰자나 그거시 길길이 뛰고 이러케 하고 진짜 오리지널로 하고 신명이 분명하다 이러며는 입에서 툭 튀어나와 그 자신도

모르게 입에서 툭 튀어나와서 막 뭐라고 지껄여 막 울던지 그러카고서는 그 이튿날은 막 제자를 마냥 놀리는 거지. 마냥 뛰고 마냥 강을 받게끔 해가지고.

❓ 고장치기는 무엇입니까?

❗ 고장이 북카고 꽹가리치기하고 그러는 거여, 그게 인제 그걸하는 사람이 법사 최고 우선이지.

❓ 굿을 청하러 오는 사람을 무엇이라고 부릅니까?

❗ 서울은 재가집이라 하고, 우리 충청도는 저기뭐여 당주, 당주라고 해요

❓ 무당을 따로 부르는 말은 없습니까?

❗ 왜 무당, 무당이라하며는 뭐야 춤출 무 에다 마당 당자라고 해서 무당이 우리가 들을 적에는 무당이 엄청이 시러. 무당이라카면, 보살이라카면. 그런데 그전엔 무당, 정각쟁이, 만신, 또 저기 뭐야 저 서천에 가서는 당골내 이러케 나갈거든 당골내, 만신, 무당, 또 법사는 정각쟁이, 이러케 나갈는데 인제 그 기다 저기 해서 여기두 다 지금 시대와서는 계급이 하나 오른 거지 법사, 보살. 그러니께 계급이 한층 더 올라가지고. 그러니께 인제 지금 뭘도 모르고 무당 뭐 점쟁이려 점쟁이 그 저 점쟁이 만신이여 하며는 우리들이 한 계급이 올랐는데 올른대로 존칭해줘라 내가 그러케 얘길 해주는 거지, 옛날 단어를 쓰면 안 되고 옛날 단어가 다 맞는 거는 마져. 맞지만 지금에 와서는 보살, 법사 그러케 용어를 써 달라 하면 깔깔거리고 운죠 상대방들이 몰라서 그런가.

❓ 독경과 설경에 대해서 설명해 주십시오

❗ 독경은 인제 축원 고장 치면서 축원이라하고 설경은 그냥 그대로여, 팔문 금쇄진이라고 팔문 금쇄진이라고 그 대설경이라고 팔문 금쇄진이라고 나오지만 서리설진이라고도 하고 팔문 금쇄진이 서리설진 팔문금쇄진이라고도 부르기도 하지만 다 설경이라고 부르는데 설경이라고 하며는 그 토탈해서 저러케 시설해 노으면 그 때 와보면 저기 잍써여.

근데 일마다 들어가는 자리가 틀리지, 미친굿에는 딴 저기가 들어가는 게 잇구, 또 안택굿은 딴 저기가 들어가는 게 잇구 고기서 다 토탈해서 이제 우리가 발표회를 하는 데를 와바야되요, 문화재가 발표회를 해요, 한밭문화재 하자나 그러며는 그린 때는 거기와서 보면 하여간 우리 그

問 무속일을 하면서 힘든 적은 없었습니까?

答 우리가 일을 해보면 축원이 잘 나올 때가 잇구, 안 나올때는 목을 졸라. 그 혼신들이. 그 혼신들이 목을 조르며는 말하자면 구경 온 사라들이 던가 당주 재가집이서 아 정말 힘들구나 막 시원시원하게 그룬이 잘 나오다가두 이게 막 앵앵목쉰소리가 나고 목에서 튀들 안해여 얼마나 힘들다구, 그러구 어떤 집은 자꾸 잠이 오는 거야, 축원하면 자꾸 졸아, 그러구 어떤 집에는 왱왱 아무리 목캔디를 멍는다 이 청에 대해서 청대해 저기 하는 약이 이써여 그걸 먹어두 안 튀어 목이. 그러케 힘들어, 힘들며는 벌써 이제 보살 보살이 일을 띠어서 나한테 가져오자나여? 그 보살이 벌써 들어보고 목에다 힘을 줠따하며는 봉투를 목에다 딱 거는겨. 돈을. 돈을 봉투에다 해가지고 목에다 거는겨, 그러케 하면 쪼금 나아도 해서 진을 그 진법을 또 쳐 주고서는 이러케 하며는 쪼끔 나아여, 그런 때는 힘들어여 어는 일을 자꾸 졸린거야, 뭐 안 졸을려고 이를 물어도 금방 졸리더라구 금방 졸면서 축원 다 나오는데 졸면서 축원을 해여, 근데 우리들은 일 할 적에 눈을 감고 하거든, 눈을 감으면 그 어떤 때는 그 집에 귀신이 보이구 뭐가 어떠타는게 보이구 볼라고 눈을 감았다 떴다 감았다 떴다 하거 감고 이러면 막 자꾸 잠이 오는겨 잠이 오면서두 여전히 나오는 거지. 실수는 안해도 이 자신은 자는 거야. 그럴 때 엄청 힘들어요 .아주 그냥 노쿠시퍼. 아주 고장 북을 노쿠시퍼. 이 들고 하는 거를 북채라고 하거든.

問 일을 제대로 배우지 않고 무속일을 하는 사람에 대해 어떻게 생각하십

니까?

圄 근데 지금은 엉터리로 하는 사람이 얼마나 만아, 그렇게 우리 제자들한테 똑바로 배워가지고 똑 떨어지게 일을 해먹어라. 제대로 기술을 배워서 제대로 하되 상대방도 안 서운하고 너들도 안 서운 하게 이러케 해서 이거는 기술이고 하나의 저기니까 서로간에 삼합이 맏게끔 일을 해라. 절대 상대방 우풀라고 하지 말아라. 그러면 언 발에 오줌 눈는 격이구 우선 당장 갈키질을 하며는 이게 길게 몯가고 죽을 때 피를 토하고 죽는단 식이나 마찬가지니께는 절대 원리 원칙으로해서 벌어먹어라 그러케 시키는 거지. 지금은 맨 뭐 돈만 알아가지구 할 줄도 몰라기지고 어렁뚱땅 희한하게 해가지고 거기들 뭐들 속지 말아라 속을 속지 말아라.

圄 무속을 미신이라고 믿지 않는 사람이 있는데 선생님 생각은 어떠십니까?

圄 그전에는 나 그러니까, 사십넘어서 오십 때까지 오십 네살까지 인정을 몯 받아쪄, 인정 몯받아써여 이러케 되구서도 딱 문화재를 받아노니까아 그 무속은 정말 문화재도 잊꾸나 이러케되가지구 지금에 와서는 인정을 해주는 사람들도 만은데 나는 솔직히 나는 이 길을 걸어도 반은 믿구 반은 안 믿어여, 말하자면 나한테 일을 해달라고 하자나여 일을 해서 나슬라나 정말 덕을 볼라나 이 생각부터 들어가는겨, 자신하구 일은 안해여, 그러니께 반은 믿구 반은 안 믿는다는 얘기지. 아주 믿두 안 하고 아주 안 믿두 안하고 그래도 나름대로 열씨미 축원을 하고 설경해서 딱 걸으면 걸어서 일을 해주고 보며는 상대방들이 덕을 봗다고, 덕을 봗다 소리 빈발치게 들어와도 아이구 정말 잘 하시네여 정말 잘 하시네여 이러케 한 소리 멷번 들어두 딱 땅해서 일을 할라고 하면 이러케 해서 될라나 아이구 이런 생각이 들어여, 그러케 덕 봗다고 인사를 해두 그러니께 내가 반은 믿구 반은 안 믿어여.

圄 굿은 당주들의 요청이 있을 때 해주시나요?

답 그러쵸 그러구 말하자면 나한테 일을 점을 하자나여. 점을 하면 나뻐. 그러니까 나뻐서 이 집에는 꼭 풀어 내야돼. 풀어 낸다는 거슨 굿을 해야 된다는 말이죠. 그런데 어디가서 하시던지 꼭 한 번 풀어 내야 되겄네여하고 나이 연세 드신 분들한테는 아이구 떡 해잡수셔야 하건네. 떡, 떡해주라며는 그게 굿하라는 얘기여 떡 해잡수지지 안 해잡수시고 이러케 그냥 묻어노쿠 덥퍼둬서 이런 활란을 격느냐고 아이구 어디가서 하시던지 이 하셔봐여 하시면 하신 만큼 답이 나올껀데 왜 이러케 그냥 돈그거 아끼자고 해가지고 참 그 돈 이 삼백 아껴가지고 지금와서는 맨 억대가 나가고 천대가 나가는 데 그걸 막지 왜 이러케 그걸 이러케 게셔나고, 아이구 어디가서 해여 선생님한테 해야지 그런다고, 아이구 나는 나한테 하라고 하는 게 아니라 응 아주머니가 이러케 이게 나쁘니까 꼭 풀어내라고 일러주는 거지. 나는 꼭 나한테 하라는 거는 아니에여 어디든지 맘 내키는데 가서 하쇼 이러케 애길하지. 꼭 나한테 하라고 안해. 그래 그러코 정말 솔직한 얘기로 반은 믿구 반은 안 믿어여. 그런데 일을 일처리를 잘 해줘야되거는 점만 잘해서도 안 되구 점 한대로 상대방들이 선생님 이거는 무슨 점이 어떠어떠케해서 일을 띠얻슴니다하며는 거기에다 내가 축원을 한다는가 모든 걸 내가 일처리를 해줘야지. 말하자면 동에 가서 저길 할 껄 서에 가서 움직이면 안 되는 거 아니에여 그러니까 점대로 이걸 해주는 대도 첨에는 딱 착수해서 들어갈 적에는 아이구 이러케 해서 될라나 덕을 볼라나 이런 생각 드는 데.

문 제의식에서 오색기를 뽑는 행위는 무엇입니까?

답 그거는 인제 기, 오방기라고. 오방기 기를 뽑으면 에 남색은 증말 말하자면 답답하마며는 뽑으면 남기가 나와 틀림업써. 그건 본인이 뽑는 거니께. 우리들이 뽑으면 조작을 한다하지만 본인이 증말 답답해서 답답해서 또 이걸 뽑으면 남기가 나오면 증말 답답한 기가 나와, 그래서

너희가 이 정성을 드리고 나니까 또 그러카고 또 니가 이러케 답답한
데 니가 모든 일이 풀어져 나가느냐 안즈나 서나 이러케 답답하니 너
희가 이 그러케 어떠케 살아나갈라고 이 정성 안드릴려고 핻얻느냐.
이 정성 드릴 적에는 이 구명산 신령님이나 다 둘러보지. 니가 이러케
답답핻던게 이런 아름장 주는 거다 하구서는 다시 또 이러케 해서 뽑
히며는 잘 받앋따 몯 받앋따 하며는 이 제석기 하얀 기가 고 저기 그
림 그려서 염불하는 그 저기가 나와 그려 읻써여, 그 기는 인제 투산
기도 되고 천신기도 되고 제석기도 되고 그러케 해서 그 기를 딱 뽑으
며는 아 이러케 답답핻는데 이제 금전불 금전 줄로도 벌어주고 명줄로
도 읻어 주고 제수도 주고 이 정성 잘 들엳따. 이 그런데다가 또 뽑는
다고 또 뽑으면 노란기가 나와, 노란기는 조상이거든 조상기가 나오며
는 조상들이 고맙다고 인사대접하러 나온거다, 빨간기는 산신기거든,
산신 산 호랑이가 굴에 읻는데 호랑이를 우리는 산신님이리고 부르거
든, 이 그 산신 님이 잘 받앋따는 인사를 해서 나왇따 그 기를 기가 거
기 판단을 져주는 게룡판단을.
다 처리를 하고 나서 마지막에 가를 뽑는거여.

1.2. 신석봉

 무속일을 어떻게 시작하게 되었나요?

 시작한 거야 어렵찌, 왜냐면 알다시피 내가 이러케 장애자 됟짜너, 장
애자인데, 내가 근본엄는, 근본엄는 전장을 해따고, 그러니께 근본엄는
전장을 핻는데, 딱 요건 다쳐가지고, 지금거트면 안끄너낻지. 요 손톰
만 절딴하니께 그때만 아주 여기 다치면 여기 끈코, 여기 다치면 여기
끈코 막 이럴땐디 그래 손 다치고 나니께 모든게 시러졌어, 사회서 내

가 인자 버림, 버림 바닫따, 그래서 인자 또 모미 야캐졎꼬, 그래서 저
리가서 공부하믄, 저리가서 시님되면 내가 되걷따, 그 마믈 혼자 먹꼬,
아무도 얘기 안하고, 그 지나가는 스니믈 부짭꼬, 스님을 해야디 막 쪼
차가서 중님중님 그렁께 어린노미 긍게 그때 뭐 내가 열 네사린가, 몃
살때, 전장이 낟는디, 긍께 어린노미 중니미 머여 이노마, 그럼 머라고
불러요? 긍께 스니미라고 해야지, 그케 시님소리 몰러서 중님중님 그
따구 저 좀 데리구 가요 그렁께 내가 야 임마 왜 데려 가냐구 그래서
난 절루 가고 시퍼요 긍께 그람 느 지비 어디냐, 요기요, 그랴 처드러
갈티여. 그래 지비 와서 인자 딱 얘기하니께 펄펄 뛰지 머여, 어디를
따러 가냐구 막, 그라다 보니께 주짜펼딴 마려, 가마니 읻따가 기양 뛰
어 나간겨, 기냥 얼마치 간는디 쪼차온겨, 나 승낙 바다써요, 야 임마
지금 내가 느 지베 갇따 왇는데 그 먼소리냐, 아니요, 내 맘대루 할래
요, 그냥 따라가는거, 그 이븐채로 그냥 그래 그런게 저리 가니께 깜깜
하지, 깜깜한데 인제 그때서 무서운 사람, 무섭단 마려, 아 산중에서
보니께 딱 두리 읻는디, 저 스님들도 별루 업꼬, 그랟는디 아 밥 줄 생
각을 안혀 배는 고픈디, 그래 거 오슬 버스랴. 아 왜그랴냔께 안 버슬
라믄 내려가라, 날 자바머글라고 그라냐 얼마나 무서워 어린마으메,
인제 담 다믈 볼라고 그란겨 인제 기를 볼라고, 그래 오슬 버스니께
얼마읻떠니 도로 이브라데 입꼬 오라캬. 밥 주더니 법땅 아페 텐트 쳔
는데 거가 자랴, 얼마나 무서워 자미 오건써? 그래 밤새도록 요러카고
읻는겨, 그냥 짐승쏘리는 개 개** 울지 늑때 울지 그냥 막 또 해원사
는 아무 닥쏘리 개소리도 안 드끼는데. **인제 설마 그 이튼날 진짜
재울테지 하고 ***, 거서 그냥 **한겨, 그러케 한께 청수바냐신경 갇따
주고 배워라구 딱 아치메 새복 세시 반 되니께 자미 안오는 거, 자기
는 뭘 자 무서운 생각에, 청소하라 이거여, 청소하니께 물 져다 전부
소딴지 드러다 주고 나니께 그러고 나니께 아궁지 마다 다 불때라구,

그걸 멷 년 해써, 그라구서루 열 여섣살 때 내려온 거여, 내려와서 경무늘 거기서 마니 배윘는데 애 이노마 그건 무당이 배우는 거지 왜 그걸 배우느냐구 염부리나 배우지, 그래 염부른 안드러가구 경무는 잘 외워, 그렁께 아 경문 잘 드러가는거 보니께 내가 무당 될란게 비다, 게서 경무늘 거기서 열씨미 배워찌, 그래 인제 온두 안주지 뭐, 온 가져간거 끄너서 궁딩이 질구 끄너서 물팍 질꾸 그러케 해서 지내써, 그러믄 날 존나른 마니 머거라 마니 머거라, 비오구 누니 오믄 막 밥상에서 마하길 부처님 빠븐 놀고 머그믄 죄가 된다, 그렁께 놀먼 먹지 말라는 거여, 거 기가 메키고 그러케 노코 날 존날은 독두 주서 먹으, 사그니께 머거라, 그냥 참 온또 한 벌 몯 으더입꼬 계속 맨녀늘 이래 주구 내려온겨, 그래서 막 그 공이 아마 이러케 내가 인제 내려와서 큰 법싸 되구 무나제까지 됃따는거 내가 그러케 인정하고 시퍼, 왜 공은 따끈대루 간단마려.

📦 신병이나 무병을 앓은 적은 없습니까?

📦 긍께 거기 갈때 신뼝을 한거지, 왜냐믄 모미 야캐서 인나면 어지럽꾸 그때 계속 기도를 한거지 내가, 가서 반 사흘거트믄 기도를 하는겨.

📦 백일기도를 하신 적이 있습니까? 말씀해 주십시오.

📦 기도할 때 막 배길기도 막 이케 드러가자나, 배길기도는 하다마르먼 안한만 모다는겨 끄슬 마치야 돼, 근디 꼭 배길 기도는 꼭 매칠 나두고 무슨 기가 잇써, 누가 방해를 하구두 방해를 해, 그걸 이기구 하야댜, 한버는 배길기도 일주일 넘겨노코 바메 비가 왜글케 동짇딸인데 음력 동짇딸이먼 양녁 섣달쨴데 비가 기도 드러가면 두시가는 하는데 한 시쯤 됐는디 비와서 푸욱 ****, 긍께 상이 짜르 부엉소리가 그래서 인자 나 주걷다구 꼬자보니께 아프다구 그케가지구 살기는 사릳는게 비다, 그래서 그 더듬거리고 법당 아페서 인자 쪼그리고 일따가 대체 궁그메서 날새서 가봐써, 가보니께 부엉에서 울던디 바로 아페 호랭이

똥을 이만큼 넏써, 긍게 부엉이 뒤는 호랭이가 따라 댕긴단 마려, 긍께 고걸 이기지 모다면 배길 기도를 몯 마치는 거여, 긍께 인자 내가 목 저기 삼치릴 기도를 드러간따 삼치리를 마추야 되고, 배길기도를 드러 간따 배길기도를 마치야 되고, 처닐기도를 드러간다믄 처닐 간 삼년가 니여, 고걸 마추야 되구, 고걸 마추야 내가 끄슬 끄슬 몯 이루먼 기도 하나마나여, 긍께 그런걸 잘하야 남 일가서두 해겨를 잘 댜, 긍께 시니 다 의지를 하는 거지.

📖 미친굿과 안택굿에 대해 말씀해 주십시오

📖 기럼 어디 가서 인자 재민냐먼 미친 구슬 내가 오년가늘 계속 미친군 만 해써, 지금은 사실 미친 사라미 더 마너, 근디 미치믄 정신과다 같 따 자버 느니께 안도러 댕기자너, 그전에는 정신과두 읍써꾸 미치믄 그냥 그 자브로 댕기느라고 그렁께 엄청한거 가트지 그저네는 미친구 시, 근디 그저네는 미친구슬 다 구테서 나귄써, 사람 아쳐노코 **** 오 늘 해선 오늘 저녁때 틀리구 낼 아치메 틀리구 하는 행동이 틀려, 날 는거시 누이루 뱌, 그렁께 발새 그케 누니 낳는게 뵈니께 그 지바네서 아 우리 실랑 낳궈서 고마워요 우리 아들 낳궈서 고마워요 헤 인자 정 시니 마니 도라와써요, 그러케 하니께 그 자부시믈 가지고 계속 그건 만 한거라.

그래 안태꾸슨 재수꾸슨 그 지비 무방하게 지나믄 재수더글 보는구나 이런디 이건 그 즉시 누니 띠자나, 그래서 그건만 계속 하기때매 이게 자꾸 전파가 되고 연신되고 신성뿡이가 미친군 잘한댜, 어 그사람한티 가면 다 되야 그렁께 두 내우 딩기는 분들두 자기가 해결 모다면 나한 테 다 오는 겨, 잉께 대전뿐 아니라 어디고 그냥 미친군만 일따면 나 한테 다 와서 내가 다 가서 해겨를 잘해주거등, 그래서 인자 이거시 연신 소무니 나서 정부까정 가가지고 정부서두 이걸 각 교수덜도 알고 해서 보니께 참 잘하거덩 그러케 해서 내가 참 무나제가 됃찌, 게 무나

제 될때 여기에 안태꾼 미친군 두가지 아녀, 두 가지 지정바닫단 마려, 미친군 안하께미 그래 지금두 미친군, 올 올 뽀메도 미친군 매뻔 해찌.

문 안택굿과 미친굿은 어떻게 배우셨나요?

답 인제 선배들한테 배워찌, 내가 선생이 닛이나 댜, 유시님한테 참 거기서 경무늘 배워꼬, 그 담메 저 홍 홍열철이한테 경무늘 하고 미친구슬 거기서 배워꼬 또 고기선씨한테 마라자먼 고장 배워꼬, 또 저 고기선씨한테 고장 배워꼬 해서 인제 선생이 니시나 되지, 그래서 나는 그 대전써 할려고 하는 분한테 배워가지고 이 내고장을 어디가도 **주구 이 참 빼어나지 고장이 조금, 그래서 이 선배드리 처뻐네는 나를 말려써, 너는 중노르시나 해라 이건 모단다 왜그라냐니께 너는 이래서 고장을 어떠게 치냐 이거여, 그게 하고도 월래 안되자너, 목타근 이러케 지면 되는디 에 이건 딱 이케 할라니께 자꾸 노쳐, 근데 이걷또, 계속 하니께 안 노치고 된단 마려, 그래서 내가 지금 제자들한테두 그려, 얌마 나두 이러케 장애자지만 고장을 잘 치는데 느덜 왜 몯배우냐, 이걸루 압세워 가지고 막 강제로 갇지만 게 지금 머 맫시간 뚜드려도, 하루가 아니라 여 이틀 사흘 뚜드려두 그 *****.

문 옛날에는 굿을 하고 나서 보상을 무엇으로 받았나요?

답 아이 그저네는 참 먹구 살기두 대간하구 인자 쌀로두 바꾸 그냥 머 미친군가믄 마라자믄 안태꾼 반두 수입이 안되야, 긍께 목쩍 그 사람 살리기 위해서 댕기는 거지 돈 벌라곤 미친군 안 댕겨.

문 제자 양성에 대해서 말씀해 주십시오

답 이 채기 마니 나가고, 이 책뚜 내가 판매하는걷뚜 아니고 그냥 다 돌려주고, 그람 인자 요기서 느덜 시운거 지그믄 어려우니께 안배우고 안태꾼만 쫌 배우는디 그기 안타까워요, 그래서 내가 항상 그래찌, 니덜 큰 경 큰 법싸 될라면 이걸 다 배워라 근디 지금 애들 요기까정 배끼 안되요 그래서 요걸 안태꾼 할 때 써멍는 거다, 요거 내가 요러케 따로 해서 배우기 조케끔 맨들어 놔찌, 거 여 뒤에 가면 상, 미친구슨 상을 차려라 안태꾸슨 상을 어떠케 차려라 또 고사지내는 건 어떠케 차려라 다 해놔써, 이 설명을 다 뒤다 해놔끼 때무네 이거 한 권 가지믄 법사 충부니 해머글 수 일써.

왜 이걸 핸느냐, 처뻐니 저레서 내가 아주 선배들한테 나 뭐 쫌 갈쳐 줘요. 가마닏거라, 가마닏거라 한다리여 어 이거쫌 뭐 쫌 배워야 게써요 써줘요, 지금잉께 저 불교서저메서 책도 팔고 하지 책도 업썬써, 그런게 인전 순전 듣꾸 기구 따라 댕기면서 그러케해서 배워따고, 그래서 그때 배울때 내가 마라고 핸냐면 일류 법사되면 학원맨드러가지고 무조건 무료로 갈친다, 그걸 아주 공개를 계속 해서, 핸걸 지금 마냐게 학원비를 받는다면 저 지가 그저네 마란건 ******* 그래서 그글 그대루 이서 나간 거여, 하권비도 안바꾸 책두 이거 한번 박는디 그케 도니 마니 드러가는디 마니 이게 만궈니지 만궈니 어딜걷어.

문 이런 일 쉽게 가르쳐 주지 않는걸로 알고 있는데, 신석봉 씨께서 제자들을 자유롭게 받는 이유는 무엇입니까?

답 그건 발쎄 그 사람 하찬케 보고 그 사람 인자 배울찌 안배울찌 그걷뚜 몰르고, 또 자기가 또 능려기 업써, 갈칠께 업으니께 그라는거고, 인제 뜨시 여러가지 읻찌, 자기가 모지래서 몯갈치는 사람두 읻꾸, 자기가 알면서두 저노미 얼마나 배울랑가 그거, 나는 그냥 니덜 하루를 배우던 한달 배우던 내가 해주먼 끄시업써, 긍께 나가튼 사람한테 몯배우먼 그건 어디가서 소용업는겨.

문 죽은 이유가 다르면 넋 건지는 것도 다르다고 하는데 어떻습니까?

답 물론 그려, 넉 건지는 걷두 교통사고나서 주건느냐 목매다라서 주건는냐 에 지바네 불나서 주건느냐 또 참 머가 잘몯되서 찌려서 죽느냐, 여기에 대해서 인자 아라서 해야되고, 인제 무리 빠진건 무리가서 직쩝 너글 건지내야 되구, 그 고통사고 난 건 그자리서 너글 건지야 되

구, 인제 게 넉 받능게 다 틀려, 게 고게 대해서 인제 마라자믄 교통사
고 나서 주걷다믄 그 자리가서 그 거릿제버텀 지내고 질대장군제를 지
내고 그다메는 그 호늘 불러서 너기다 실려서 너글 바드러 오는거구,
또 무레 빠져 주거쓰믄 그 바다가 강이나 용왕제부터 지내구 그 용왕
의 젤 어른인께 용왕제 지내구 이 영호늘 부짭고 읻찌 말고 이 가리와
테 보내달라고 마지해서 그 해원해가지구 그 질서를 아러야돼.

편 스승님에게는 무엇을 배웠습니까?

답 인자 내가 선생이 마너요, 저레 시님한테 고 거기서 경무늘 마니 배운
거고, 불경도 마니 배우고 오년마네 거기서 내려와서 내 신용철한티
독경배우고, 설경 배우고, 고다으메는 저 고기선씨한테 또 고장배우고,
또 구충**씨한테 또 고장 배우고, 또 마지막 김수복씨라구 그부니 고
장인데 대전써 아주 일류야, 그 고장을 누구든지 몯따라오는 그 고장
을 또 그 고장을 내 배워서, 선생이 니신가 다섣인가 되야, 긍게 그 선
배드리 전부 나는 이걸 하지 말구, 중노르시나 하라 그래 철뻐네는 뜨
슬 몰라서, 아 왜 내가 하고시픈데 몯하게 햐, 얘 임마 목타근 아무나
뜨들기, 들구 칠수두 읻는데 너는 인마 이거 이거 부짭고 어떠케 하냐,
그래 내가 해보니께 월래 자꾸 노치자너, 안 씨어머그니께 그때는 심
마리가 업쓰니게 **, 긍게 하먼 된다는 그 뜨시 조은거여, 자꾸 하니께
지금은 맨시간 아니라 매치를 뚜드려두 끄떡업시 할 쑤 이써.

편 내림굿을 받고도 배워야 하는 것이 있습니까?

답 긍게 시니 어디가믄, 아이구 시니 다 경문도 주구, 해주구요 고장도 내
줘써요, 그건 팔씨프로가 그진마리여, 시니 일러준대로 하며는 어디가
이를 몯햐, 고장이 고장이고, 그 법무니 법무니고, 법무늘 누가 경무늘
누가 일러줘 시니, 그 맨마디는 어떠케 하더라두, 맨마디 그까지꺼 한
오부니나 응 십뿐도 몯하지, 그거 일러줘가꼬 머햐, 매치를 하는데, 그
게 난 그래서 그런 말 하라면 속이 뵈야, 그럼 시니 일러준 대로 내아

페서 해보라고, 할 쑤 잇나, 안되는겨.

근디 고장하구, 경무는 내가 노력해서 배우야댜, 시니 그건 안 일러줘, 물론 저마는건 일러주지, 에 저사라믄 어띠타, 이사람 보면 어띠타, 고건 일러주두 고기두 내가 **** 시니 어뜨칸댜, 뭐 어뜨칸댜, 글쎄 일러쥘는디 이 끄시 업써, 긍께 다 뭐 몰햐, 그람 인제 꼬시고 여 설경이고 그걸또 다 시니 일러주걷네, 다 보고 배워야지.

문 절에서는 무엇을 배웠습니까?

답 거기는 인자 마라자면 경이 아니구 불경인데, 천수, 바냐심경, 염뿔, 지장 이런거 전부 저리서 하는 그거 배워찌.

문 절에서 외는 경이랑 무속인들이 외는 경의 차이점은 무엇입니까?

답 달른게 거는 부천니믈 위해서 하는거고, 여는 조상 우해서 하는 거니께 달르지.

2. 조사된 어휘

2.1. 무속인이란?

2.1.1. 무속인

명 민속 용어로서 귀신을 섬겨 길흉을 점치고 굿을 하는 것을 업으로 하는 사람을 이르는 말이다. 무(巫)·무녀(巫女)·무자(巫子)·사무(師巫)·숙무·암무당·여무(女巫)로 불리기도 한다.

[사진 77] 무속인

명 무업에 종사하는 사람 중 여자는 무당, 남자는 박수무당이라고 부르는 것이 일반적이다. 그러나 제보자 송선자는 무당이라는 단어를 꺼리며 보살이나 법사 등으로 불리길 원한다.

2.1.2. 처녀무당

명 결혼하기 전의 여자 무당을 이르는 말이다. 결혼한 여자 무당을 따로 칭하는 호칭은 없다.

2.1.3. 총각무당

명 장가가지 않은 남자 무당을 이르는 말이다. 결혼한 남자 무당을 따로 칭하는 호칭은 없다.

2.1.4. 정각쟁이

명 남자 무당을 이르는 말이다. 굿을 할 때 고장을 친다고 하여 '정각쟁이'라 불렀다고 한다.

2.1.5. 법사

명 굿을 할 때 경을 읽어 독경을 하는 사람을 이르는 말이다.

2.1.6. 보살

몡 굿을 할 때 넋을 받아 그 뜻을 가족들에게 전달하는 사람을 이르는 말이다.

2.1.7. 신아버지

몡 스승의 역할을 하는 무당을 이르는 말이다. 신내림을 시켜준 무당으로, 그 밑에서 내림굿을 받은 무당은 그들을 신아버지 혹은 신어머니라고 모시며 깍듯이 대한다. 내림굿을 시켜준 무당이 남자면 신아버지, 여자면 신어머니라고 부른다.

2.1.8. 신딸

몡 내림굿을 받은 제자 무당을 이르는 말이다. 혈연으로 엮인 관계가 아니라 영적(靈的), 신적(神的)으로 엮인 관계를 말한다.

[사진 78]
송선자 씨의 신딸

2.1.9. 돌팔이

몡 스승에게 무업을 제대로 전수 받지 않아 의례를 잘 하지 못하는 사람을 부르는 말이다. 내림굿을 받아 무당이 되었다고 끝나는 것이 아니라 제의를 행해야 하기 때문에 무당은 제의식 과정을 배워야 한다. 경을 외고, 제의식 과정을 익히는 것을 말한다.

2.2. 제 종류

2.2.1. 사원제

몡 처녀, 총각으로 죽은 억울하게 죽은 사람들을 위한 제(祭)를 말한다. 몽달을 면하기 위해서 시키는 영혼결혼식이다.

2.2.2. 목신제

몡 음력 정월 대보름날 아침에 행하는 풍속의 하나이다. 큰 나무에 가지각색으로 헝겊과 종이를 오려서 걸고 상을 차려 놓은 뒤 제사를 지낸다.

2.2.3. 수신제

몡 음력 정월 대보름날 수신에게 드리는 제사를 말한다. 강이나 둑 근처 마을의 사람들이 물로 인한 재앙을 당하지 않도록 해 달라고 지내는 제사이다.

2.2.4. 용왕제

⟦명⟧ 바다 용왕을 불러 용왕을 위해 올리는 굿을 말한다.

2.2.5. 서낭제

⟦명⟧ 서낭신에게 지내는 제사를 말한다. 마을 입구나 고갯마루, 산록 등의 길가에 위치하며 신앙의 대상이 되는 돌무더기를 흔히 서낭당이라고 하는데 서낭당은 마을 공동체 신앙과 연결되어 있다(<이종철, 박호원(1994)> 참고). 마을의 안녕과 복을 비는 제사이다.

2.2.6. 거리제

⟦명⟧ 음력 정월에 길거리에 있는 장승에게 지내는 제사를 말한다. 제보자 신석봉은 운전자가 사고 없이 운전할 수 있도록 도로에서 지내는 제사라고 말한다.

2.2.7. 가우제

⟦명⟧ 고려·조선 시대, 하지(夏至)가 지나도록 비가 오지 않을 때에 비 오기를 빌던 제사를 말한다. 나라에서나 각 고을 또는 각 마을에서 행하였는데, 제주(祭主)는 왕 또는 지방 관원이나 마을의 장이 맡았다.

2.3. 굿 종류

2.3.1. 해살·

몡 타고난 살을 풀기 위하여 하는 굿을 이르는 말이다. '살풀이'라고도 한다.

2.3.2. 미친굿

몡 환자의 병이 낫기를 비는 굿을 이르는 말이다. 의학적으로 설명할 수 없는 미침증이 일어났을 때 하는 굿으로 주로 귀신이 씌었다고 믿을 때 행하는 굿이다. '병굿'이라고도 한다.

2.3.3. 씻참굿

몡 죽은 이의 영혼을 깨끗이 씻어 주어 이승에서 맺힌 원한을 풀고 극락 왕생하기를 비는 굿을 이르는 말이다. 주로 전라남도에서 행한다.

2.3.4. 당산굿

몡 당산에서 마을을 위하여 제사를 지낼 때에, 농악을 연주하며 노는 굿을 이르는 말이다. '당산경'이라고도 한다.

2.3.5. 터주굿

圐 집터를 지키는 지신(地神)에게 바치는 굿을 이르는 말이다. '터주경', '지신경'이라고도 한다.

2.3.6. 비방굿

圐 남에게 해를 입히기 위해 하는 저주굿을 이르는 말이다. 다른 사람을 죽게 할 수도 있는 비방을 내리는 굿이다. 제보자 신석봉은 비방굿은 해 주는 사람이나, 부탁한 사람이나 모두에게 해를 끼치는 굿이라고 한다.

2.3.7. 안택굿

圐 대전광역시를 비롯한 충청도 일대에서 행해지는, 가정의 평안을 기원하는 굿을 이르는 말이다. 앉은굿은 크게 안택굿과 병굿, 조상 길닦음, 신굿 등으로 나뉜다. 특히 안택굿은 1960년대까지는 많은 가정에서 성행하였는데 음력으로 정월에는 초하루에서 보름 사이에 날을 잡고 시월 상달에는 아무날이나 길일(吉日)을 택하여 행하였다. 주로 가정의 안과태평(安過泰平)과 재수를 여러 신에게 기원한다. 병정, 살푸리, 부부해로굿, 신굿, 미친굿, 앉은굿, 앉은자경 등을 다 안택굿으로 부르기도 한다. 악택경이라고도 한다.

2.3.8. 내림굿

[명] 무병(巫病)을 앓아 신지폈다고 믿는 사람이 무당이 되기 위해 하는 입무(入巫) 의례이다. 강신무들만 행한다. 황해도 지역의 내림굿을 중심으로 살펴보면 허튼굿・내림굿・솟을굿이 포함된다. 이는 강신한 사람의 몸에 들어 있는 허튼귀신, 즉 잡신을 헤쳐버리고 올바른 신들을 몸에 내리게 하여 무당으로 솟아나게 한다는 의미이다.

2.3.9. 신사맞이

[명] 분리된 제자들이 신령님들한테 생일 받기를 하는 굿을 이르는 말이다.

1) 고를 터 놓는다.

[동] 신사맞이의 한 종류로 잘 안된 신사맞이를 풀어주는 굿이다.

2.4. 경 종류

2.4.1. 칠성경

[명] 경 종류 중 하나이다. '칠성'은 북두칠성을 뜻한다.

2.4.2. 우마육경

명 경 종류 중 하나이다.

2.4.3. 우물경

명 경 종류 중 하나이다. 우물에 가서 하는 경이다.

2.4.4. 성조경

명 경 종류 중 하나이다. 집안의 조왕신에게 하는 경이다.

2.4.5. 삼신경

명 경 종류 중 하나이다. 삼신할머니에게 드리는 경이다.

2.4.6. 제석경

명 도가(道家) 경문(經文)의 하나이다. 소경이 외워 읊는다.

2.4.7. 조상경

명 경 종류 중 하나이다. 조상신에게 드리는 경이다.

2.4.8. 옥추팔영

명 경 종류 중 하나이다.

2.4.9. 옥각기문

명 경 종류 중 하나이다.

2.4.10. 축사

명 경 종류 중 하나이다.

2.4.11. 해신

명 경 종류 중 하나이다.

2.4.12. 태을보신경

명 경 종류 중 하나이다. 신석봉 씨는 손님이나 일하는 사람에게 탈이 나지 않게 하는 경이라고 말한다.

2.4.13. 부정경

명 경 종류 중 하나이다.

2.4.14. 조왕경

명 경 종류 중 하나이다.

2.4.15. 단경

명 경 종류 중 하나이다.

2.5. 축원

2.5.1. 산재축원

명 축원 중 하나로, 산신님께 드리는 축원을 이르는 말이다. 산신축원을 하고 나서 방으로 들어간다.

2.5.2. 용왕축원

명 물에 빠져죽은 넋을 건지기 위해 용왕에게 하는 축원을 이르는 말이다. 용왕축원을 해야 물에 빠져죽은 사람의 넋을 건질 수 있다. 용왕축원을 하지 않으면 용왕이 넋을 붙잡고 놓지 않는다고 한다.

2.5.3. 안심축원

명 앉은굿을 할 때, 제일 처음 하는 축원을 이르는 말이다.

2.5.4. 합이축원

명 ‘안심축원’과 함께 앉은굿을 할 때, 제일 처음 하는 축원을 이르는 말이다.

2.5.5. 살제사축원

명 앉은굿의 두 번째 의식으로, 명도 받고 복도 받는 축원이다.

2.5.6. 조상축원

[명] 앉은굿의 마지막 의식으로, 조상의 복을 비는 축원이다.

2.5.7. 안택축원

[명] 집안의 복을 빌어주는 축원을 이르는 말이다. '가택축원'이라고도 한다.

2.5.8. 독경

[명] 굿할 때 비는 축원을 이르는 말이다.

[사진 79]
송선자 씨 독경 모습

2.6. 귀신 종류

2.6.1. 귀신

명 죽은 사람의 혼령 또는 눈에 보이지 않으면서 인간에게 화복(禍福)을 내려준다고 하는 정령을 가리키는 말이다.

1) 청춘귀

명 청춘에 죽은 영혼을 이르는 말이다. 객사나, 나가서 목을 매서 죽었다든지, 약을 먹었다든지, 기차에 치여 죽었다든지, 교통사고 나서 죽은 귀신들이다. 즉 젊어서 시집장가도 못가보고 비명에 죽은 귀신들을 말한다.

2) 몽달귀

명 총각이 죽어서 된 귀신을 말한다. 도령귀신, 도령신, 몽달귀신이라고도 한다.

3) 수살귀

명 물에 빠져 죽은 귀신을 말한다.

4) 해살귀

명 불에 타 죽은 귀신을 말한다.

5) 해산귀

㈅ 아기 낳다 죽은 귀신을 말한다.

6) 객귀객신

㈅ 잔치나 제를 올리는 해당 귀신이 아니라 따라 오는 다른 잡귀신을 말한다. '잡귀잡신', '이매망향'이라고도 한다.

7) 열두사자

㈅ 저승사자를 말한다. 열두 명의 저승사자이다.

8) 뜬귀

㈅ 떠돌아다니는 못된 귀신을 말한다. '등신', '뜬귀신', '부귀'(浮鬼), '부행신'이라고도 한다.

9) 집안귀신

㈅ 집안에 있는 귀신을 말한다.

10) 사귀

㈅ 죽은 모든 귀신을 말한다.

11) 태인경을 못 다 살고 태인복을 못 다 받고 죽은 귀신

㈅ 자신의 명을 제대로 못 마치고 죽은 귀신을 말한다. 태어날 때 받은 명

대로 못 다 살고 죽은 귀신이다.

2.6.2. 도깨비

몡 동물이나 사람의 형상을 한 잡된 귀신의 하나를 말한다. 비상한 힘과
재주를 가지고 있어 사람을 홀리기도 하고 짓궂은 장난이나 심술궂은 짓
을 많이 한다고 한다.

1) 암도깨비
몡 여자 도깨비를 말한다. '각시도깨비'라고도 한다.

2) 숫도깨비
몡 남자 도깨비를 말한다.

2.6.3. 단귀신

몡 몸 안에 돌아다니는 계란크기의 귀신을 말한다.

1) 홍단
몡 단귀신의 한 종류로 붉은색 귀신을 말한다.

2) 백단

명 단귀신의 한 종류로 백색 귀신을 말한다.

2.7. 신(神) 종류

2.7.1. 내명

명 신 이름이다.

2.7.2. 소고

명 신 이름이다.

2.7.3. 백마신장

명 신 이름이다.

2.7.4. 좌부좌충

명 신 이름이다.

2.7.5. 관원장군

명 신 이름이다.

2.7.6. 우부우총

명 신 이름이다.

2.7.7. 마원장군

명 신 이름이다.

2.7.8. 풍도황건

명 신 이름이다.

2.7.9. 역사신장

명 신 이름이다.

2.7.10. 조왕신

명 부엌을 맡는다는 신을 말한다. 늘 부엌에 있으면서 모든 길흉을 판단한다고 한다. 부뚜막신, 조신(竈神), 조왕대감, 조왕대신, 조왕신, 조왕할머니, 화신(火神)이라고도 한다.

2.7.11. 옥황상제

명 흔히 도가(道家)에서, '하느님'을 이르는 말이다. 무속에서 가장 높은 자리에 있는 신이다.

2.7.12. 칠성

명 신 이름이다. '북두칠성'을 가리킨다.

2.7.13. 산신

명 산을 지키고 다스리는 신이다. 산의 우두머리이다.

2.7.14. 용왕

명 바다에 살며 비와 물을 맡고 불법을 수호하는 용 가운데의 임금을 말한다.

2.7.15. 선관도사

명 신 이름이다.

2.7.16. 산신도사

명 신 이름이다.

2.7.17. 선녀

명 선경(仙境)에 산다는 여자를 말한다.

2.7.18. 대신

명 신 이름이다.

2.7.19. 장군신

명 옥추팔영에 나오는 신장을 말한다. '장군신'이라고도 한다.

2.7.20. 동자신

명 애기신명(神明=영혼)을 말한다. 즉 일찍 죽은 어린아이의 영혼이다.

2.7.21. 대감신

명 신 이름이다. 욕심이 많아 제물을 탐한다.

2.7.22. 오방신장

명 신 이름이다.

2.7.23. 도술장군

명 도술을 부리는 신 이름이다.

2.7.24. 번개장군

명 번개를 내리는 신 이름이다.

2.7.25. 천존신장

명 재수고깔 쓰고, 수염이 난 신 이름이다.

2.7.26. 대장군

명 음양가에서 모시는 팔장신(八將神)의 하나이다. 이 방위에서는 만사를
꺼린다.

2.7.27. 십대왕

명 저승에서 죽은 사람을 재판하는 열 명의 대왕이다. 진광대왕을 말한다.
초강대왕, 송제대왕, 오관대왕, 염라대왕, 변성대왕, 태산대왕, 평등대왕,
도시대왕, 오도 전륜대왕이다. 죽은 날부터 49일까지는 7일마다, 그 뒤에
는 백일 · 소상(小祥) · 대상(大祥) 때에 차례로 이들에 의하여 심판을 받는
다고 한다.

2.7.28. 성조

명 가정에서 모시는 신의 하나이다. 집의 건물을 수호하며, 가신(家神) 가
운데 맨 윗자리를 차지한다. 상량신(上樑神) · 성조(成造) · 성주대신이라고
도 한다.

2.7.29. 영동할머니

명 음력 2월 초하룻날인 영등날에 하늘에서 내려온다는 할머니를 말한다. 집집마다 다니면서 농촌의 실정을 조사하고 2월 스무날에 하늘로 올라가는데, 바람을 다스린다고 한다.

2.8. 굿 재료

2.8.1. 꽃

1) 해당화

명 제의식에 쓰이는 붉은 종이꽃이다.

[사진 80] 꽃

(1) 혼신꽃

명 해당화 가운데 하나로 보라색 꽃이다.

(2) 조상꽃

명 해당화 가운데 하나로 노란색 꽃이다.

(3) 산신꽃

명 해당화 가운데 하나로 빨간색 꽃이다.

(4) 별산꽃

명 해당화 가운데 하나로 진분홍색 꽃이다.

(5) 동자꽃

명 해당화 가운데 하나로 분홍색 꽃이다.

2) 불당화

⊗ 제상에 올라가는 꽃이다.

2.8.2. 설경

⊗ 굿을 지낼 때 종이를 오려서 모양을 내는 종이 부적을 이르는 말이다.

1) 대설경

⊗ 옥추팔알경(옥추팔영)에 근거해 장군신장이 들어가며 전문가가 제작한 설경을 이르는 말이다. 크기가 크다.

2) 소설경

⊗ 법사들이 문종이 하나에 의미가 있는 것을 판 작은 종이 부적을 이르는 말이다.

[사진 81] 대설경

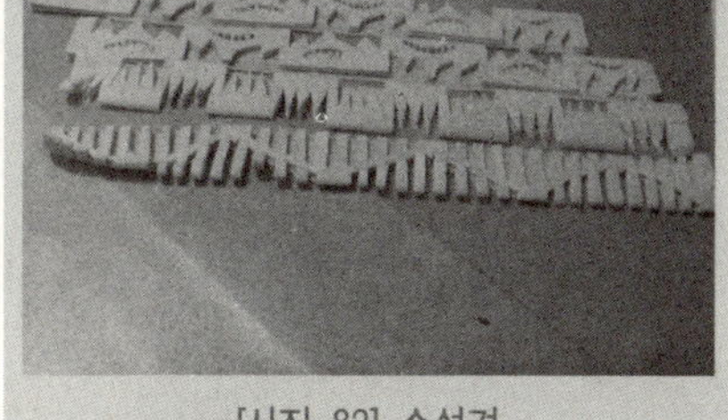

[사진 82] 소설경

2.8.3. 대

1) 넋대

⬜명 흰 종이로 사람 형상을 만들어서 쌀 등에 꽂아 놓는 나무 막대기를 이르는 말이다. 넋이 앉는 대라고 해서 넋대라고 부른다.

2) 천존신장

⬜명 신(神)을 이르는 말이다. 굿을 할 때 종이로 신(神) 모양을 만들어 놓은 것을 말한다. 문종이로 신(神)의 형상을 만들어서 나무 막대기에 고정시켜 놓는다.

3) 사귓대

⬜명 처녀 총각의 형신을 이르는 말이다. 귀신을 가두기 위한 대를 말하기도 한다. '사귀대'라고도 한다.

[사진 83] 사귓대

4) 허수아비

⬜명 신(神) 모양의 종이 인형 대를 말한다.

5) 동잣대

⬜명 죽은 아기 귀신이 실리는 대를 말한다.

　(1) 동자치마

⬜명 동잣대의 밑부분을 말한다. 치마처럼 아래가 퍼져 있다.

2.8.4. 기타 재료

1) 돈

명 '살세우기' 의식이 끝난 후, 수고한 사람에게 나누어 주는 돈을 말한다.

2) 경면주사

명 부적이나 설경을 칠할 때 쓰는 붉은 색의 물감을 이르는 말이다. 경면주사약을 쓰기 전에는 물감이나 황토흙을 썼다.

3) 화상

명 굿을 신청한 당주의 얼굴을 그려 넣은 한지를 말한다. 한지의 양쪽에 막대를 연결해서 펴 놓는다. 주로 당주가 굿에 참여하지 못할 때 쓰인다.

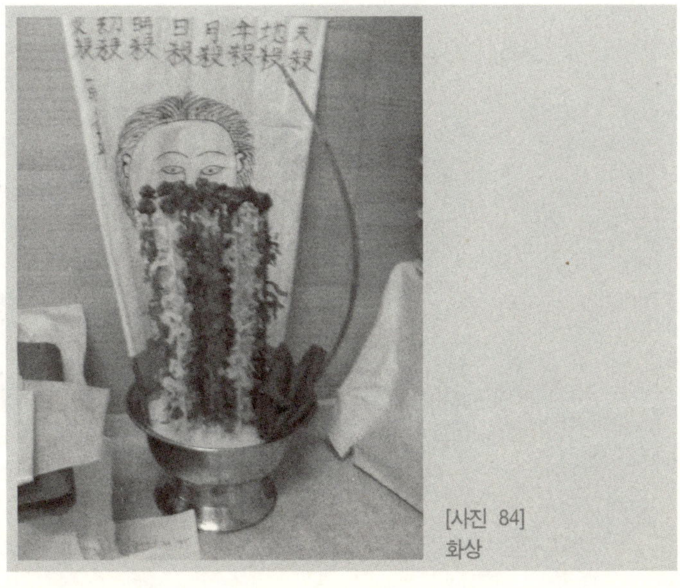

[사진 84]
화상

4) 백마피

명 옛날에 제의식에 쓰이던 피를 말한다. 쉽게 구할 수 없는 것이기 때문에 궁궐이나 큰 의식에 쓰였다. 경면주사약 대신 사용하기도 했다.

5) 48장

명 진법을 말한다.

6) 청수

명 제사상 위에 올리는 깨끗한 물을 말한다. '옥수'라고도 한다.

7) 열두 등

명 저승 가는 길을 밝혀주는 등을 말한다.

[사진 85]
열두 등

2.9. 제물

2.9.1. 음식

1) 떡

圐 제상에 올리는 제물 중 하나이다. 재수굿을 할 때는 절편, 송편, 인절미, 가래떡을 쓰고, 미친굿을 할 때는 팥고물떡, 시루떡이 들어간다. 안택굿을 할 때는 여러 종류의 떡을 다 쓴다.

(1) 수수팥떡

圐 살풀이 의식을 치를 때 쓰는 떡이다. 팥떡이 살을 풀어준다고 믿는다.

(2) 고사떡

圐 재수굿 할 때 올리는 떡이다.

(3) 빈대떡

圐 제상에 올리는 떡이다. 파는 넣지 않는 것이 원칙이다.

(4) 도신떡

圐 집굿(안택굿) 할 때 쓰는 떡이다.

(5) 성주떡

圐 성주굿 할 때 쓰는 떡이다.

(6) 재수떡

圐 재수굿 할 때 쓰는 떡이다.

(7) 대감모시떡

몡 대감(대감귀신)에게 바치는 떡이다.

2) 미나리

몡 내림굿할 때 젯상에 올려놓는 재료 중 하나이다. 내림굿 받는 제자가 잘되라는 의미이다. '오이'도 같은 의미로 쓰인다.

3) 당근

몡 빨간색의 당근을 제사상에 올려다 놓으면 부정을 타지 않는다는 속설이 있다.

4) 삼색실과

몡 제사 지낼 때, 상에 올려놓는 세 가지 과실이다. 밤 · 대추 · 잣 또는 밤 · 대추 · 감을 이른다.

5) 닭고기

몡 부정을 탄다고 하여 제사상에 올리지 않는 음식 중 하나이다.

6) 개고기

몡 부정을 탄다고 하여 제사상에 올리지 않는 음식 중 하나이다.

7) 산자

명 찹쌀가루를 반죽하여 납작하게 만들어 말린 것을 기름에 튀기고 꿀을 바른 후 그 앞뒤에 튀긴 밥풀이나 깨를 붙여 만든 유밀과의 하나이다. 흰색과 붉은색의 것이 보통이며, 제물(祭物)에도 쓴다.

8) 탕

명 제사에 쓰는, 건더기가 많고 국물이 적은 국을 말한다. 소탕, 어탕, 육탕 따위가 있다. '탕국'이라고도 한다.

9) 술

명 제사상에 올리는 술이다. 조상이 좋아하는 종류의 술을 올리면 된다.

10) 명태

명 재수를 끌어 들이기 위해 올려놓는 제물 중 하나이다.

11) 장군밥

명 사슬 세울 때 삼지창을 얹는 그릇에 담는 쌀밥을 이르는 말이다.

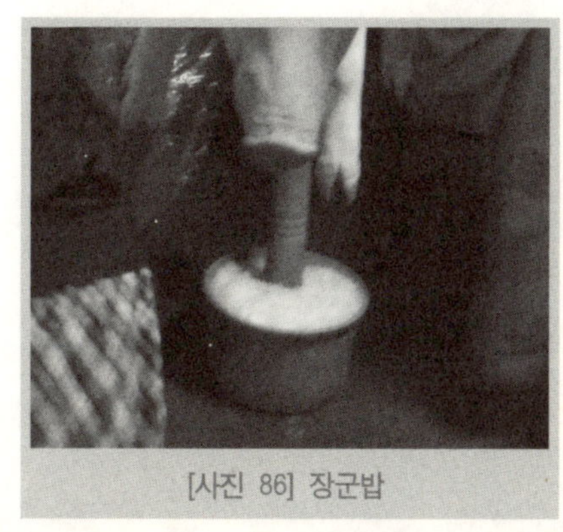

[사진 86] 장군밥

2.9.2. 기타 제물

1) 속옷

명 제의식을 치를 때 가져다 쓰는 당주의 분신을 말한다. 단, 이때 쓰는 속옷은 하루 정도 당주가 착용한 속옷을 쓴다. 여자는 브래지어, 남자는 팬티를 사용한다.

2) 복숭아 나무

명 제사 지낼 때 귀신이 싫어한다고 하여 올리지 않는 제물 중 하나이다.

3) 뒷돈

명 굿 의식비 말고 제의식 중간 중간에 굿을 청한 '당주'가 신전에 바치거나 올려놓는 돈을 말한다.

2.10. 굿 도구

2.10.1. 소나무

명 사원제를 지낼 때 여자 역할을 한다. 혼례도 치르지 못하고 죽은 혼신을 위로하는 영혼결혼식을 치를 때 사용한다. 소나무와 함께 솔잎을 사용하는데 이것은 굳은 절개를 상징한다.

2.10.2. 대나무

명 사원제를 지낼 때 남자 역할을 한다. 혼례도 치르지 못하고 죽은 혼신을 위로하는 영혼결혼식을 치를 때 사용한다. 대나무와 함께 댓잎을 사용하는데 이것은 남성의 곧은 의지를 나타낸다.

2.10.3. 무성조

명 성조가 사방으로 막힌 것을 말한다. 나이 오십 이상은 무성조, 오십 이하는 꽃성조를 받는다.

2.10.4. 체

명 길닦이 할 때 죽은 영혼이 무엇으로 환생했는지 알아보기 위해 밀가루를 뿌려 놓는 도구이다. 쌀을 사용하기도 하는데 밀가루가 선명하게 찍히기 때문에 밀가루를 더 선호한다. 신석봉 씨는 이것에 찍힌 발자국에 따라 어떤 것으로 환생 했는지 알 수 있다고 하는데, 새로 환생했으면 새 발자국, 소로 환생했으면 소 발자국이 찍힌다고 한다. 전생에 죄를 많이 지었으면 뱀이 기어나간 자국이 남고 사람으로 환생했으면 애기 발자국이 찍힌다.

2.10.5. 호박

명 해살 할 때 귀신을 가두는 도구이다. 늙은 호박이나 병 등을 쓰기도 한다. 인간을 못살게 괴롭히는 귀신을 감언이설로 설득하여 호박이나 병 속에 가두는데 기신을 가둔 호박이나 병은 땅속에 파묻어 버린다.

2.10.6. 유리병

명 해살 할 때 귀신을 가두는 도구이다. 유리병이 나오고 부터는 호박대신 유리병을 많이 쓴다고 한다. 유리병에 귀신을 가둔 후, 병 입구를 불에 달군 다음에 실로 묶는다.

2.10.7. 꽃성주

명 한지로 만든 하얀 배꽃 모양의 성주이다.

2.10.8. 봉지성주

명 문종이로 만든 성주이다.

2.10.9. 신장도

명 칼이다. 성주를 모셨냐고 물으면 신장도에 실린 신장이 장소를 찍는다.

2.10.19. 퇴줏그릇

명 퇴주(제사를 지낼 때에, 초헌(初獻)과 아헌(亞獻)으로 올린 술을 물리는 것)를 담는 그릇을 말한다.

2.10.20. 설경판

명 설경을 뜰 때 쓰는 나무판을 이르는 말이다. 특별한 나무판을 사용하는 것은 아니고 주방에서 쓰는 큰 도마 같은 것을 사용한다.

[사진 87]
설경판과 설경도

2.10.21. 설경도

명 설경을 뜰 때 쓰는 칼을 이르는 말이다. 약 아홉 가지 종류가 있다.

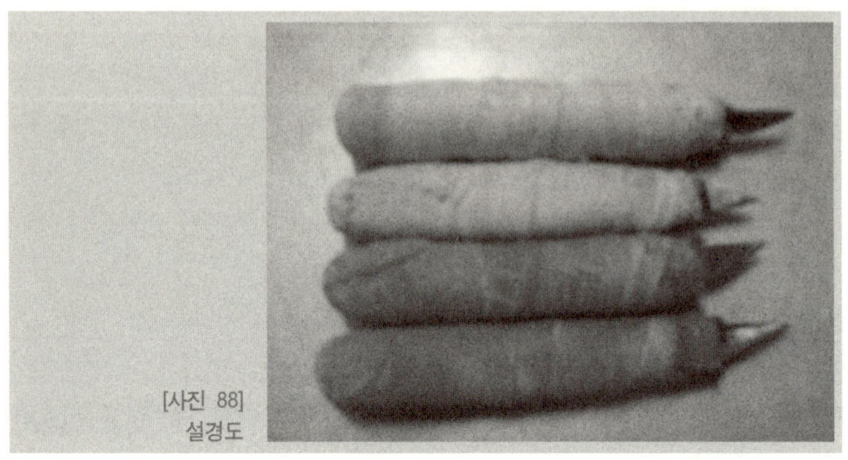

[사진 88]
설경도

2.10.22. 신장

명 무당이 신장(神將)을 내릴 때에 쓰는 막대기나 나뭇가지를 말한다. '신대'라고도 한다.

2.10.23. 사고지

명 습자를 하거나 고사를 지낼 때에 쓰는 작은 백지를 이르는 말이다. 보통의 한지보다 더 얇다.

2.10.24. 내전상

명 제를 지낼 때 음식을 차려 놓는 상을 이르는 말이다. '뒷상'이라고도 한다.

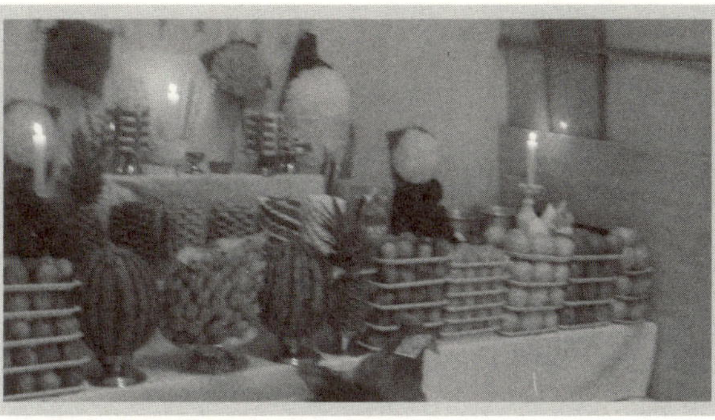

[사진 89]
내전상

2.10.25. 오방기

[명] 무녀가 기도를 하기 위한 단(壇)을 설치할 때 쓰는 기를 이르는 말이다. 오방기와 28 장군기(將軍旗)가 있다. 노란색은 조상기, 빨간 기는 산신기, 하얀기는 제석(명주고, 복주는 신)기, 남기는 답답할 때 뽑히는 기이다.

2.10.26. 악기

1) 꽹과리

[명] 굿 할 때 쓰는 악기이다. 귀신을 쫓는 구실을 한다.

2) 북

[명] 굿 할 때 쓰는 악기이다. 귀신을 청하는 구실을 한다.

3) 장고

명 굿 할 때 쓰는 악기이다.

4) 징

명 굿 할 때 쓰는 악기이다. 무당의 흥을 돋우는 구실을 한다.

5) 바라

명 굿 할 때 쓰는 악기이다. 무당의 흥을 돋우는 구실을 한다.

2.11. 굿 행위

2.11.1. 의식 행위

1) 길닦이

명 조상들이 저승에 잘 가도록 길을 열어주는 행위이다. 저승에 못가고 이승에서 떠도는 영혼을 저승으로 인도하는 행위이다.

[사진 90] 길닦이

2) 뒷풀이

명 의식이 이루어지는 방에 못 들어오는 귀신들을 위한 굿이다. 본 굿이 끝난 후에 행한다.

3) 열두 달 액풀이

[명] 열두 달 좋거나 나쁜 액운을 푸는 굿이다. 보통 정월달에 액풀이를 많이 한다.

4) 대수대명

[명] 재액을 남에게 옮기거나 남의 재액을 자기가 맡는 행위를 이르는 말이다.

5) 신장가림

[명] 무당이 신장을 내릴 때 쓰는 나뭇가지를 가지고 의식을 치르는 것을 이르는 말이다. 사방의 잡귀나 악신을 몰아낸다. '성조대가림'이라고도 한다.

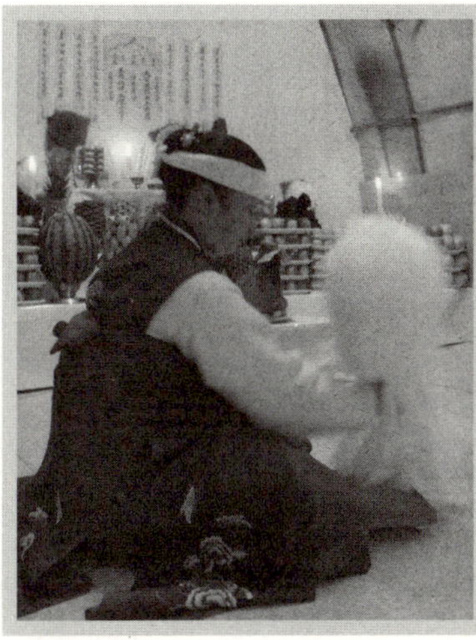

[사진 91]
신장가림

6) 삼재풀이

[명] 고사 염불의 하나이다. 삼재를 막기 위한 염불이다.

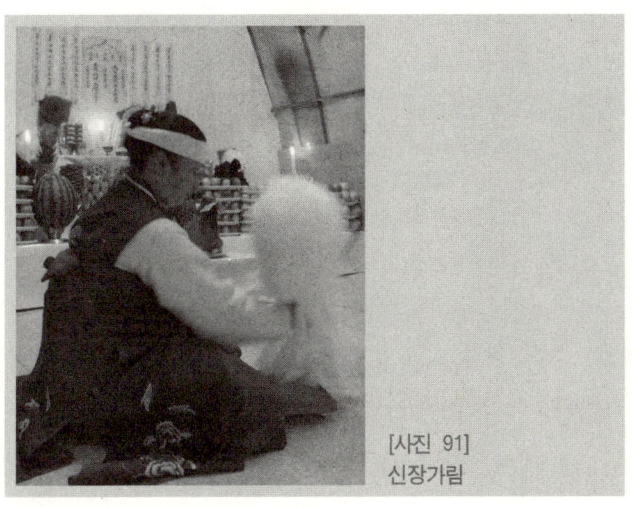

7) 살세우기

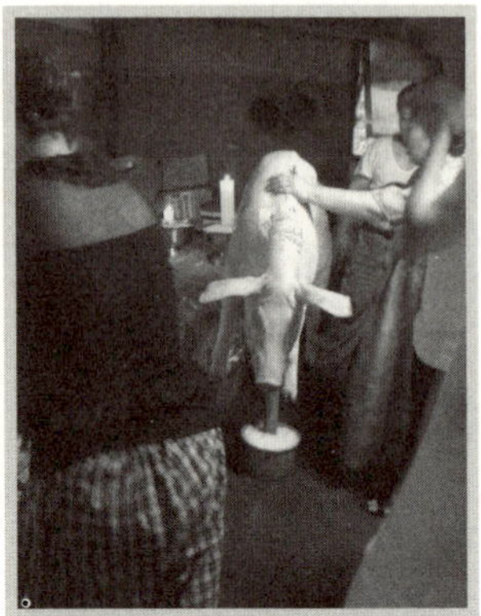
[사진 92] 살세우기

[명] 죽은 돼지 한 마리를 삼지창에 꽂아 놓은 뒤, 밑에 밥을 지어 삼지창을 박아 놓는 것을 말한다. 무당이 주문을 읊어 돼지를 세우는 행위이다. 돼지가 잘 서야 그 날의 굿이 잘 되었다고 할 수 있다. 돼지가 삼지창 위에 서 있다가 넘어지면 당주가 그 돼지를 두 팔로 받아 안아야 복이 전해진다고 믿는다.

8) 일문일답

[명] 신에게 한번 묻고, 한번 답하는 행위를 말한다.

9) 넋 건지다

[동] 물에 빠져 죽었거나, 교통사고 난 사람의 넋을 받아서 천도하는 행위이다. 그 죽은 장소에 가서 혼신을 건져 저승으로 천도한다.

10) 불화전

[명] 미친굿을 할 때, 미침증을 앓고 있는 사람을 마당에 놓고 불로 액운을 때어내는 행위를 말한다. 불화전은 독경하여도 귀신이 잘 떨어져 나가지 않을 때 하는 마지막 방도이다.

11) 외작두타기

[명] 날이 하나인 작두를 타는 행위를 말한다.

12) 쌍작두타기

명 날이 둘인 작두를 타는 행위를 말한다.

13) 사자거리

명 지노귀새남에 하는 굿거리의 하나이다. 무당이 저승사자가 되어 죽은 사람의 혼을 잡아가려고 행하는 의식이다. 서울에서는 사리거리, 사자풀이, 사자놀림이라고도 한다. 충청도에서는 신장가림, 조상가림, 대강가림이라고 한다.

2.11.2. 기타 행위

1) 고장

명 굿을 할 때 치는 악기를 말한다.

[사진 93]
고장

2) 봉수

명 삼가 받음을 뜻한다.

3) 진설

명 제사나 잔치 때, 음식을 법식에 따라 상 위에 차려 놓는 것을 이르는 말이다.

4) 치성

명 굿 할 때 있는 정성을 다하여 비는 행위를 이르는 말이다.

5) 가림

명 굿의 결과를 보는 행위를 이르는 말이다. 그 날 굿을 조상이 잘 받았나 못 받았나를 보는 것을 말한다.

6) 접신

명 사람에게 신이 내려서 서로 영(靈)이 통한다는 뜻이다. 또는 그렇게 하는 행위를 말한다.

7) 공수

명 무당에게 신(神)이 내려 신의 소리를 내는 일을 이르는 말이다. 무당이 죽은 사람의 넋이 하는 말이라고 전하는 말이다.

2.12. 부적 종류

2.12.1. 옥갑부적

명 부적 종류 중 하나이다.

2.12.2. 팔문금쇄진

명 부적 종류 중 하나이다.

[사진 94] 부적

2.13. 살(煞) 종류

2.13.1. 악살

명 사람을 해치거나 물건을 깨뜨리는 모질고 독한 귀신의 기운 중에 제일 나쁜 기운이다. 천살, 천해, 천파, 천보 등이 있다.

2.13.2. 상충살

명 남녀 사이에 서로 맞지 않고 어긋나는 살을 이르는 말이다. 이것이 끼어 있으면 부부금슬이 좋지 않기 때문에 결혼 전에 반드시 풀어주어야 한다.

2.13.3. 원진살

몡 부부간에 까닭도 없이 서로 미워하는 한때의 기운을 이르는 말이다. 궁합에서 서로 꺼리는 살이다. 쥐띠와 양띠, 소띠와 말띠, 범띠와 닭띠, 토끼띠와 원숭이띠, 용띠와 돼지띠, 뱀띠와 개띠는 서로 꺼린다고 한다.

2.13.4. 상문살

몡 사람이 죽은 방위(方位)로부터 퍼진다는 살이다. 사람이 죽은 일로 일어난 살을 말한다.

2.13.5. 천파(천액)

몡 사람이 태어 날 때부터 타고나는 살이다.

2.14. 해원

몡 원통한 마음을 푸는 것을 이르는 말이다.

2.14.1. 청소해원

몡 해원의 한 종류이다.

2.14.2. 육갑해원

몡 해원의 한 종류이다.

2.14.3. 해신해원

몡 해원의 한 종류이다.

2.15. 굿 용어

2.15.1. 동투

몡 땅, 돌, 나무 따위를 잘못 건드려 지신(地神)을 화나게 하여 재앙을 받는 일, 또는 그 재앙을 이르는 말이다. 건드려서는 안 될 것을 공연히 건드려서 스스로 걱정이나 해를 입는 것, 또는 그 걱정이나 피해를 비유적으로 이르는 말이다.

1) 쇠동투
몡 쇠를 잘 못 건드려서 해를 입는 재앙을 말한다.

2) 흙동투
몡 흙을 잘 못 건드려서 해를 입는 재앙을 말한다.

3) 독동투

명 독을 잘 못 건드려서 해를 입는 재앙을 말한다.

4) 무색동투

명 동투의 종류 중 하나이다.

2.15.2. 탈이 안 붙는다

동 미친굿을 구경해도 병이 붙지 않게 한다, 탈나지 않게 한다라는 뜻이다.

2.15.3. 강이 온다

동 신이 내린다, 신이 온다라는 뜻이다.

2.15.4. 성주 받다

동 재수가 없으니 재수를 불러오는 재숫굿을 하라는 뜻이다.

2.15.5. 떡 해먹다

동 '굿을 하다'라는 다른 말이다.

2.15.6. 머리 깍다

통 무당이 되는 것을 이르는 말이다.

2.15.7. 뒤집히다

통 굿을 잘 못하면 일을 망치게 된다는 뜻이다.

2.15.8. 삼신이 떳다

통 아이를 낳지 못하는 경우 그 집안에 삼신이 떳다고 한다. 즉 삼신이 노해서 그 집안에 들어오지 않았다는 말이다.

2.15.9. 산이 우는 날

명 좋은 날을 뜻한다.

2.15.10. 설경 뜬다

통 설경을 판다는 뜻이다.

2.15.11. 굿 덕을 본다

동 굿이 잘되어 소원성취를 한 것을 말한다.

2.15.12. 삼살방

명 세살(歲煞), 겁살(劫煞), 재살(災煞)이 낀 불길한 방위를 말한다.

2.15.13. 월패

명 각 신장들을 그려 넣은 것을 말한다.

2.15.14. 팔진도

명 진법이다. 귀신이 들어오지 못하도록 치는 것이 진법이다.

2.15.15. 청

명 경문 읽을 때의 목소리를 말한다.

2.15.16. 문서

명 경문이다.

2.15.17. 생기

명 좋은 날의 운수를 뜻한다. '생기 복동날'이라고도 한다.

2.15.18. 하회

명 어떤 기준보다 밑돈다는 말이다.

2.15.19. 복동

명 복이 들어오란 의미이다. '하회 복동날'이라고도 한다.

2.15.20. 호랑이

명 산신의 심부름꾼을 말한다.

2.15.21. 유병자

명 미친굿할 때 아픈 환자를 말한다.

2.15.22. 유리국

명 귀신을 가두는 곳이다. 유리병에 가둘 때 귀신에게 취직시켜준다고 하며 꾈 때 하는 말이다.

2.15.23. 금나라

명 귀신을 가두는 곳이다. 호박에 가둘 때 호박이 노랗기 때문에 그 속에 금은보화가 많다고 꾄다.

2.15.24. 연폭

명 피륙, 종이, 널빤지 따위의 조각을 너비로 마주 이어서 붙인다. 또는 그렇게 이어진 폭을 말한다.

2.15.25. 바느질밥

명 설경 종이 이을 때 남겨 놓는 부분을 이르는 말이다.

2.15.26. 한커리

명 설경 한 세트를 말한다.

2.15.27. 서두

명 종이 사면의 끝을 잘라 정리한 물건을 말한다.

2.15.28. 축귀

명 잡귀를 쫓는 행위를 말한다.

2.15.29. 서쪽

명 삼사 대장군이 껴 있는 방위를 말한다.

2.15.30. 꽃방석

명 설경 가운데 임금님과 기생이 앉아 노는 부분을 말한다. 설경에서 가
장 화려한 부분이라고 할 수 있다.

2.16. 개념

2.16.1. 서낭

몡 서낭신이 붙어 있다는 나무를 말한다. 서낭신을 '서낭할머니', '서낭귀신'이라고도 한다.

2.16.2. 사자

몡 죽은 사람의 혼을 저승으로 잡아간다는 귀신을 말한다.

2.16.3. 혼신

몡 영혼과 정신을 아울러 이르는 말이다.

2.16.4. 열두대문

몡 저승 갈 때 지나야 하는 열두 개의 대문을 말한다.

2.16.5. 구설

몡 시비하거나 헐뜯는 말을 뜻한다.

2.16.6. 연화세계

명 불교에서 더없이 안락해서 아무 걱정이 없는 경우와 처지를 말한다. 또는 그런 장소, 즉 극락을 말한다.

2.16.7. 당주

명 굿을 해달라고 청하러 오는 사람을 이르는 말이다. 서울에서는 '제갓집'이라고 한다.

2.16.8. 영

명 신령이다. 점을 칠 때 영과 철학을 모두 사용한다.

2.16.9. 영가

명 죽은 사람의 넋을 이르는 말이다.

2.16.10. 영실

명 영(영혼)이 실리는 행위를 이르는 말이다. '신명'이라고도 한다.

2.16.11. 직성

명 사람의 나이에 따라 그 운명을 맡고 있는 아홉 별을 말한다. 제웅직성, 토직성, 수직성, 금직성, 일직성, 화직성, 계도직성, 월직성, 목직성으로 남자는 열 살에 제웅직성이 들기 시작하고, 여자는 열한 살에 목직성이 들기 시작하여 차례로 돌아간다고 한다.

2.16.12. 경문

명 점술에서, 팔문(八門)의 하나이다. 구궁(九宮)의 하나인 화성(火星)이 본자리가 되는 길한 문이다.

2.16.13. 성주

명 남자 대주(남자 당주)를 말한다.

2.17. 굿장소

2.17.1. 굿당

명 무당이 신을 모시고 굿을 하는 당집을 이르는 말이다.

제6장 단청장의 말

1. 생애 구술

문 태생지는 어디십니까?

답 어, 대구에서 태어나, 대구 어.

문 생년월일은 어떻게 되십니까?

답 천구백 사십 팔년 팔월, 음력그로 팔월 이십유일 내생일인데요, 며칠 지나쓰니다, 생일이.

문 연세가 어떻게 되십니까?

답 정화카게 인제 육십, 이쪽 나이론 육십 하나가 드러가는거고, 육시비 육십입니다. 쥐떱니다, 무자생.

문 학력은 어떻게 되십니까?

답 이제 그때만 해도 저 대구 범오동이란, 지그믄 가면 머 도시가 되어가지고 아주 지금 잘 되어 이쓰니다, 그때 머 그 범오동이란데서 대구의 대신동이란 학교까지 다닐라면 이게 차가 잘 업쓰니간요, 거러다녀야

되는데 내가 지금 생각하기는 상당한, 상당한 거리예요, 상당한 거리예요, 그런게 인제 애로가 이써떤거 같구요 다니는데, 그외에는 머 특벼란 학교다니면서 머 어려운건 업써꼬요, 그 저레서 내다보면 대구 시내가 다 보이거든요, 그러니깐 수성 들파늘 지나서 학교를 가서, 초등학교 시절 그래꼬, 중학교는 인제 그 불교 계통의 능인 중학교 이런데를 다녀써요, 불교 계통의, 불표 계통이 다니다 보니깐 또 거서도 의시글 하자나요, 그때만해도 마하바냐바라밀단 그걸 다 외어야지 또 교학 점순가 머 그걸 주니까 학교 다닐때 특벼란 **나 이런건 업써써요

[문] 성장지는 어디셨습니까?

[답] 그러쵸 저는, 옌나레 그러차나요, 할머니 할아버지랑 오래 사라써요, 가치 마니 이 써써요, 그러고 내가 똑똑하다고 저리 이따 보니께는 내가 목탁도 잘 쳐써요 이 러케, 그 요만한게 한 네 살, 다섯 살이 목탁 치면 얼마나 귀여워요, 머 그때 전통 승 보근 안 이필지만 온 뿌야케 이펴가지고 요래 목탁 똑똑똑똑 치면 요러케 보면 딱 따라 절한다 이 러케, 얼마나 할머니드리 절하자나요, 막 신기하고 그러다보면 나도 모르게 하는거야 막 이러케, 막 뭐 걸청걸청 지신걸청 난방하주지 막 이러케 하 며는 막 보며는 할머니드리 조타고 막 더하라 그러고 막 난리를 치드라고, 그런게 지금 기어기 나는 거예요, 그래서 조부모님 하고 쭉, 부모니믄 이제 시내에 계셔쓰니까 그 지금 생각나는게, 나는 사네 이써짜나요, 산, 대구로 말하자면 지금 범오동인데 지 그믄 딱 차찌만

[문] 부모님은 어떤 분이셨습니까?

[답] 우리 하라버지, 아버지의 아버지께서, 머 나도 정화카게 뭘 하셜는지는 잘 모르게써요.

외가가 아니고, 대구 시내에 부모님드리 계셔꼬, 어 대구 범오동이란 저레 계셜는데 그냥 거기 월래 할머니가 이쁘다고 키우잔요, 그런데 우리 할머니 할아버지 부득 나를 제일 이뻐해써요, 이뻐하고 데리고

이쓰시다고, 옌나레는 그러차나요 여자가 초론날 보러 나가써도 먼저 안드러가자나요, 전화도 먼저 여자한테 오면 재수업따고 옌나레는 그래써요, 그러니깐 나는 그런 용으로 마니 쓰여써요, 아침 초하룬나레 도니가 먼저 가야된다, 머 인제 거의 고모지베 니가 먼저 가라, 누가 오기저네 니가 먼저 가라, 아 저레 그냥 거 거서 이쓰니까 할머니 하라버지가 안안 그냥 데리고 이쓸라고 안 노으니까 머 그런 계기로 이써떤, 시내 환경이 머 그러케 여라칸건 아닌데 머 안보내줘쓰니 몰가고, 또 그러니깐 부모님드리 와서 일도 도와주고 내려가시며는 나 몰래 도망가고, 인제 나 딴데 정신 팔려 이쓸때저 가면 업써서 처다보면 저 산 미테 가는 거예요, 그래 나 떠어갈라먼 어리니까, 지그믄 멸 거름이면 뛰어가지만 저 멀리 가 잇는거예요, 그러면 할머니가 그러는 거예요, 어린나이에 우리 할머니가 요글 잘썬나봐요, 막 욕도 핸데요, 어디가냐 그러고, 막 그런 기억이.

문 조부모님은 어떤 분이셨습니까?

답 조부모님요? 그래 그거시 내가 얘기해뜨시 내가 보기에는 무슨 장사를 하신거 가튼데 내가 그걸, 나도 지금 그걸 모르게써요, 우리가 왕소니거든요, 그러니까 전주 이가 효령대군 파예요.

문 선생님은 형제자매분이 있으십니까?

답 아니 제가 장나미예요, 장나미고 남동생 둘, 두리가 이꼬, 여동생 두리 이꼬.그러니깐 얘기대로 의사지베 의사나고, 판사지베 판사난다고 동생들도 공, 구청에 근무하고 이썬는데 어째 다 그만두고 하여튼 보자, 다 이 계통에 멀 해요, 두째는 문화제 수리 관계되가지고 예를 드러서 남대문, 동대문 뜨더 고치는거, 인제 기둥이 서거쓰면 머 가라내는 그런 거 하고, 또 여동생 남편도 지비 기우러지면 바로 세우는 그런 하여튼 그 계통, 또 고미테도 문화제 방충, 방연 석고 하는거 그걸 또 개발 해가지고 가가, 하튼 문화제 계통에 종사를 하고 이꼬요, 그래도 내가 기주니 되가지고 우리 식구들도 그러치만 대구 지역 사회에서도 나라는 사람 때무네 문화제 하는 사람드리 마니 늘어써요.

問 어떻게 형제분들의 직업이 제보자와 어떻게 연관이 있습니까?

答 나한테 배워다고 동생은, 그러니깐 나는 또 어깨너머로 배우고 그때만 해도 일려기 부족카고 이거 내가 할때는 이러케 이게 머 고귀한 지거비 아니여써요, 그러다보니 내가 사라미, 대구에서 영남 제일 관무니라고 대구에 드러가는 관무늘 한 지께 됐는데 사라미 업는거예요 그래서 그래 그만두고 이리와서내 이를 좀 보도록 해라 그래가지고 현장에, 대구에서는 대표저긴 작푸미거든요, 대구 거 시를 소개할때 그게 항상 ***, 영남 제일 관문을 와서 이께된게 계기가 되서 그 이후 지금도 머.

問 동생분은 어떤 문화재 관련 일을 하시는 겁니까?

答 인제 간단히 저 도표 저런 그림 무니, 백 년이나 이백 년 되면 에 서까래가 썩고, 기둥이 막 조미 머거 내려 안짜나요, 그럼 그걸 지블 해체해서 보건해서 기와를 이피고 그러니깐 고건축의 종하블 하고 이쬬, 종합 총감도글 하고 인는거죠, 그러케 하고 단청 부부는 나는 다 그거 또 다 양며늘 다 하지만 우리 동생은 단청며네 대해선 쪼끔, 알긴 알지마는 인제 이러케 기능이 보통 정 도 된다고 그건 아니예요

問 태어나서부터 절에서 생활하신 겁니까? 절 생활은 어땠나요?

答 그건 아주 어릴 때부터 저레는 그러치 새벽 네 시면 이러납니다, 네 시에 이러나서 도량석이란 걸 *** 도량석, 목탁치고 도라다니면서 인제 아침에 도량서글 합니다, 그때 다 깨니까 나도 자연스럽게 깨게 되고, 그때 경 일는 거를 머 어리니깐 머 이러나든 잠자든 머 깨우고 그러진 안지만 또 이러나 안자끼도 하다 보니깐 쪼끔 인제 거름을 걷고 할 때는 인제 가치 의시글 참여를 해써써요, 예불 가튼거 할 때 아치메 네 시에 그냥 다 나가니깐 가치 따라 나가서 절하니까 가치 절하

고.

문 절에서 생활하실 때 어떻게 지내셨습니까?

답 그때는 그냥 그기 외워가지고 다 외워써요 불경, 그러니깐 그때 신도 드리 신동이라고 그래써요, 다 외우니까, 머 바냐심경 이라든지 예불 모시는 거라든지, 그리고 학교 저네, 가기 저네 제가 내가 예부를 다 모실정도 여쓰니까, 예부를 다 보실 정도, 그런 의시글 참여를 상당한 오랜 시가늘 해써요.

문 절에서 생활할 때 스승님 외에 기억나시는 분이 있습니까?

답 제가 스니믈 법명가튼거 다 기어글 몯하게꾸요, 저레이쓰니까 스님드 리 이쁘고 불경도 잘 외우고 머 꼬마가 머 기엽자나요, 상자를 삼는다 고 마니 데려갈라고 그래써요, 지금보니 큰 스님드리 마니 계셔써요. 그리고 인제 그 이후에는 유명한 소구산 스니미라는 분, 유명하자나요 구산 스님, 구산 스님하고도 멷 년간 송암사에 이써씁니다 가치, 시니, 머 그냥 보수하면서 가치, 그 사람하고 마주 가치 바블 몯 머거요, 워 낙 큰 스니미 되가지고 딴 사람드른, 나는 나이는 그케 안 만치만 가 치 밥 먹고, 상의하고.

문 어린 나이에 절에서 생활하긴 게 서운하진 않으셨습니까?

답 머 서운, 머 그때 서운해껜는가 모르겐는데 머 그냥 그런거 몯 느껸써요 그런거 업써써요, 또 오면 또 다 이뻐하자나요, 막 이뻐하고 머 그냥 또 왠만하면 부모니미 절, 머 조은 날 오면 나 차지하지도 모테요, 보 살님드리 다 안꼬 가고 데려 가고 해가지고 이쁘다 그러고, 이기 토정 비결 점 가튼거또 내가 봐줘꺼든요 어린나이에, 나도 그거보면 욷긴 사람이예요, 그래 할머니 딱 안즈먼 머 대세요 그래가지고 봐줍니다 보고 얘기하며는 아이 막 신통하다 그러고 그런 기억도 나요, 그 토정 비결하고 보는게 이짜나요, 채그로 보는게 이꺼든요, 그거 보는걸 어 떠케 선무당 머 한다고 쪼금 봐가지고 이러케 나이대고 머 이건 딱 봐주먼 얼마나 조아하는데.

내가 또 저를 조아해떤거시 잘머거서 조아한거 가테요, 가면 막 항상 부처님 아페 가면 과일도 이꼬 이짜나요, 과일도 이꼬 그러니까 멍는 거 걱정 업고, 머 지베서 먹기야 먹게찌만 쌀 밥 먹꼬, 그런거또 생각하니까 영향이 이찌 아나겐나 생각이 듭니다.

문 절에서 있으면 또래 친구가 그리울 덴데 어떠셨나요?

답 에 친구는 업는데 우리 사 그러니깐 인제 우리 사초니 내 또래가 세명이 이 써요, 무자생 사초니 세 명이 일는데 두 사라믄 중이 되고 난 이기 되써요, 우리 사촌, 크나버지 아드린데 내가 그중에 젤 장남이예요.

문 절에서는 언제 나오셨습니까?

답 인제 거기서 중학교까지 다녀써요, 중학교까지는, 초등학교도 대구로 다녀꼬, 중학교까지는 나와따기 보다는 지금도 저른 이쓰니깐요.

문 중(스님)이 아니라 단청장이 되신 계기가 있습니까?

답 어린 게 멀 알게써요, 멋도 모르고 그냥 머 그러케 어릴때는 난자파게 행동이 방자하고 그러질 아날는데 또 부모님드리 머리깍고 저레 출가 한다면 보내게써요? 보내지도 아늘꺼고 꼭 그리 가야 되게따는 생각도 안해보고, 하튼 모양보면 그리되꼬, 아이 일는데가 저린데 뭐 그러차나요, 절 수양생활도 쉬운건 아니거든요, 머 첨가면 행자를 하자나요, 행자해서 쉬운건 아니니까 글쎄 어린게 가서 버텨쓸지는 모르겐지만 어째뜬 안가쑵니다.

문 단청일은 어떻게 시작하게 되셨습니까?

답 예, 머 이거 책카고 도움 되는 건지는 모르지마는 그러니깐 우리 선생님, 옐나레는 아까 그랟지만 객쓩이라는게 이써, 지금도 객쓩이라는게 이짜나요, 중이라는 거슨 바랑, 그거또 **로 바랑 이 본, 개나리 본 짐, 바랑이라고 그러거든, 바랑을 울러미고 울쩌기는 와따가 인사 드리고 갈쩌기는 말업시 가는게 중드리고, 부처님도 그래짜나요, 출가,

잘 아시겐찌만 갈쩌게는 말업시 가서 출가 해짜나요, 그 부니 한 부니
인제 우리 조부모님께서 대구에 그냥 머 큰저른 아니지만 저를 하나
해쓰요, 아담한 사네, 인제 그때는 아주 외지 열는데 지금은 도시가 되
쓰요, 거기에 우여니 오셜는데 그 부니 이 시대에 제일 가는 당대에
최고에 예술가인 김갑병 선생, 김일섭 선생님이라는 부니 거기 오시게
되서 그분이 또 이년이 되서 거기 기거를 하게 되셜따고요, 그래 기거
하니 난 아치메 어릴때부터 자고나면 보고 인사하고 가치 잠자고 또
이거하는거 보고 하니까 나는 이걸 전무느로 할라고 해떤 사람도 아
니고 이 계속봐 와쓰니까 그냥 딴 사람 와서 일년, 와서 머 멸 달씩 배
워, 난 아침저녁 그걸 보니까 어릴때는 이 굉장히 이 빨리 이 컴퓨터
가 조아가지고 빨리 입려기 되요, 빨리 입려기 되니까 나는 늘 보고자
고 하니깐 딴 사람 보다는 열씨미 안해도 그 사람 와서 멸 달 하는 기
능보다 더 인제 빨리 나는 인제 접할 쑤 잇는 이런 기회가 되꼬.
어 그러다 보니 기회가 되가지고 인제 이 문화제 단청 시허믈 치게 되
이썬써요, 거 문화 관광부, 그때 문화국 괄리국 시저레 지금도 계속 시
행하고 이씁니다, 내가 그 딴지가 칠씹 사년도니까 지금 삼십 머 멷년
되겐죠? 칠십 사년 삼월다레 그 자겨글따 쓰니까 그때 그 시허믈 제가
응시를 해써요, 응시를 핻는데 그때도 내가 그런 경려기 최연소자로써
어 고 시허메 합겨를 해써요, 그러다보니 지금 쭈욱 그 이후에 일녀네
두명 세명씩 바께 안나와써요, 이 이 계통이 기술자가 시험도 어렵고
또 이 전승을 보전하는 차원에서 그때 응시하는 사람드른 평균 응시
자가 백여명정도 됀는데 뽑는건 한 두서너명 바께 안 뽀바써, 늘 매년,
지금 내가 삼십 사, 삼십 멷 년 됀는데 지금 뭐 자겨글 바든 사라미 이
백 오십명 정도 바께 안돼요, 지금 현재도, 올해부턴 전통 문화학교 가
튼데서 나오니까 어 거기서 나오면 사년간 공부를 해끼때무네 실습도
하고 하기 때무네 면접만 보고 어 실기고사만 보고 거의 자격증을 내

준다고 그러케 나온 사람 한 사람도 업습니다만 올해부터 나올꺼예요, 나오는 그런 과정으로 인해서 나는 임해꼬, 그러다보니 그 부니 당대의 최고 여썰고, 그래서 그 기를 학교 다니면서도 그기를 뭐 그냥 뭐 죽기 살기로 나는 인간문화제가 되겓따 머 그런 뜨슨 업썰고요, 그래서 열씨미 살다 보니까 이런 기회가 되고.

🔲 어떻게 단청장이 되셨습니까?

🔲 내가 대구에서 이십년 사라꼬요, 경상도 사람입니다, 서우레서 한 이십년 사라꼬요, 이 대전에서 지금 팔십 육년도 내려와꺼든요, 한 이십년 지금 현재 대전에서 기거를 하고 잇는데 우여니 또 기회가 되고, 지방자치제와 더부러 각 기방자치에서 주요한 이 자료가 대가 끈킬 우려가 잇는거슨 문화제 보호버베 의하면 해서 전승 하고 하는 거 법 테두리에서 대저네 마침 이런 이러케 이써서, 대전에도 하는 부니 오히려 중심지가 되가꼬, 교통의 중심지가 되서 상당이 마나요, 이 하는 부니, 한 지금 이 종사하는 거 천여명 될 꺼예요, 일 하는 분, 천여명이 되는데 대전에 지금 막 상당히 마니살고 잇는걸로 알고 이써요, 그러다보면 내가 인제 이 ** 상당히 인제 고참이라, 인제 내가 이 무형 문화제 서류를 내쓸때도 보니까 어 다섣부닌까 이러케 자료를 낻는데 나는 칠십 사년도에 이거에 대한 라이센스를 딴 사라미고 그 분드른 머 한 오년전, 이천년도이 께이미 안되는 거예요 께임, 이 지정하는 께임, 그러다 보니까 내가 지정을 받게 된거고, 물론 이 기능이란게 나보다 더 훌륭히 잘하는 사람도 잍겓지만 나는 전통으로 이래 이러케 배운거고.

🔲 단청 일은 어려서 절에서 계신 경험과 연관이 있습니까?

🔲 인제 그러다 보니 그러케 하고, 내가 본격쩌그로 인제 이 한건 칠씹 사년도에 자겨글 딸기 때무네 그 자겨글 따기 위해서는 그 전, 그저네도 마는 노려글 해야 그 자겨글 따자나요, 마는 노려글 해서 따는데,

어 따지고 보면 나는 굉장히 한 열살 때부터 이러케 해야지 이기 마리
마자 떠러지는 거예요, 열 살때 지금 머 아냐 그런데 지금 머 국악신
동 머 머 음악신동 나오자나요, 인제 나도 신동이라 해가꼬, 그럴정도
로 똑똑핸나봐요 어릴때는, 지그믄 선차는데, 저 저레서 아치메 불경
가튼거 하자나요, 숟자도 모르면서 내가 다 외워써요.

그런 맹라게 어릴때 그러케해서 시자글 한거, 아까도 얘기 핻지만 내
가 머 이게 주거도 내가 이걸 해서 그때 이 일도 업써써요, 먹고 살기
힘든데 어디 지붕까지 치장을 합니까?

문 스승님께 단청일을 배우신 과정에 대해 말씀해주십시오.

답 배울 때는, 내가 재료가 그러케 뭐, 어릴 때는 신동이라 그랟는데, 암
기려근 조아뜬거 가타요 그러니까, 그 내가 세상에 왜 태어낟는지도
모르기 때무네, 내가 무얼 하는, 딴 사라믄 인제 머 그래도 난 세상에
왜 태어나가지고 무얼 남기고 가야 되냐 그생가글 항상 해써써요, 근
데 어 지금 거 그나마도 딴 사람보다도 우수하니깐 이 부냐에 지정하
는 분드리 머 봉사를 한 거 아닙니까, 해쓸거 아니냐, 무언가를 나남기
고 가야되게따, 이 생가글 핸는데 아까 말씀드려뜨시 내가 뭐 꼭 해서
문화제가 되게따, 우리 선생님처럼 훌륭하게 되게따 머 그러케는 생각
안코, 무언가 이래 목저근 내가 어릴때 생각하먼 목저기라는 게 다음
에 난 대통령이 되게따고 그러지만 나는 그걸 참 저기 큰 기업체 그런
큰, 그때만 해도 극장 가튼 거 해가지고 사업가가 되서 싹 사라믈 **
을 막 **니 거서 머 이러케 굴림이나 머 이런 거 머 이러케 딱 이런
걸 그런 걸 하고 시퍼써요.

최고의 지도자가 나랑 가장 가까운 부니니까 뭐 이거 갈켜주세요 하
면 안가르켜주지안차나요, 그리깐 딴 사람보다 쉽게 배워써요 또 그나
마도, 월래 안, 자기 기뻐블 안가르쳐 주자나요, 그래 나는 이십 사시
간 가치 붇고, 잠자고 이쓰니깐 머 이거또***, 이거또 단청무냥이예요,

이건 고리금이예요 단청에, 고리 거 뭐냐 하며는 미국저기 저 고리금 무냥, 그래 요런거또 머 이 이리 무냥내는 비뼈블 삼가그로 저버가는 방버비 이꺼든요, 안알켜 주자나요, 나는 항상 하니까 머 구지 배울라 그러지도 아는데 슬쩍 지나가 보고 배우고, 어깨너머로 배우고 사실 그런거예요, 그러다보니 요즘 인터넫도 만코 하다보니깐 누가 그러자 나요, 이정오 어 김 아무개 문화제 한다하면 인터네세 막 떠요, 실려기 읻느니 업느니, 자지리 읻느니 막 뜨자나요, 나가튼 경우는 그기 읻든 업든, 나 이십살 선배나 요만할 때부터 가치바두니까는 잘하든 몯하든, 자기 최고의 선생님하고 가치 돌아가실때까지 가치 이 이쓰니깐 저 양반 내가 상상도 몯하는 경지에 이쓸꺼다, 감히 마를 몯부치는 거예요. 실질저그로, 거 나 그러케 사시른 죽기 살기로 코피터지게 열씨미 하질 아나써요, 그 사람드른 와서 단기가네 배와야 되니깐 바믈 세워서 막 이거 인제 하나 훔치 가거든요 이걸요, 훔치가요, 인제 그리믈 훔치가야 된다니깐, 이 자료가 그냥 업는데 그릴라면 힘들자나요, 그래 이 훔쳐가야 되는데 어떠케 합니까, 바메 촏불켜노코 요러고 살짝 선생 모르게 훔쳐다가 스파해가지고 가는 거예요 연필로, 그래 훔쳐가는 자료로써 마니 지금, 난 훔쳐갈 피료가 업써요, 그 떠떠시 하면 되니까, 오히려 하라고 그러지, 그래 나는 안한다고, 그러니깐 배우는 거 또 어려우미 업써꼬, 하면서도 어려우미 업써꼬.

문 단청 화공으로 일을 하려면 얼마만큼 배워야 합니까?

답 머 요즘 한 시보년 하면 자기가 동닙 다 해요, 시보년 인제 지금, 마니 배우기 조케 빠르게 되어 일꼬 우리는 처으메 나는 쫌 특벼라게 배우는데 어려우미 업썯다 그러지만, 옏나레는 이 할라면요 나도 그거는 마니 해써요, 선생님 양말도 빠라주고, 소곧도 빠라주고 가치 잠 자고, 또 산 산사에 가면 아 불안땔 때 군불도 때주고, 또 밥도 타서 가치 먹꼬, 잡니를 해야 되요 잡니를, 저 하고,이건 이거 하는거는 하루에 그냥 멫씨간 이러케 하루 여덜시간 자접하는, 여덜시간하면 한 두서너 시간, 한 네 시간도 몰해요, 그럼 뒤 심부름 해주니까, 물 떠오고, 새깔 갈고, 머 청소하고 심부름 하고, 잘라면 이부를 까라나야되고 머 그 그러케 해서 배운거고 우리 시대는 그러케 해서 하나 또 갇따오면 이러케 하면 또 물 붇빨면 빠라, 물 바까다 줘야 되고, 대모도 십오도라 치면, 그래서 인제

문 어려서 기거하신 절의 단청은 스승이신 일섭 스님이 하신 것입니까?

답 거기는 백 머 단청을 해서 머시나는 지비이 아니구요, 그런 사연 때무네 저를 더 개추글 원한 거예요, 몯지께해서, 일섭스님 되는대로 절라북도 김제군 백구면 부용사란 저리 일씁니다, 부용사, 부용사에다 대웅전하고 머 산신가글 하나 지얻는데 그거또 그러케 모양나는 지블 짇지는 안낟지마는 머 그기다 단청이 되이꼬, 어 그때 작품도 지금도 다 소장도 돼 읻는데 그거또 제가.

문 고향인 대구나 주요 활동지역인 서울이 아닌 대전에 오시게 된 까닭이 있습니까?

답 내가 서우레 칠씹 사년도에 서울 유성, 유성 건서리란 데를 직원으로 입사를 하게 돼씁니다, 오상주 사장이란 부니 인제 의성구 거기에 드러가게 됀는데, 그땐 도느로 마니 받고 드러간는데 한 삼년인가 하다가 경제저그로 어떠 케가지고 재미교포한테 그 회사를 넘겨써요, 내가 저버네 애기 해짜나요, 열씨미 열씨미 나는 짜장면 먹꼬 머 돈 관계를 안해찌만 그냥 열씨미 열씨미 하다보니간 그 재일 교포 누네`도 들고, 그러다 보니 내가 서우레서 어 문화제 수리를 할 수 이든 데가 열 다섣군데도 안돼써요, 귀해꼬, 문화제로써 내가 핵씸 간부로 이끼 때무네 현 대건설 이 지금 대통령 출마하는 이명박씨도 나한테 부타글, 사라믈 보내서부타글해야지 이 공사를 대림산업, 공영토건 **** 하여튼 이 그룹의 회사드리 다 가 고 이끼 때무네 나는 회사는 작지만 어마어

마한 위치에 이썬써요 어째뜬가네, 머 이러케 보통 지나갈 정도가 아니고 수를 머거도, 엄청나게 대저블 바들 정도로 이런 조은 위치에 이썬고요 어 뭘 할라 그러면 내가 얘기가 안되면 그 이를 몯하니 까 남대무늘 고칠라는데 딴사람이 다 해도, 내가 얘기를 안되면 그 공사를 몯하니깐 그러니깐 사라미 잘나서가 아니라 위치 그거 때무네 부타글 하게 되고, 내가 드러줄만 하면 드러주고, 그런 위치에 이썬는데 팔씹 오년도말, 팔씹년도 그러니깐 거기서, 거 기에서 승승장구를 해가지고 내가 그래서 삼십대 이사되고 승승장구를 핸는데.

그래 내가 너무 승승장구하고 머 전체 월급도 제일 마니 받고, 상금도 마니 받고 머 사장보다도 마니 바들 정도로 하니까 음모라는게 드러와, 음모론, 역사로 할때 음모로니 드러와가지고 인제 절라북도 전봉준 장군 기념관 가튼 걷도 내가 지얼 거든요, 거기에서 한 사꺼니 이써써요, 내가 이를 핸는데 머 하여튼 세세저긴 거시 투서가 드러온거야, 저 양바니 머 요즘 말하자면 신정아 시건처럼 이케 무슨 모 하믈, 모하믈 하게 된거야, 근데 이 양반 우리 회장은 안 미더써요, 한 육 개 워린가 일년 후에 날 부르더라고, 누가 이런 이리 이썬냐는거, 나는 상상치도 아는 얘길 하는 거예요, 그래서 하여튼 그런저런 연유로 해서 회사 내분저그로 핸지만 그래도 그 회장은 나를 안버리고 계속 데리고 이썬는데 문화제가 지방 자치제 시대가 되가 지고 지방으로 인제, 내가 서우레서 왕이열는데 인제 경상도는.

問 언제 문화재 채택이 되셨습니까?

答 어쨀든가네 칠씹 사년도에 내가 이 문화제 최연소로 단청이라는 시허믈 쳐서 합겨글 핸는게 계기가 되가지고요

問 다른 단청장들과 교류가 있으십니까?

答 예, 교류라기보다도 인제 내가 이 계통에 나이는 이찌만, 월로 추기니까 단청하는 이 계통에 읻는 사람 쳐노코 이정오 모르면 요즘 문짜로

간처비고, 다이러케 마니 교류를 하고 이꼬.

문 지금은 단청 작업을 어디서 하십니까?

답 아 지그믄 부산 말고, 지금 뭐 경남, 미량 쪽 이런데서 우리 제자드리 지금 다 하고 이꼬요, 나 가튼 경우는 나는 고 제자드리 훌륭한 제자드리 마나요 그래도, 아까 이런 무냥 모사를 해봐서 미량 호추사 대웅 저네 이런 이런 무냥이 이써꼬 이러케 이러케 할 랍니다 봐주십씨요 그러면 내가 이래 딱 보면 이건 이러코 이건 기본 서니 너무 굴꼬, 가늘고, 요거는 무얼 하나 더 너야 돼고, 정통 기뻐베 어근나고 이거는 왜 장, 삼, 황, 석깐준데 이래 되일는 머 빠졀냐 머 그런 거 자문 허지만 머 어느 정도 배우면 다 하자나요, 그거 인제 그러케 하고.

문 스승께 붓 같은 물건(화구)도 전수 받으셨습니까?

답 부슨 딸그니까 인제 쓰고나면 물려받는다는 거 보다도 훔쳐가요 훔쳐가, 붇 한자루도 존거는 멀 천 하니까 그냥 슬쩍 슬쩍 푸르고 말구, 그러니까 예나레는 서로 마니 훔쳐 가써요, 나도 멀자루 훔쳐오고 그래써요, 인제 자기 그림, 조은거는 하기 안주니까 그냥 슬쩍 한자루 가꼬오는 거예요, 근데 그건 어떠케보면 절또지만 하나에 조은 성화를 만들기 위한 하나에 머 그걸 보는거지.

문 목수와 의견이 맞아야 좋을 거 같습니다만 어떻습니까?

답 그러쵸

문 목수와 의견차로 다투시기도 합니까?

답 인제는 션차는 목수, 요즈믄 그러치 옏나레는 야 우리는 머 이래따, 목쑤 왜냐면 저런 거 지어줄라면 기본 여 초까지 가튼거 옥쌍에 이 기본 그걸 해줘야 되거든요, 해주야지 고기 깍아서 이러케 맨드러 주는 거예요.

문 천태종이나 조계종 같은 종파마다 단청이 달라집니까?

답 그러니까 이제 만봉스님 인제 우리 저 일섭스님 비구승 계통이고, 원

덕문 스님도 대처승, 마누라 잊는 스님, 또 만봉스님 그러니깐 보건사가 대처승 저리거든요, 그 절문양하고 좀 틀려요, 약간 틀린데 우리드리 보면 대략 아는데 그건또 인제 다 업써져가고 이써요, 그게 지금 한 안타까운기 단청도 단청이지만 대표저긴 예로 내가 문화제청에 꼭 애길 합니다, 지금 전통문화 내려오면서 옐거슬 그대로 보존하는 그런게마니 그냥 변형된게 엄청 만습니다, 단청도 새까리 경상도 새깔, 충청도 새깔, 서울새까리 틀립니다, 바탕자체가, 그리고 광명단 자체도 새까를 쫌 틀리게 써요, 틀리게쓰는 지금 대한민국 전부 서우레서 출발해가 서울서부터 거 단청 라이센스가 그 개바리 되가지고 국가의 이른 서울사람 중심으로 해서 서울**이라 해써요, 서우레 중시미 되가, 전국 각지에 하다 보니깐 가는 기뻐비 기화 시분도 틀려요, 서니 굴거야 될 때 이꼬, 가느러야 되는데 잊는데 부슬 그냥 일목요연하게 짝 해가지고 그냥 인쇄라는거 똑바로 하고 저래선 안돼거든요, 히미 주어지는 힘이 주어지고, 머 가늘게 빼야되는 빼야되는, 거 또 가치 하는거야, 그러니깐 서울사라미 부산 가서도 단청하고, 절라도 가서도 단청하고, 절라도 단청도 아이 잘몯된거야 하면서 싹 닥가뻐리고 그 시그로 해뻐리고, 그래 전부 단청이 통이리 되 이써요, 이 문제를 내가 지저글 해꼬. 새깔도 지저글 해써요, 저네는 말빠리 안*러워써요, 무슨 엉뚱한 소리하고 안자이써 그런데 지금 인제 얘기하면 이해가 가거든요, 그래 지붕에 올라가는 단청하고, 직접 저긴 지붕을 기와해짜나요, 기와를 옌나레는 기계로 안뽀바씁니다, 다 소느로 가마내려서 요래 끼워서 꼬여짜나요, 그럼 그거를 지금 수요가 마느니까 그리하면 도저히 안돼게쬬, 인껀비도 비싸고 하지만 어느정도로 **내야되는데, 일보네서 기계 드려와가지고 오기꿉드시 꾸워버려요

지금 지붕이요 다 빤딱빤딱해요, 다 온기가 다 언저 잊는거예요, 그거까진 또 그러타치자 수용때무네, 지붕도, 요거또 중요한 자료예요, 이

지붕이 용마루가 경상도로 칠단되고, 팔단되고, 꼬리가 막 이러케 날개처럼 올라간 데가 이꼬막 이래요, 절라도 가면 막 요러케 해서 팍 올라가는 머 일보네 사무라이 집처럼 이러케하고, 경상도는 또 경상도 지붕, 절라도 지붕, 서울 지붕 다 틀려요, 서울지븐 참 서울 색시 예쁜 얼굴처럼 아주 예쁘게 요러케 다 이써요, 오대궁 보면 깔끄마게 되어 이짜나요, 서우리 중시미 되서 서울 화공이 지붕 향교 이런데 보수를 하거든요, 그면 이 단데는 이러케 이러케 ** 이런데 아주 깨끄시 해놔, 깔끔하게, 그럼지반 사라미 깨끄다니 조커든요, 고 조타 조타 그러다 보니 다 일목요연하게 되써요, 거의 지금 지붕이 통일되고 이씁니다.

문 단청작업이 지방색을 띠기도 합니까?

답 우리가튼 경우는 백제 그러니까 인제 실라하고 백제 경계를 하던가, 우리 선생니미금강산 파 엳기 때무네 그 지금 내 경상도 절라도 이건 내가 하는 얘기고 선생님도 좀 이러케 머라고 그러나 전구글 하션지마는 이러케 우물안 표혀늘 우물안 깨구리여, 금강산에서 해셔가지고 금강산 ***해서 송광사 입문에가서 이러케 이러케 참 손재주도 이꼬 해서, 송광사 이제 호남권 쪼그로 무냥이 돼이꼬, 무냥이 그부니 쫌 트 트기해요, *** 좀 트기하게 이를 하션는데 선생님 나름대로 뇌록 새까리 다읻는데 지그믄 다 통일화, 통이리 되따고 그래짜나요, 다 통이리 되고 그런데.

저기 하동 가튼데 머 저런데 가면 인제 그 대표저긴 절 가튼데 가면 인제 ** 무냥이 지금 나마이쬬, 나마인는데 그러케 현대처럼 나무에 지진 안치만 전통 그 진짜 전통대로 한거고, 실라 백제 여는 인제 옏나레 핻던 분드리 인제 화공드리 아까 머 도화서 이런 분드리 내려와셔가지고 자기 인제 배운거를 경상도 쪼게서 **하다 보니께 그쪼게 모여서 하다 보니께 나름대로 배운 그리되는거고, 국경이 이쓰니까 옏나레 그러차나요, 그러니깐 머 실라쪼게 핻게쬬 내용저그로.

지금 그래서 족보를 세워써요, 조계산 파라고요 지금 명명을 해가지고, 금어스님으로 금어스님으로 내려와서 이러케 지금 족보를 ***가면 다 만드러 놔씁니다, 금어스님 해서 일섭스님 대를 해가지고 인제 우리까지 이르믈 딱 너가지고 족보를 이버네정리블 해 놔써요.

그러쵸, 그럼요, 어디가면 다 나타나고 이꼬, 지금 아까 이기 경상도 ***** 이거는거이 지금 마 회길화 되가지고 업써져꼬요, 머 글래 먹고 살기가 조아짜나요, 조아가지고 좀 시커머고 컴컴하면 다 따까뻐리고 해끼 때무네 그런 고유의 무냥이 안나마 읻는거 가테요, 어디 이부게는 잘 보조니 되 읻든데 여기꺼는 사당 하나 뭐 또 보면 머 우리가 볼 쩌게도 머 그냥 기본 무냥은 읻든데 이거 새까를 잘몯 쓴거는 이써요, 예를드러 지금 이 연꼬슨 연꼳 형탠데 요러케 예쁘게 안되이꼬, 길더라도 머 그걸 그래도 살려야, 이 자체를 업쌔 뻐리고 그래 똥그라니 찌거뻐린거또 이써요, 이런거시 문제 문제가 되는거지, 그형태만 인자 나마이쓰며는 고걸 쫌 삐뚤삐뚤한거 바로잡는거 그건 조은데 그동안 바로 자바논는거또 마나요, 그냥 삥끼하는 분들 이짜나요, 어디서 봐가지고 그냥 압 뒤안 마께 이런거또 지금 저 뒤에 현수막 해놀는데 이거또 지금 이거는 그분드리 자료를 뽀바가 한 거거든요, 뽀바서 그냥 자기 응용한 건데 자기 응용한 나름대로 응용한, 응용한 거를 우리가 가서 마니 좀 고쳐주고 이케 해 놔쬬.

 단청 작업을 할 때 여러 명의 화공들이 의견차를 보일 때도 있습니까? 그럴 경우는 어떻게 합니까?

 그래서 대장이 피료한 거구요, 그 대장에 지시에 의해서 가는 거니까 그러니깐 이럴쑤도 이꼬, 이럴 쑤도 이꼬요, 꼭 조끼 그걷만 입어서 되는거 아니자나요, 요거 바까 이버도 돼요, 단청이 다 그러씁니다.

그건 마튼 부니 여기 좀 발게 해야 되게따, 푸르게 불게 해야 되게따 이 의지에 따르고, 창건주 거 주지 스니미나 집 주이니 나는 여나게

해주세요 그거하고 마튼 사람하고 호흐블 마차따 하는, 그래 일 도편
수가 주인과 호흐블 마차서 작푸미 나오는 거예요.

문 귀중한 문화재를 보수하는 단청 작업은 어떻게 이루어집니까?

답 당연한 말쓰미고요, 고거는요 지금 현재로 사진도 찍고 하지만 그거를
쓰시 인제 그 대로 무냥 뜹니다, 그 잘보이는 종이 이짜나요, 그걸 가
꼬 고대로 다 그무냥 고대로다 뜹니다, 그대로 뜨고 뜨서 고 무냥을
옴겨서 여기다 옴겨서 또가치 이러케 해가지고 고 무냥 그대로 보존
해, 그럼 실하나도 틀리지 안코 그건 그대로 합니다, 그건 정 화카게.

문 나라에서 하는 단청(궁궐, 향교단청)은 보존 작업 위주라고 설명해주셨습
니다. 그러나 개인(예를 들어 사찰)이 단청작업을 의뢰할 경우 달라지는
것이 있습니까?

답 정화카게 말씀해쓈니다, 정화카게 얘기해꼬, 지금도 국가에서 하는거
는 전부 내가알고 일는대로 동대문 남대문 또가치 하고 이써요, 그러
케 하고 일는데 지방에 인제기조네 일떤 무냥은 기조네 옜나레 이떤
거는 거이 마이 따라서 해요, 마이 따라서 하는데 다만 인제 이를 주
리기 위해서 막 그냥 막 날린게 이써요, 그거는 인제 우리가 보와늘
하고, 새로 진는 집 이짜나요, 새로 이러케 진는 이쬬, 그런지븐 인제
절대 저그로 주인과 그기 의겨니 이끼 때무네 불평불만이라는게 이쓸
쑤가 업써요

문 옛날에는 안료를 어떻게 구입하여 쓰셨습니까?

답 우리는 우리때만 해도 주로 서도기나 수이블 마니 해써요, 서독쩨가
조얀따고 그래가지고 우리가 수이블 지금 마니 해꼬, 지금 막 양녹가
튼 경우에는 지금 저기 지금 한주먹 나마인는데 가루가 나마인는데
생사늘, 생사니 되고 이찌 안코 지금 모르게 써요, 우리나라에 지금 나
마인는게 뭐 멸키로 나마인는란가 모르겐는데 그건 아주 업는 거예요.
음 그때만 해도 인제 머 하튼 우리가 쓰는 거는 어 직접 채지패 쓴거

는 청토라고 파란흑, 주토라고 빨간흑 그걸 밀풀써가지고 한거하고, 까만거 미테 그 끄시름해가지고 먹쓰고 머 그런 기타 그런 거여찌 그러케 머 딱 구할 쑤가 이떠라고 내 나이때만 해도 딱 구할 쑤가 이썼써요, 그때만 해도 머 외국 일쩨 머 어디서든지 구해서.

문 문양을 제자 분들에게 전수해주십니까?

답 단청 무냥드리 다 뜯과 설명이 읻는데 우리도 배운게 까지겯 이니까 배운게 듣고 배운게 그거 뿌니니깐 어 당초에 이쓸꺼에 우리가 설명을 마니 부쳐쬬 인제 우리 뜨슬, 그게 또 버비 되고 그게 전승이 되가고, 또 내가 이로늘 제시하고 시픈거시 읻는데 또 잘난 사람드리 마나가지고 또 그기 또 안통하는 거또 이써요, 인제 내가 이럴거시다 이러면 또 더 잘난 분드른 아니다, 이 세상이 그러차나요.

문 이 일을 하시면서 배우실 때 어려움은 없었습니까?

답 뭐 나는 이게 조아서 해끼 때무네 어렵다고 느껴보진 아나꼬요 그냥 배고픔 밤 먹드시 공부하고 시프먼 공부하고 머 어디 뭐든지 저는 지금도 그래요, 뭐든지 긍정저그로 생각해요, 부정저그로는 거의 생가글 하지 안씁니다, 거의 머 긍정저그로 생가글하기 때무네 어떠케 보면 문화제로서 머 어려운 살믈 살고 머 이게 나는 그냥 무난하게 가는데 내가 하고 시픈 일 즐겨가면서 핻는데 그 즐겨가면서 한기 어느날 세인드리 아라주는 문화제가 되따, 어느 방송에서 리포터가 그러케 얘기를 하더라구요, 그럳드시 어느날 그 자리에 내가 슨 거예요.

우리일도 그러치요, 옏나레는 무쳐이떤, 단청하면 몰라짜나요, 지그믄 단청하면 초등학생도 알고 채게도 나오드라고요, 나오고 뭐 학교 숙제도 무냥도 그리는, 지그믄 마니 알려져 이찌마는 아주 무쳐이떤 이 일드리 지금 세상에 살기 위해 조타고 그러다 보니까 지정이 될게쬬, 아 이거시 대가 끄녀지게따 해서 발구를한 거시 인제 인제 나도 발구리 된 거고, 나는 그런거를 한다는 생각지도 안코 그냥 열씨미 세상 살믈

밤먹꼬 살기 위해서 그냥 이 세상에 사라미 나면 이르를 남긴다는 시
그로 열시미 살다 보니 이런 위치에 와 이떤 걸 뿌니예요, 어렵다는
거는 별로 몯 느껴써요, 몯 느끼고, 절머쓸때는 그냥 한번 집 나가면
전구글 돌기를 한달이면 한 이십 칠 팔일 그냥 순회하면서 이 * 조사
도 하고, 또 머 그 분야일도 해야 되고, 또 가면 건조무리 이런 주요
건물 서울, 남대무니 서우레이찌 대저네, 거까지 가서 해야 되니까, 가
야되니, 거기서 머 한달씩, 두달씩 머 육개월씩 이러케 위해야 되기 때
무네 머 그런 마라자먼 거 가서도 긍정저그로 재미나게 지내끼 때무
네 글쎄 어려워따먼 별 그런 어려움은 난, 어려우믈 말하라 그러면 난
말할께 업써요.

문 단청 일을 후손에게 대를 이어 물려주실 생각이 있으십니까?

답 마니 하는데. 근데 이건 내가 얘기 해짜나, 내가 이 기를 그래 내가 제
자는만, 만치마는 내가 이 이를 탐타카게 생가글 하지 아나써요, 이거
야 밥먹고 살겐나, 어릴때 그걸 봐와끼 때무네 이리 업썯써요, 옌나레
우리때는, 이를 그래도 우리는 그때 어릴때는요 스물 머 멷살 때 때는
지금 일 잘만나 선생님 이짜나요, 잘 몯보이면 안불러요, 지비 가이써
라 그래 편지가 와야지 그때는 머 전화도잘 안되니까 엽서가 와야되
요 전보, 멷 월 며칠 며씨까지 제주도 어디로 오시오 그래야지, 임명장
바든거나 또가테요, 그래가지고 한 다레 두 다린가 근무해요, 가서 거
일하지 몯해요, 이 도하 해각스님 가튼 분도 옌나레는 그 부는 스님이
여쓰니까 또 뭐 가제는 게 펴니라고 스님한테 그 이를 잘 주자나요,
그러니까 스니미 일을 할때 그 때 시저레 마니 해써요.
이거에 대해선 대를 물려서 크게 성공할 순 업쓸거라고 생가글 핸는
데 시대가 지나니 이게 조아지더라고, 시대가 조아지니 그러믄 인제
자식들 마니 시켜요, 마니 시키는데 나는 그게 느견꼬 지금 시켜서 또
훌늉한 기능보유자가 될 수 업기 때무네.

▣ 단청을 인생에 비유한다면 어떻게 생각하십니까?

▣ 사실 단청은 천상의 세계거든요? 천국이예요, 천상의 세계를 우리가 그리논 거예요, 그래 내세, 천상의 세계를 이 새깔과 이 아름다운 무낭으로 표현 한 껀 뿌니거든요, 천상의 세계, 지금 이 시대하고 머 그림 가튼건 제가 이 시대 막 이러케 비유해짜나요, 그냥 단청은 하나의 치장이죠 치장, 그러니깐 우리가 화장하드시 얼구레 머 루즈 바르고 아이라인 하드시 하나의 치장이죠, 단청의 목저기 그거거든요, 건물의 조잡성을 방지하기 위함이다, 그래 건물의 수명을 연장하기 위함이다, 그게 드러가 이꺼든요, 치장이죠 치장, 또 그걸 하므로써 목재의 수명도 기러지고 또 아름답께 보이기도 하미 위함이고 벽돌집보다, 그건 치장이죠. 저레도 그러차나요, 옏나렌 돈 업쓰면 안해써요, 안핸는데 그걸 해야마니, 또 두째로 보면 건물의 존엄성, 신비하게 존엄하게, 우아하고 어 종교저긴 경배의 대상으로 하나의 신앙의 대상으로 또 궁전의하나의 위엄을 위상을 올릴라구 그거죠 머 치장을 해가지고.

▣ 단청 작업을 하실 때 어떤 마음가짐으로 임하십니까?

▣ 재미도 이꼬, 빠져가지고 멸 분 하다보면 점심시간 되고, 그 빠져버리니깐, 빠져버리니 멸 분 하나보면 이제 또 신기하고 지금 이래 머 내가 첨 저패쓸 때는 너무 화려하고 그냥 딱딱 머 그러차나요, 아 저거 난 저러케 몯해, 저걸 어떠케 해, 어 그래썯써요, 예를 드러서 그러케 빠져가.

2. 조사된 어휘

2.1. 단청장

2.1.1. 금어

圐 일반적으로 '단청장'은 단청 일을 하는 사람을 이르는 말이다. '단청장'을 지칭하는 다른 어휘들로는 '단청장이', '단청화사' 등이 있다.

제보자는 '단청장'을 '금어'라고 말했다. 또한, 사찰의 단청을 부처님의 옷으로 표현하면서 옷을 갈아입히는 역할을 하기 때문에 '불모'라고 칭한다고 하였다. 또, 스님은 '단청장'을 가리켜 '화승'이라고 불렀으며 일반인들은 '화공'이라고 불렀다고 한다. 현재는 일반적으로 '단청장'이라고 한다.

2.2. 단청

2.2.1. 건물의 성격에 따른 단청의 분류

1) 궁궐단청

圐 '궁궐단청'은 궁궐에 하는 단청을 말한다. 궁궐과 관아의 건물은 사찰건축에 비해 다소 정적이고 웅건한 맛을 느끼게 하는 특징을 보인다. 독특한 권위의 상징과 무늬와 색채가 호화로우면서 은근한 기품을 풍기도록 분위기를 냈다.

제보자의 말에 의하면 궁궐에는 오래살고, 건강하고, 왕실이 번창하는 내용의 문양을 주로 하며, 목숨 수(壽), 기쁠 희(喜)를 써서 태평성대를 누리라는 길상문 문양을 많이 쓴다고 한다.

2) 사찰단청

명 '사찰단청'은 사찰 건축에 하는 단청을 말한다. 사찰의 단청은 사찰대로 자기들의 단청 화공 집단을 가지고 있었고, 큰 절의 경우는 단청공이 한 명씩 있었다. 그러나 사찰 단청공은 단청만 하는 것은 아니었다. 그는 사찰 안에서 필요한 불상이나 불화, 조각 등의 제작도 겸하였고, 재주가 있는 어린이를 뽑아 도제식의 양성기관에서 체계적인 양성까지 도맡아 일을 했다.
제보자의 말에 의하면 절은 근본적으로 신앙심이 깊은, 화려하고 경건한 마음이 우러나도록 하기 위한 문양을 많이 쓴다고 한다.

3) 향교단청

명 '향교단청'은 유교 건물에 하는 단청을 말한다. 유교건물의 단청에서는 이 검소하고 겸양한 미덕과 아름답고 건실한 의장이 특징이라고 하겠다. 제보자의 말에 의하면 향교는 지금 학교이기 때문에 암행어사가 되라고 기원하는 문양이나 열심히 공부해서 출세하라는 문양을 쓴다고 한다.

2.2.2. 단청의 분류(신축 건축물과 보수 단청)

1) 신색단청

명 새로운 단청에다 총천연색, 즉 원색 그대로 한 단청을 말한다. 여기서 새로운 단청이란 신축 건축물에 단청을 처음 하는 것을 뜻한다.

2) 보수단청

（1）고색단청

명 자연적으로 빛이 바랜 색을 인위적으로 조채하여 그대로 재현 채색하는 기법을 말한다. 이러한 도채법은 보수건축물의 교체된 신재면에 땜단청할 때 구재(久材)에 남아있는 단청색깔의 퇴색·박락 정도에 맞추어 조채 채색하는 방식이다.

（2）고색땜단청

명 일부분만 땜질하거나 고친 단청을 말한다.

2.2.3. 조형 양식에 따른 단청의 분류

1) 금단청

명 '금단청(金丹靑)'은 직휘, 머리초, 휘를 쓰고 남은 재면에 금문이나 그림(별화) 등으로 메워서 다채롭고 화려하게 꾸민 단청을 말한다. 직휘, 머리초, 휘 등의 단청된 정도에 따라 갖은금단청, 보통금단청 및 얼금단청으로 구분하기도 하지만 정확한 한계는 지을 수 없다.

'금단청'에서는 계풍별화에 불상, 화조, 산수화 등이 쓰이며, 벽화, 천장화도 쓰이므로 단청기술 뿐만 아니라 동양화, 진채화(眞彩畵)에도 능숙해야 '금단청'을 도색할 수 있다.

제보자 말에 의하면 우리나라에서 단청으로서 최고급 단청은 '금단청'이라고 한다.

2) 모로단청

명 '모로단청' 또는 '모루단청', '머리단청'이라고도 하며 평방, 창방, 도리, 대들보의 머리초만 그리고 중간에는 긋기만 하여 가칠한 상태로 두는 단청을 말한다. '모로단청'은 건축부재의 약 1/3정도의 길이로 출초하여 문양을 넣는 것이 대체적인 수법이다. 도리 및 대량 등에는 양쪽에 각각 1/3씩 문양을 넣고 1/3정도의 남는 부분(계풍)을 뇌록바탕에 상하로 긋기를 한다. 문양은 금단청보다 간략하게 하며 휘의 종류는 인휘 또는 늘휘를 주로 넣고, 직휘는 장단직휘, 하엽직휘, 먹직휘 등을 주로 넣는다.

3) 금모로단청

명 '금모로단청'은 금단청 문양과 모로단청 문양이 절충하여 그려진 단청을 말한다.

4) 가칠단청

명 한 부재면에 온통 단일색으로 칠하는 것을 가칠(假漆)이라 하며 속어로 개칠이라 하는데, 즉 가칠만으로 이루어진 단청을 이르는 말이다. 가칠은 그 자체가 마무리칠이 될 때도 있고 긋기, 모로 및 금단청의 바탕칠이 될 때도 있다.

'가칠단청'은 뇌록색과 석간주색이 가장 많이 쓰이며, 백분가칠(연골, 연개판), 육색가칠(토육색, 주홍육색, 장단육색)과 옥색(분록) 또는 분삼청가칠도 간혹 쓰일 때가 있다. 긋기, 모로, 금단청에는 뇌록이 쓰이며, 기둥 기타 강력한 구조부재는 석간주를 사용한다. 가칠은 1~3회 칠하지만 문양 도색하는 곳에는 2회 칠하는 것이 보통이다.

5) 긋기단청

몡 '긋기단청'이란 단청에서 좁은 줄(선)을 그어 단청하는 것을 이르는 말이다. 긋기란 획(劃)의 옛말로, 먹긋기와 색긋기가 있다. 먹긋기는 먹선을 문양도색(紋樣塗色)한 갓둘레 또는 가칠한 면에 일정한 굵기로 그린 직선 또는 곡선을 말하며, 분긋기는 백분선을 말하며, 색긋기는 각 색선으로 그리는 것을 말한다. 또한, 먹분선 긋기는 먹선과 분선을 나란하게 붙여서 그린 것이다.

(1) 먹긋기

몡 '긋기단청'의 하나로 먹선을 문양도색(紋樣塗色)한 갓둘레 또는 가칠한 면에 일정한 굵기로 그린 직선 또는 곡선을 말한다.

(2) 색긋기

몡 '긋기단청'의 하나로 각 색선으로 그리는 긋기를 말한다.
제보자말에 의하면 '색긋기'는 색을 섞어서 하는 긋기이다.

6) 악기 단청

몡 '악기 단청'이란 악기에 하는 단청을 말한다.
제보자의 말에 따르면 '북' 같은 악기에 하며, 단청의 용, 봉, 매화꽃 같은 문양을 따다가 악기에 치장한다.

2.2.4. 단청의 재료

1) 색채

(1) 안료

[명] 단청의 재료 가운데 색채의 원료를 이르는 말이다. '안료'란 색채가 있고 물이나 그 밖의 용제에 녹지 않는 미세한 분말을 이르는 말이다. 첨가제와 함께 물이나 기름으로 이겨 도료나 화장품 따위를 만들거나 플라스틱 따위에 넣는 착색제로도 쓴다.
제보자의 말에 의하면 '안료'는 페인트의 원료라고 한다.

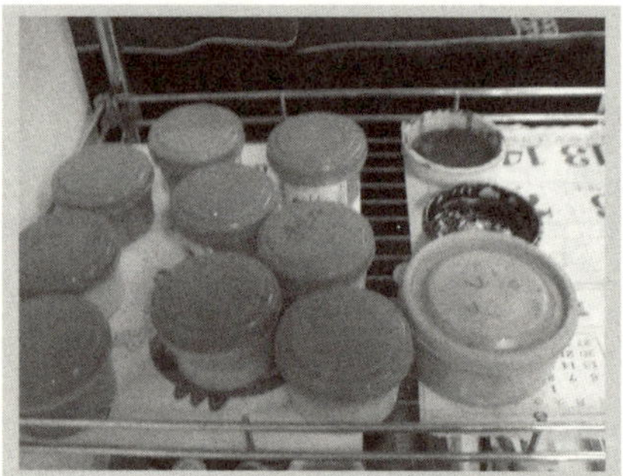

[사진 95] 안료(1)

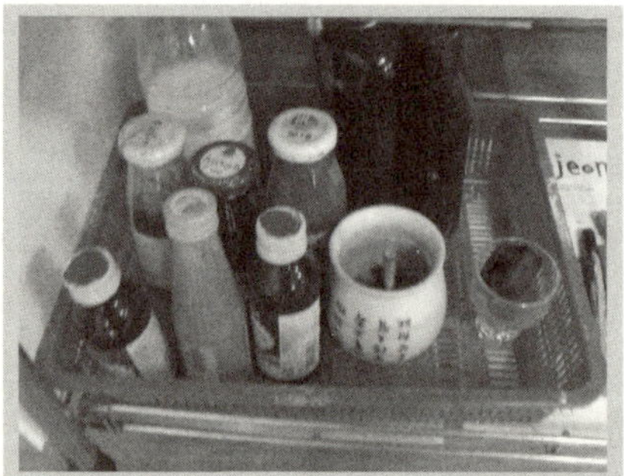

[사진 96] 안료(2)

(2) 장단(長丹)

[명] '장단(長丹)'은 과거 노란기가 들면서 눈부실 정도로 고운 붉은 빛이었으나 1950년대 이후 산화황토에 주홍을 혼합 조채하여 썼다. 그 후 생산되는 장단은 빛이 곱지 못하고 색상도 흐리다.
제보자 말에 따르면 '장단'은 색깔이 무겁고, 한 번 찍어 뜨면 줄줄 흘러서 숙련된 기술이 필요하다고 한다.

(3) 광명단(光明丹)

명 '광명단(光明丹)'은 세 개의 납 원자와 네 개의 산소 원자가 결합된 산화물로 붉은 색의 안료이다. 비결정형 가루로, 일산화납을 약 500℃로 가열하여 만든다. 안료, 도료, 납유리 따위의 원료로 쓰인다.

(4) 황(黃)

명 '황(黃)'은 누런색의 안료이다.

(5) 먹(墨)

명 '먹(墨)'은 먹물의 빛깔과 같이 검은색의 안료이다. '먹빛', '먹색'으로 순화하는 것이 옳다.
제보자의 말에 의하면 '먹'은 부엌에서 불을 때서 나온 숯을 쓴다고 한다. 그을음을 가지고 검은 색으로 사용한다.

(6) 뇌록(磊綠)

명 '뇌록(磊綠)'은 초록기운이 감도는 색의 안료이다. 오래 전에는 단색 뇌록이 있어 조재하지 않고 쓸 수가 있었으며, 색상은 옥색 비슷하면서도 초록기운이 돌았다. 현재는 곱게 수비(水飛)한 백토에 수양청(水洋靑)을 섞어 끓인 것을 말리고 부수어 분말 안료로 만들어 쓰기도 한다.
패분(貝粉)에 양록과 양청(洋靑) 및 먹·황토 등을 혼합 조색하여 썼으며 근자(1970년대)에는 씨아닌 그린(cyanine green)을 사용하게 되었다. 예전 뇌록빛은 현재의 뇌록빛보다 뽀얗고 은은한 옥색 초록빛이었지만 현재는 초록기가 센 무거운 감이 드는 것이다.

(7) 삼청

명 '삼청'은 하늘빛과 같은 푸른빛을 내는 안료이다.

(8) 석간주

명 '석간주'는 산화철을 많이 함유한 붉은 색의 안료이다. 석회암이나 혈암(血巖) 따위가 분해된 곳에서 나며, 산수화나 도자기의 안료로 쓴다.

제보자의 말에 의하면 '석간주'는 색이 좀 가볍고 잘 흐르지도 않아 쓰기도 좋다고 한다.

(9) 양록(洋綠)

명 '양록(洋綠)'은 초록빛의 안료이다. 50여 년 전에 쓰이던 계표(鷄票)양록은 진채의 하나로 석록(石綠)과 같은 진한 빛이어서 색상이 선명하여 초록빛에 노란기마저 들 정도로 눈부시게 맑고 푸르렀다. 그 후에는 일제 물감이 쓰이게 되었으나 위의 것과는 현저한 차이가 있고 분말 입자도 거친 편이었다.

40여 년 전(1960년)에 경복궁 경회루 단청보수공사를 전후하여 쓰이게 된 양록은 푸른 기운이 낮고 뿌옇기까지 하였다.

(10) 육색(肉色)

명 '육색(肉色)'은 살갗색의 안료이다. 전에는 진분에 주홍을 혼합 조색하여 썼으나 변색이 되므로 근자에는 장단에 티탄백을 혼합하여 쓰고 있다. 다만 탱화에는 아직도 주홍육색을 많이 쓰며, 오늘날의 '육색'은 주홍육색과 장단육색 두 가지가 쓰인다.

(11) 분

명 '분'은 흰빛을 내는 색채로, 진채(眞彩)를 내는 데 쓴다. '지당이라고도 한다.

(12) 하엽

명 '하엽'은 녹색 계통의 안료이다.

제보자에 말에 따르면 파, 녹, 청, 양록에다가 이 먹을 섞으면 '하엽'색이 나온다고 한다.

　(13) 청적백극황

명 '청적백극황'은 단청에 쓰이는 다섯 가지 색을 말한다. 좌청룡우백호, 동현무남주작을 뜻한다.

　(14) 다자

명 '다자'는 검은 주홍빛이 나는 안료이다.

　(15) 옥색

명 '옥색'은 옥의 빛깔과 같이 엷은 푸른색의 안료이다.

　(16) 감색

명 '감색'은 검푸른 남색의 안료이다.

　(17) 화록청

명 '화록청'은 에메랄드같이 맑고 아름다운 녹색의 안료이다.

　(18) 고색

명 '고색'은 마른풀이나 나무의 빛깔의 안료이다.

　(19) 미색

명 '미색'은 엷은 빛의 노란색의 안료이다.

[사진 97] 미색 단청

(20) 간색

명 '간색'은

1. 빨강, 노랑, 파랑, 흰색, 검정 가운데 둘 이상의 색을 섞어 낸 색,

2. 회화에서, 명암(明暗)의 연결을 부드럽게 하기 위하여 칠하는 색

(<표준국어대사전> 참고) 이며, 비슷한 어휘로는 사잇빛 · 제이차 색 · 중간색

이라고도 한다.

(21) 좌청룡

명 '좌청룡'은 풍수지리에서, 주산(主山)의 왼쪽에 있다는 뜻으로 '청룡'을

이르는 말이다.

(22) 우백호

명 '우백호'는 풍수지리에서, 주산의 오른쪽에 있다는 뜻으로 '백호'를 이

르는 말이다.

(23) 남주작

명 '남주작'은 '주작(朱雀)'을 달리 이르는 말이다.

(24) 북현무

명 '북현무'는 '현무(玄武)'를 달리 이르는 말이다.

(25) 오방색

명 '오방색'은 다섯 방위를 상징하는 색이다. 동쪽은 청색, 서쪽은 흰색,

남쪽은 적색, 북쪽은 흑색, 가운데는 황색이다.

2) 청토

명 '청토'는 흙이다. 안료가 없던 시절에는 흙을 가져다가 색을 냈다.

3) 붉은 흙

[명] '붉은 흙'은 열대 지방이나 온난·다습한 지방에 널리 분포하는 적색 풍화토이다.
제보자의 말에 따르면 '붉은 흙'은 돌가루 붉은 흙이라고 부르며 밀가루 풀을 사서 붉은 흙을 칠했다고 한다.

4) 녹그릇

[명] 놋으로 만든 그릇이다. '녹그릇' 안료가 없던 시절에 '녹그릇'의 녹을 긁어다가 색을 냈다.

5) 금박

[명] '금박'은 금색을 표현하기 위한 것이다. '금박'을 붙여 표현한다.

6) 유탄

[명] 유탄은 버드나무를 태워 만든 숯이다.
제보자에 의하면 예전에는 숯으로 그림을 그렸다고 하는데 그림의 윤곽을 그리는 데 쓴다고 한다.

7) 조개가루(호분)

[명] '조개가루'는 천초할 때 쓰는 가루로 조개껍질을 말려 만든 가루이다. 다른 가루보다 무겁고 잘 떨어지지 않아 문양이 잘 나오기 때문에 이 조개가루를 쓴다.
제보자는 조개 가루를 쓰는 이유가 "살을 찌우기(색을 도톰하게 하기 위해)위해서"라고 했다.

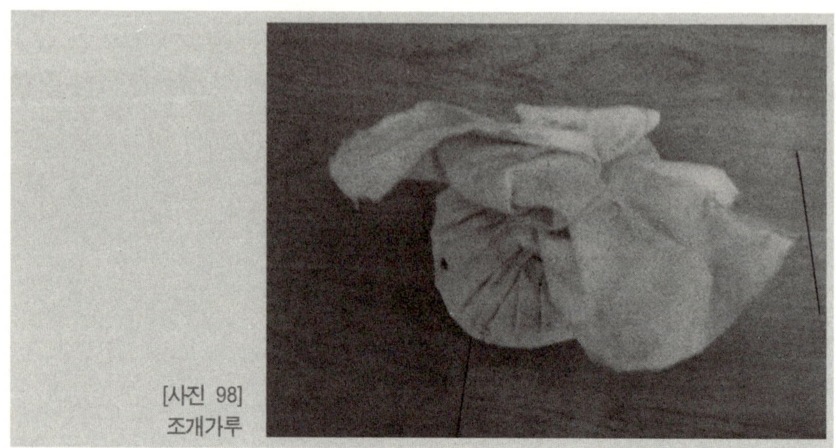

[사진 98]
조개가루

8) 백반

명 '백반'은 칼륨, 암모늄, 나트륨 따위의 1가(價) 금속의 황산염과 알루미늄, 크롬, 철 따위의 3가 금속의 황산염으로 이루어진 복염(複鹽)을 통틀어 이르는 말이다. 보통은 황산알루미늄과 황산칼륨의 복염인 칼륨명반을 이른다. 떫은맛이 나는 무색투명한 정팔면체의 결정으로, 물에 녹으며 수용액은 산성을 나타낸다. 매염제, 수렴제 따위로 쓴다. 포수할 때 백반을 쓰기도 한다.

9) 밀풀

명 '밀풀'은 밀가루로 쑨 풀이다.

10) 들기름

명 '들기름'은 포수할 때 쓰는 재료이다.
제보자는 동백유, 들기름, 참기름 등을 썼다고 한다.

11) 동백씨(료)

명 '동백씨(료)'는 해충방지를 위해 바르는 재료이다. 나무를 썩지 않게 하기 위해 해충 방지용으로 동백나무의 씨를 바른다.

12) 아교

명 '아교'는 짐승의 가죽, 힘줄, 뼈 따위를 진하게 고아서 굳힌 끈끈한 풀 같은 재료이다. 주로 풀로 쓰는데 지혈제나 그림을 그리는 재료로도 사용한다. '갖풀'로 순화하는 것이 옳다.

제보자에 말에 따르면 해초를 원료로 만드는 '아교'를 쓰면 단청이 숨을 쉴 수 있게 해주어 본드와는 다른 장점이 있다고 한다.

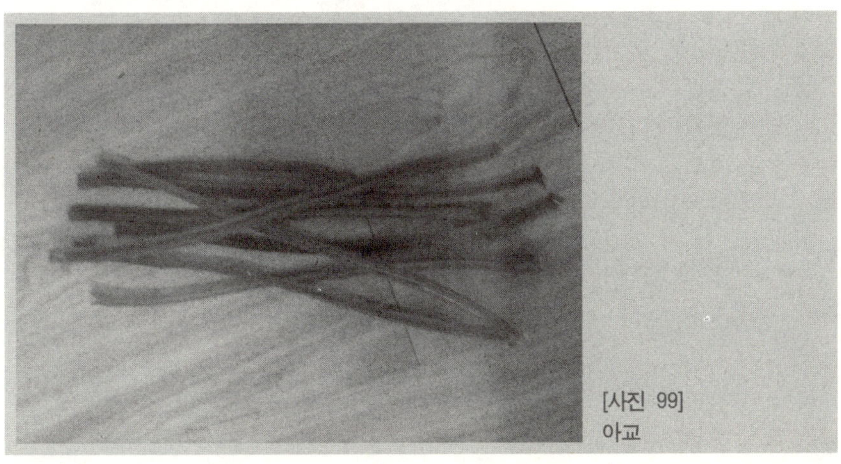

[사진 99]
아교

13) 민어풀

명 '민어풀'은 민어의 부레를 끓여서 만든 풀이다. 교착력이 강하여 목기(木器)를 붙이는 데 많이 쓴다.

14) 아나방

명 '아나방'은 구멍철판이라고도 하며 요즘은 좀 보기가 어려운 자재 중에 하나이다. 비계틀의 발판이나 도로공사 토사유출막음용으로 사용한다. 제보자의 말에 의하면 '아나방'은 건축용어로써 일본말이라고 한다.

15) 장척

명 '장척'은 열 자 길이가 되게 장대로 만든 자이다. 단청을 그릴 때, 손떨림을 방지하고 정확성을 기하기 위해 손목 밑을 바치는 용도로 쓰인다. 또, 줄을 그을 때도 사용한다.

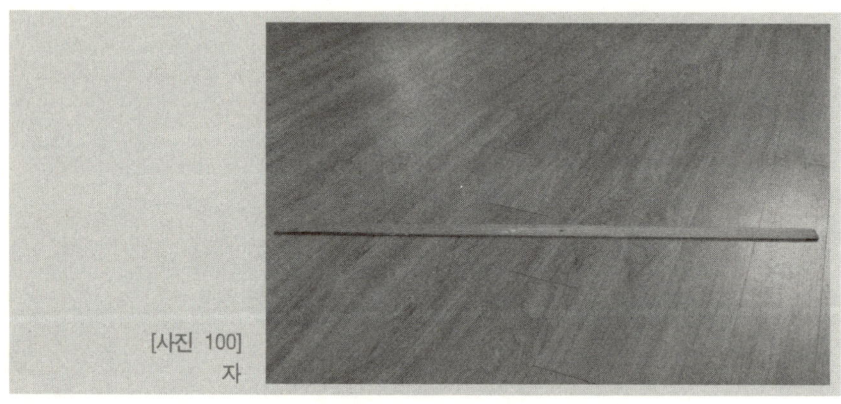

[사진 100]
자

16) 초

명 '초'는 초지에 그리는 것으로 밑그림이다. 단청장이가 밑그림을 그리라고 다른 화공들에게 지시할 때 '초를 쳐라'라고 말한다고 한다.

（1）소로초

명 '소로초'란 소로 부분의 초이다.

(2) 주두초

명 '주두초'는 주두 부분의 초이다.

(3) 도리(초)

명 '도리(초)'는 도리 부분의 초이다.

(4) 창방(초)

명 '창방(초)'는 창방 부분의 초이다.

(5) 촛가지

명 '촛가지'는 초의 한 종류이다.

(6) 공창(초)

명 '공창(초)'는 공창 부분의 초이다.

(7) 개판(초)

명 '개판(초)'는 개판 부분의 초이다.

(8) 부연개판(초)

명 '부연개판(초)'는 부연개판 부분의 초이다.

(9) 서까래초

명 '서까래초'는 서까래 부분의 초이다.

(10) 연두(초)

명 '연두(초)'는 연등의 머리 부분의 초이다.

(11) 부연두(초)

명 '부연두(초)'는 부연의 머리 부분의 초이다.

17) 초지

명 '초지'란 단청의 첫 도안(밑그림)을 그리는 종이를 이르는 말이다.

18) 부재

명 '부재'한 구조물의 뼈대를 이루는 데 중요한 요소가 되는 여러 가지 재료를 말한다. 나무를 이르는 말이다.

19) 연목

명 마룻대에서 도리 또는 보에 걸쳐 지른 나무를 말한다. 그 위에 산자를 얹는다. '연목'은 '서까래'의 방언이다.

20) 주두

명 '주두'란 기둥 위를 장식하며 공포를 받치는 넓적하고 네모진 나무를 말한다.

21) 도리

명 '도리'는 서까래를 받치기 위하여 기둥 위에 건너지르는 나무를 말한다. 도리 끝 부분은 '도리면'이라고 한다.

2.2.5. 단청 용어

1) 온바탕

명 '온바탕이란 바탕이 다 들어간 것을 이르는 말이다. 제보자의 말에 의

하면 바탕 전체에 색이 다 들어간다고 한다.

2) 반바탕

명 '반바탕'이란 바탕이 반만 들어간 것을 이르는 말이다. 제보자의 말에 의하면 석간주가 들어간다고 한다.

3) 다름다리

명 '다름다리'란 단청에 넣은 명암을 이르는 말이다. 제보자의 말에 의하면 다른 표현으로 복카시, 바름이라고도 한다.

2.2.6. 단청의 작업 도구

1) 붓의 종류(글씨에 따라)

[사진 101] 제보자의 소유의 붓(1)

[사진 102] 제보자의 소유의 붓(2)

(1) 세필

명 '세필'은 잔글씨를 쓰는 붓 또는 잔글씨를 쓰는 굵기가 가느다란 붓을 이르는 말이다. '가는 붓'으로 순화하는 것이 옳다.

(2) 편필

명 '편필'이란 넙적하고 두꺼운 글씨를 쓰는 붓을 이르는 말이다.

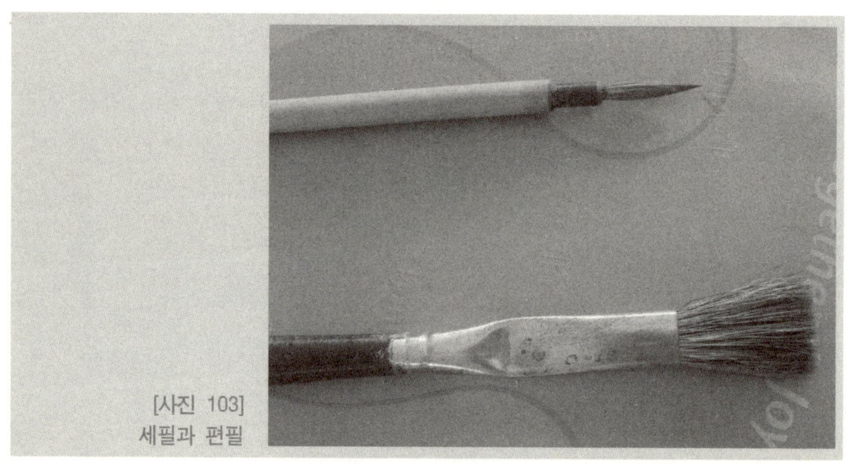

[사진 103]
세필과 편필

2) 붓털의 재료

(1) 청설모(털)

명 '청설모(털)'은 참다람쥐나 날다람쥐의 털로, 붓을 만드는 데 많이 쓴다.

(2) 개털

명 '개털'은 개의 털이다. 붓을 만드는 데 쓴다.

(3) 돼지털

명 '돼지털'은 돼지의 털이다. 붓을 만드는 데 쓴다.

(4) 황모족제비(털)

⬛ '황모족제비(털)'은 붓을 만드는 데 쓰는 털로 원래는 황모족제비의 꼬리털로 만들었다.

제보자의 말에 의하면 세필의 재료로 많이 쓰이고 구하기도 어려우며, 가장 질이 좋다고 한다.

3) 창호지

⬛ '창호지'는 빛깔이 조금 누르스름하고 줄 진 결이 또렷한 재래식 종이를 말한다. 대호지와 비슷하며, 밑그림을 그릴 때 쓰는 종이이다.

2.2.7. 시공 과정

1) 스파

⬛ '스파'란 시공과정 중 가장 기본이 되는 단계를 이르는 말이다. 그림을 종이에 붓으로 베끼는 작업을 말한다.

제보자말에 의하면 '스파'란 붓으로 노루지 또는 습자지 같은 얇은 종이에 대고 베끼는 것을 뜻한다고 한다.

2) 필력

⬛ '필력'이란 붓으로 그림을 그리는 행위를 이르는 말이다.

3) 들기름 칠

⬛ '들기름 칠'은 천연재료로 그림을 그리던 시절에 비, 바람에 그림이 지

워지지 않도록 들깨를 쪄서 하는, 기름을 칠하는 작업이다.

제보자는 동백유, 들기름, 참기름들을 썼으며, 기름을 칠하면 막이 형성되어 단청을 보호한다고 한다.

4) 가칠

명 '가칠'이란 어떤 물체를 물감이나 페인트 따위로 여러 번 칠하는 것을 이르는 말이다.

제보자 말에 따르면 '가칠'은 붓만으로 나무를 보호하고 숨을 쉴 수 있는 배합된 색을 칠하는 것이라고 한다.

5) 배접

명 '배접'은 종이, 헝겊 또는 얇은 널조각 따위를 여러 겹 포개어 붙이는 것을 이르는 말이다.

6) 천초

명 '천초'는 그려진 초안대로 바늘로 구멍을 뚫는 것을 말한다.

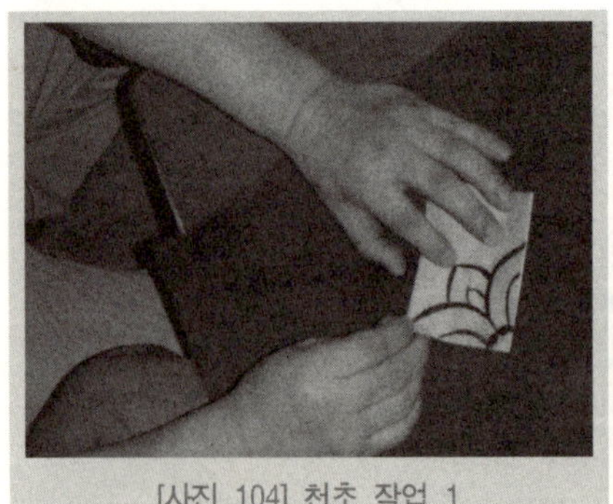

[사진 104] 천초 작업 1

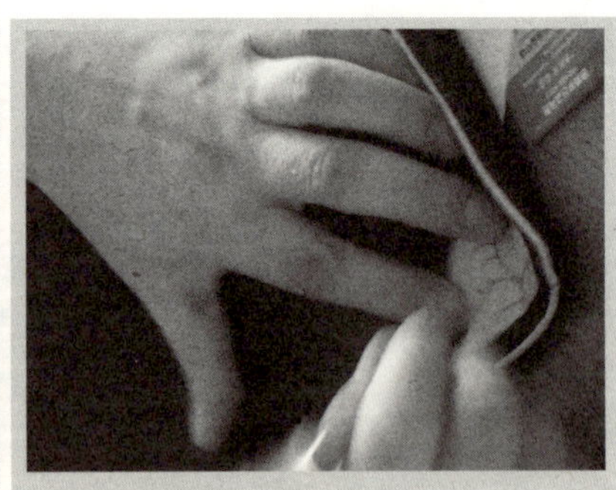

[사진 105] 천초 작업 2

7) 타초

명 '타초'란 가칠된 부분 위에 천초된 초본을 대고 타분주머니(조개가루를
헝겊에 싼 것)로 두드리는 작업을 말한다.

[사진 106] 타초 작업 (1)

[사진 107] 타초 작업 (2)

[사진 108] 타초의 예

8) 출초

명 '출초'란 단청할 부재에 형태대로 종이로 본을 떠서 본대로 그림 및 문
양을 그리는 작업을 말한다.

9) 초빛

명 '초빛'이란 문양을 첫 번째로 연한색상으로 채화하는 작업을 말한다.

10) 이빛

명 '이빛'이란 단청에서 채색의 농담 가운데 하나로, 초빛(初―)보다 진하
고 삼빛(三―)보다 엷은 중간색이다.
제보자 말에 의하면 '이빛'은 안에 받쳐주어 그림자역할을 한다고 한다.

11) 삼빛

명 '삼빛'이란 단청에서 채색의 가장 진한 정도를 이르는 말이다.

12) 시분

명 '시분'이란 단청에서, 먹으로 가는 획을 그어서 두 부분의 경계를 나타내는 일 또는 그 선을 이르는 말이다. 다른 말로는 '기화'라고도 한다.

13) 찌금질

명 '찌금질'이란 머리초와 머리초 사이의 공백과 벽체, 공포벽, 편액에 회화적인 수법으로 그려 넣은 장식화를 말한다.
제보자 말에 의하면 계풍(탱화) 사이에 매화나 다른 기타 문양을 그리는 것이라고 한다.

14) 사비도매

명 '사비도매'는 건물에 녹이 슬지 말라고 붉은 색을 칠하는 작업을 말한다. 이는 일본말이다.
제보자 말에 따르면 빨간색(광명단)만으로 미리 칠해놓은 것을 뜻하며 녹이 스는 것을 방지하기 위하여 하는 작업을 말한다고 한다.

15) 시키

명 '시키'는 단청 작업 할 때 색을 표현한다는 말이다. 일본말이다.

16) 씨아개

명 '씨아개'란 단청 마무리 작업을 말한다. 일본말이다.

17) 포수

명 '포수'란 바탕면에 단청도채하기 전에 접착제를 1~2회 도포하고 건조하면 정분과 밀타승을 칠하는 작업을 말한다.

제보자 말에 따르면 바탕에 접착제를 도포하는 것을 포수라고 하는데 색을 칠한 후 벗겨지지 않게 위에서 아교나 접착제나 한 번 더 칠하는 것이라고 한다. 또한, 탱화를 하면서 밑그림을 해놓고 하는 발음(북까시)을 하기 위해 백반에 타서 칠을 하는데, 이렇게 하면 번지지도 않고 그림을 잘 그릴 수 있다.

18) 고분법

명 '고분법'이란 단청에서, 화면이 두드러지게 보이도록 그리는 작업을 말한다. 제보자 말에 따르면 고분이란 조개가루를 써서 두껍고 빡빡하게 붓으로 칠하여 그 부분이 더욱 두드러지게 보이는 것을 의미한다고 한다.

19) 초칠

명 '초칠'이란 밑바탕으로 맨 처음에 하는 칠을 말한다. 다른 말로는 '바탕칠'이라고도 한다.

20) 개칠

명 '개칠'이란 한 번 칠한 것을 다시 고친 칠을 말한다.

21) 타분

명 '타분'이란 가칠한 면에 초지의 본을 대고 백분(호분 : 조개가루)을 뭉치로 두들기면 가칠한 면에 천초 구멍을 통하여 백분이 묻는다. 이와 같이 백분 점선의 계화를 그리는 작업을 이르는 말이다.

22) 도채

명 '도채'란 각종 문양에 걸맞은 안료로 채색하는 작업을 이르는 말이다. 각종 벽화의 채색은 화공의 기호에 따라 자유롭게 혼합 조채(調彩)해 사용할 수 있지만, 단청 문양의 도채는 명도와 채도, 색상을 종합적으로 고려해 조채, 배색하는 규정에 따라 채색된다.

23) 초채

명 '초채'란 처음 채색하는 과정을 이르는 말이다.
제보자 말에 따르면 연륜이나 경력 순으로 색을 칠한다고 한다.

24) 방충

명 '방충'이란 해로운 벌레가 침범하여 해를 끼치지 못하도록 막는 과정을 이르는 말이다.

25) 작업용어

(1) 살찐다

동 '살찐다'는 말은 단청 작업을 할 때 색이 잘 입혀지다라는 뜻이다.

(2) 벽을 짠다

동 '벽을 짠다'는 말은 그림을 그리기 위해 벽의 구도를 정한다는 뜻이다. 벽을 짠 바탕에 그림을 그릴 수 있게 좋게 만드는 게 '벽을 짠다'는 의미라고 한다.

2.2.8. 작업 위치

1) 뺄도리

명 '뺄도리'란 빠진 머리 부분을 말한다.

2) 부연두

명 '부연두'란 부연 머리 부분을 말한다. 부연이란 처마 서까래의 끝에 덧없는 네모지고 짧은 서까래이다. 처마 끝을 위로 들어 올려 모양이 나게 한다.

3) 연두

명 '연두'란 연등의 머리 부분을 말한다.

4) 포

명 '포'란 처마를 장식적으로 길게 내밀기 위하여 처마 도리 밑에 처마를 받게 한 짧은 부재를 이르는 말이다. 촛가지라고도 부르며 우리나라는 포가 홀수로 나가며, 제일 큰집이 이십 몇 포정도라고 한다.

5) 공포도

명 '공포도'란 처마 끝의 무게를 받치기 위하여 기둥머리에 짜 맞추어 댄 나무쪽을 이르는 말이다. 건물을 바치는 것처럼 쭉 올라가는 것을 말하며 제공이라고도 한다.

6) 포벽

명 '포벽'이란 포의 벽을 이르는 말이다.

7) 암막새

명 '암막새'란 처마 끝에 놓는 기와를 말한다. 암놈은 밑으로 누워있고 동그랗다.

8) 숫막새

명 '숫막새'란 처마 끝에 놓는 기와를 말한다. 수놈은 암놈 위에 덮인 것을 말한다.

9) 굴도리

명 '굴도리'란 둥글게 만든 도리로 창방위에 제일 위에 동그란 것을 이르는 말이다.

10) 창방

명 '창방'이란 한식 나무 구조 건물의 기둥 위에 건너질러 장여나 소로, 화반을 받는 가로재를 말한다. 오량(五樑) 집에 모양을 내기 위하여 단다.

한자를 빌려 '昌枋', '昌防'으로 적기도 한다.

11) 평방

[명] '평방'이란 공포(貢包) 따위를 받치기 위하여 기둥 위에 초방(初枋)을 짜고 그 위에 수평으로 올려놓은 넓적한 나무를 이르는 말이다.

12) 첨차

[명] '첨차'란 삼포(三包) 이상의 집에 있는 꾸밈새를 이르는 말이다. 초제공, 이제공 따위로 가운데에 어긋나게 맞추어 짠다.

13) 계풍

[명] '계풍'은 도리 및 창방 등 부재 양쪽에 머리초 문양을 넣은 후, 중앙 쪽의 3/1정도 공간을 말한다.

2.2.9. 문양

1) 머리초

[명] '머리초'란 보, 도리, 서까래 따위의 부재 끝부분에만 넣는 가장 주가 되는 단청의 무늬를 말한다.

(1) 금단청머리초

[명] '금단청머리초'란 비단 자락과 같이, 오색(五色)으로 갖은 무늬를 써서 그린 단청무늬를 말한다.

(2) 장구머리초

㈅ '장구머리초'란 장구 모양으로 된 머리초를 말한다. 장구머리 문양이라고도 한다.

[사진 109]
장구머리초

(3) 병머리초

㈅ '병머리초'란 단청에서, 병 모양으로 된 머리초 무늬를 말한다.

(4) 연화머리초

㈅ '연화머리초'는 연화를 으뜸 무늬로 하는 머리초무늬를 말한다. 건물의 무늬나 격식의 높고 낮음에 관계없이 모로단청, 금단청의 머리초로 가장 대표적으로 많이 쓰는 머리초다.

(5) 주화머리초

㈅ '주화머리초'는 4엽 주화를 으뜸무늬로 하며 온주화 · 반주화머리초를 쓰는 머리초를 이르는 말이다.

(6) 반주화머리초

圈 '반주화머리초'는 주화의 반만 그린 가장 짧은 무늬를 말한다. 짧은 부재에 적당하다.

(7) 흑단머리초

圈 '흑단머리초'란 먹직휘를 넣어 만든 머리초를 이르는 말이다.

2) 연꽃

圈 '연꽃'는 연꽃을 모양으로 한 문양이다. 연꽃은 한국 미술, 공예에서 가장 많이 볼 수 있는 무늬 중 하나이다. 청정무구, 풍요, 여성 등을 상징하기도 하지만 무엇보다도 불타의 진리를 시각적으로 나타낸 예가 가장 많다. 다양한 형태로 단순화·추상화되어 나타나며 이중 화려하게 겹꽃의 형태로 나타나는 것을 특별히 보상화문이라고 한다.

[사진 110] 연꽃

3) 석류

圈 '석류'란 다산을 상징하기 위해 그려 넣는 열매인 석류모양의 문양을 말한다.

4) 금초

圈 '금초'란 기하학적인 연속무늬이다.

[사진 111] 석류

즉 한지를 삼각형이나 사각형으로 접은 후 문양을 그린 후 바늘로 뚫어서 펼치면 문양이 연결된다. 문양의 생김새에 따라 박쥐금, 물래금, 고리금 등 한국에서는 약 30개의 금초문을 사용한다. 단색을 쓴 문양이다.

5) 고리금(環錦)

명 '고리금(環錦)'이란 단청에서, 고리 모양이 이어진 무늬로 원형의 고리가 연결된 듯한 비단 무늬를 이르는 말이다.

6) 물레금

명 '물레금'이란 물레바퀴 모양으로 그린 금단청 무늬이다.

7) 십자문양

명 '십자문양'이란 '十' 자 모양의 무늬가 그려진 금단청을 말한다. 주로 벽이나 천장 따위를 꾸밀 때 쓴다.

[사진 112]
십자문양

8) 태평화

명 '태평화'란 먹바탕에 백색으로 그린 보상화 문양이다.

9) 불로초

명 '불로초'란 불로초를 형상화한 무늬이다.

10) 선녀

명 '선녀'란 선녀의 모습을 형상화한 단청 문양이다.

11) 당초문양

명 '당초문양'이란 덩굴무늬이다.

12) 길상문

명 '길상문'이란 글씨를 문양화한 것이다. 상서롭고 운이 좋은 것을 상징하며, 또 그런 소원을 담아서 그린 무늬이다.

13) 부리초

명 '부리초'란 부리 부분에 그려 넣는 무늬이다. 도리·평방부리에는 금문초를 넣고 있으나 현대에는 주로 태평화를 쓰고 있다.

14) 공창초

명 '공창초'란 문에 단청을 그려 넣는 것이다. 절의 문에 단청을 그려 넣는 것을 '공창초'라고 한다. 문살 같은 곳은 녹색으로 단청을 하며, 문 사이에는 귀신을 쫓는 문양 같은 것을 넣는다고 한다.

15) 황실

명 '황실'은 단청에서, 녹색 줄과 나란히 긋는 누런빛의 줄이다.

16) 녹실

명 '녹실'은 단청에서, 머리초 따위에 누런색의 줄과 나란히 그어 나가는 녹색의 줄이다.

17) 백녹실

명 '백녹실'이란 백녹색으로 된 줄(색대)을 이르는 말이다.

18) 순금

명 '순금'이란 순금으로 한 실(줄)을 이르는 말이다.

19) 12지신 동물

명 '12지신 동물'에 등장하는 열두 동물을 형상화하여 나타낸 단청문양이다.

20) 깡철

명 '깡철'이란 상상속의 동물을 형상화한 문양이다. 제보자말에 따르면 '깡철'이 날아다니면 비가 온다는 전설이 있는 동물이라고 한다.

21) 용

명 '용'은 궁궐에 주로 넣는 문양이다. 용을 형상화한다.

22) 학

몡 두 마리(암수)를 짝을 이뤄 그린다.

23) 천장문양

몡 '천장문양'은 건물의 천장에 그림을 그려 넣는 것을 이르는 말이다.

24) 휘

몡 가운데 주문양이 배치되고 가운데 문양과 바탕 사이를 잇는 오색의 띠가 겹겹이 둘러지는데, 그 생김새에 따라 이름이 다르고 가운데 무늬 밖으로 간지를 향하여 전개되는 문양이다. '휘'는 크게 늘휘와 바자휘가 있다. 제보자의 말에 따르면 문양에 따라서 배열해서 쓰는데 요즘은 늘휘를 많이 쓴다고 한다.

(1) 늘휘

몡 '늘휘'란 단청에서, 머리초 다음에 띠 모양으로 휘돌린 오색 무늬를 말한다.

(2) 바자휘

몡 '바자휘'는 단청에서, 바자무늬 모양으로 된 휘를 말한다.

(3) 직휘

① 금직휘

몡 '금직휘'란 금문양을 쓴 직휘를 말한다.

② 색직휘

몡 '색직휘'란 빨간 색과 파란 색을 칠해서 선만 그은 것을 이르는 말이다.

③ 먹직휘

명 '먹직휘'란 까만색을 칠해서 그은 직휘를 말한다.

26) 먹댕기

명 '먹댕기'린 '마감을 한다'는 뜻으로 제일 뒤에 먹으로 들어간 선을 이르는 말이다. 주요 부분 부연 개판 중요한 부분 마감할 때 먹을 사용한다. 다른 말로는 '기화시분'이라고도 한다.

27) 골팽이

명 '골팽이'란 덩굴줄기가 나선형으로 말린 문양을 말한다. 제보자 말에 의하면 양녹 골팽이일 때는 하엽 골팽이까지 말하며 삼청, 장단골팽이일 때도 각각 이빛까지 말한다고 한다.

[사진 113] 골팽이
〈녹색 동굴동글한 모양〉

(1) 번엽골팽이

명 '번엽골팽이'는 파련이 뒤집어진 모습의 문양을 말한다. 번엽모양의 골팽이를 뜻한다.

(2) 녹골팽이

명 '녹골팽이'란 녹색(붉은 색)으로 그린 골팽이를 이르는 말이다.

(3) 육색골팽이

명 '육색골팽이'린 육색(핑크)으로 그린 골팽이를 이르는 말이다.

(4) 삼청골팽이

명 '삼청골팽이'란 삼청으로 그린 골팽이를 이르는 말이다.

(5) 속골팽이

명 '속골팽이'란 반바탕이 전체적인 속골팽이를 이르는 말이다.

(6) 온골팽이

명 '온골팽이'란 골팽이 하나가 다 들어간 것을 이르는 말이다.

(7) 반골팽이

명 '반골팽이'란 골팽이가 반만 들어간 것을 이르는 말이다.

28) 옴(唵)

명 '옴(唵)'이란 불교의 진언(眞言) 가운데 가장 위대한 것으로 여겨지는 신성한 음절이다. '옴'으로 시작되는 '옴 마니 반메 훔'의 6자진언을 대명왕진언이라 하여 지혜와 복덕을 갖추게 하고 삼독(三毒)에 물들지 않게 하는 신통력이 있는 것으로 여긴다.

29) 卍

명 '卍'는 사철 단청에 쓰이는 글자이다. 부처의 가슴에 있는 길상의 표시이다.

30) 육색주화

명 '육색주화'는 사당에 주로 넣는 문양이다.

31) 개십주화

명 '개십주화'는 사당에 주로 넣는 문양이다. 집안의 자손들의 번성과 출세할 수 있는 운 때의 문양을 말한다. 자손의 출세와 급제를 기원하기 위해 모란이나 매화문양을 많이 한다고 한다.

2.2.10. 고사

명 '고사'는 단청의 마무리 작업을 할 때 지내는 의식이다. 단청일 역시 일을 끝낸 후에는 '고사'를 지낸다. 일하는 모든 이가 경건한 마음으로 일을 했으므로 즐겁게 지내고, 소원을 성취하라는 뜻도 되며, 스고한 일꾼들에게 절에 있는 분들이 고마운 마음으로 잔치를 벌려주는 것과 비슷하다는 게 제보자의 설명이다.

2.2.11. 불교미술 관련 어휘

1) 탱화

명 '탱화'란 불교의 신앙내용을 그린 그림을 말한다.
신앙대상이 되는 여러 존상(尊像)만을 그리는 존상화와 경전내용을 그림으로 그린 변상도(變相圖)의 성격을 지닌 것이 있다. 탱화는 기능에 따라 본존의 후불탱화(後佛幀畵)와 신중탱화(神衆幀畵)로 나누어지고 신중탱화는 다시 팔부(八部)신중탱화와 사천왕(四天王)탱화 등으로 나눌 수 있다. 후불탱화가 본존불의 신앙적 성격을 보다 구체적으로 묘사한 것이라고 한다면 신중탱화는 수호신적인 기능을 띤 것이다. 다만 후불탱화의 경우 본존불이 무슨 불(佛)이냐에 따라 탱화의 구도가 달라지고 신중탱화의 경우에도 수호의 기능을 어디에 강조하냐에 따라 내용과 구도가 달라진다.

[사진 114]
탱화 제작중인 이정오 씨

(1) 지장탱화

명 '지장탱화'는 지장보살이 그려져 있는 탱화이다. '지장탱화'는 지구상에 존재하는 동물은 다 들어간다고 한다.

(2) 후불탱화

명 '후불탱화'란 불상 뒤에 모시는 탱화이다.

(3) 신중탱화

명 '신중탱화'는 화엄신장을 그려 벽에 거는 족자를 말한다.

(4) 칠성탱화

명 '칠성탱화'란 칠원성군을 그린 탱화를 말한다.

2) 탱화에 들어가는 문양

(1) 영지버섯

명 탱화에 들어가는 문양으로 '영지버섯'을 형상화한 것이다.

(2) 송이버섯

명 탱화에 들어가는 문양으로 '송이버섯'을 형상화한 것이다.

(3) 말

명 탱화에 들어가는 문양으로 창을 탁 들고 있는 동물문양이다.

(4) 돼지

명 탱화에 들어가는 문양으로 신장 발밑에서, 스님을 바라보고 있다.

3) 보살

(1) 육광보살

명 '육광보살'이란 여섯 명의 보살이다.

(2) 관심보살 (관세음보살)

명 '관심보살 · 관세음보살'은 아미타불의 왼편에서 교화를 돕는 보살이다. 사보살의 하나이다. 세상의 소리를 들어 알 수 있는 보살이므로 중생이 고통 가운데 열심히 이 이름을 외면 도움을 받게 된다고 한다.

(3) 문수보살

명 '문수보살'이란 석가모니여래의 왼쪽에 있는 보살로 사보살의 하나이다. 제불(諸佛)의 지혜를 맡은 보살로, 오른쪽에 있는 보현보살과 함께 삼존불(三尊佛)을 이룬다. 그 모양이 가지각색이나 보통 사자를 타고 오른손에 지검(智劍), 왼손에 연꽃을 들고 있다.

(4) 대세지보살

명 '대세지보살'이란 아미타불의 오른쪽에 있는 보살이다. 지혜문(智慧門)을 대표하여 중생을 삼악도에서 건지는 무상(無上)한 힘이 있다. 그 형상은 정수리에 보병(寶甁)을 이고 천관(天冠)을 썼으며, 왼손은 연꽃을 들고 있다.

4) 칠성

명 '칠성'은 북두칠성을 의미하며 신(神)의 하나이다. 제보자 말에 따르면 사람의 명줄을 다룬다고 한다.

5) 산신

명 '산신'은 산을 지키는 신(神)이다.

6) 독성

명 '독성'은 신(神) 가운데 하나이다.

7) 개금

명 '개금'이란 금칠을 다시 한 불상이다.
제보자말에 따르면 청동으로 주조를 한 불상에 99.9% 금을 입힌 것이라고 한다.

8) 팔상전

명 '팔상전'은 팔상을 그린 그림과 존상(尊像)을 봉안한 법당이다.

9) 심우도

명 '심우도'란 본성을 찾아 수행하는 단계를 동자(童子)나 스님이 소를 찾는 것에 비유해서 묘사한 불교 선종화(禪宗畵)를 이르는 말이다.

10) 지옥도

명 '지옥도'는 삼악도의 하나로 죄를 지은 중생이 죽은 뒤에 태어나는 지옥의 세계를 이르는 말이다.

제보자 말에 의하면 바탕지옥, 물이 끓는 곳으로 죄지은 사람을 던지는 곳, 뱀, 사지옥, 뱀이 울퉁불퉁 거려서 죄지은 사람을 뱀이 퉁퉁 감고 있는 것, 그런 유형을 그린 그림이라고 한다.

11) 만다라

명 만다라 부처가 증험한 것을 나타낸 그림이다. 우주 법계의 온갖 덕을 갖춘 것이라는 뜻에서 이렇게 이른다. 금강계 만다라, 태장계 만다라 따위가 있다.

12) 나태귀신

명 '나태귀신'은 네 마리의 나태를 그린 것이다. 귀신을 쫓기 위한 의미로 그린다고 한다.

13) 수인삼

명 '수인삼'은 부처님 손을 이르는 말이다.

제3부

연구 결과

제7장 마무리

제7장 마무리

하나의 어휘가 다양한 뜻으로 사용되기도 하고 지역, 직업 등에 따라 여러 다른 모습으로 변형되어 말해진다고 할 때 과거부터 현재까지 사용되어 온 원래의 어휘를 보존하고 다양한 변이형태를 조사, 갈무리하는 작업은 무엇보다도 시급하고 중요하다.

민족생활어 조사는 사라져가는 우리의 실생활어를 보존하고 현세대는 물론 다음 세대까지 그것에 대해 이해할 수 있는 기반을 마련해준다는 점에서 가장 큰 의의가 있다.

이 글은 금산 지역 사람들의 의식주 관련 생활어, 대장장이·무속인·단청장의 생활어 그리고 그들의 직업 안에서 쓰는 특수 어휘에 대해 조사, 정리했다. 생활 현장 곳곳에서 쓰이는 그들의 말을 면밀하게 관찰, 기록함으로써 그들의 언어생활은 물론 삶의 단편까지 미흡하게나마 조명해 볼 수 있었다.

[참고문헌]

이근술, 토박이말쓰임사전, 동광출판사, 2001.

이훈종, 민족생활어사전, 한길사, 1992.

임영주, 단청, 대원사, 1996.

곽동해, 단청장(중요무형문화재 제48호), 화산문화, 2001.

배도식, 한국의 대장간, 한국민속학 26집, 1994.

김태곤, 한국의 무속, 대원사, 1991.

이종철, 서낭당, 대원사, 1991.

황루시, 팔도굿, 대원사, 1992.

이필영, 솟대, 대원사, 1990.

보성출판사편집부, 한국의 귀신 : 귀신집중탐구, 보성출판사, 1991.

찾아보기

ㄱ

가다 …………………… 149
가랑바지 …………………… 88
가래 …………………… 72
가림 …………………… 242
가매꾼 …………………… 104
가삼 …………………… 83
가잿배 …………………… 66
가쟁이 …………………… 67
가칠 …………………… 294
가칠단청 …………………… 278
갈개 …………………… 86
갈쿠리 …………………… 74
감말르다 …………………… 159
같은 …………………… 169
개금 …………………… 313
개다리소반 …………………… 40
개칠 …………………… 297
객귀객신 …………………… 214
갯노 …………………… 151

거리제 …………………… 204
건달일꾼 …………………… 134
건삼 …………………… 83
겉대 …………………… 31
경면주사 …………………… 225
경문 …………………… 254
고두밥 …………………… 45
고리금 …………………… 304
고분법 …………………… 297
고빼기 …………………… 65
고샅 …………………… 50
고색땜단청 …………………… 27
고장 …………………… 241
곡삼 …………………… 84
곤딩기 …………………… 63
골가찌 …………………… 49
골팽이 …………………… 308
곰보지다 …………………… 160
공수 …………………… 242
공창초 …………………… 305
광명단 …………………… 281

괭이 ···················· 70
구쇠 ···················· 65
구수댕이 ················ 43
구스람 ················· 170
굿당 ·················· 254
궁궐단청 ··············· 275
근잠 ··················· 85
근친 ··················· 98
긁갱이 ················· 70
긁갱이밥 ················ 44
금단청 ················ 277
금단청머리초 ············ 301
금모로단청 ············· 278
금어 ················· 275
금직휘 ················ 307
금초 ·················· 303
굿기단청 ··············· 279
기계함마 ··············· 150
기름잿늘 ················ 40
기우제 ················· 204
기지개 ················· 91
길내다 ················ 158
길닦이 ················ 238
깨끼적삼 ················ 87
꼬부랑집게 ·············· 140
꼬장중이 ················ 86
꼴머슴 ················ 104
꽝우리 ················· 32

ㄴ

나무깨 ················· 89

날연장 ················ 170
내림굿 ················ 207
내전상 ················ 236
너짐집게 ··············· 141
넋대 ·················· 224
노강지나무 ·············· 79
노기슬 ················ 146
노타리 ················· 72
놉 ··················· 106
농바우끄시기 ············ 101
뇌록 ·················· 281
늘쿠다 ················ 159
늘휘 ·················· 307

ㄷ

다가네 ················ 145
다듬질 ················ 159
다래키 ················· 31
다름다리 ··············· 291
단귀신 ················ 215
단중이 ················· 86
단청 ·················· 275
담 ··················· 108
담금질 ················ 156
당꼬 ··················· 47
당몽태낫 ··············· 164
당산굿 ················ 205
당삼 ··················· 47
당주 ·················· 253
대목 ·················· 105
대설경 ················ 223

대장 …………………………… 133
대장장이 ………………………… 132
대철쇠 …………………………… 136
댕기 ……………………………… 171
데리다 …………………………… 158
도구통 …………………………… 37
도굿대 …………………………… 37
도랭이 …………………………… 88
도루깨 …………………………… 74
도채 ……………………………… 298
독경 ……………………………… 212
동자치마 ………………………… 224
동잣대 …………………………… 224
동투 ……………………………… 245
두태 ……………………………… 170
둠벙 ……………………………… 119
둥개미 …………………………… 33
둥천 ……………………………… 119
등대 ……………………………… 67
딩게 ……………………………… 85
따듬독 …………………………… 62
따듬이방맹이 …………………… 62
딸감나무 ………………………… 108
떡쇠 ……………………………… 137
또바리 …………………………… 57
뚝방 ……………………………… 119
뜨럭 ……………………………… 50
뜬귀 ……………………………… 214
뜰방 ……………………………… 50

ㅁ

마로집게 ………………………… 141
마리 ……………………………… 53
만삼 ……………………………… 83
망태 ……………………………… 56
머리초 …………………………… 301
먹긋기 …………………………… 279
먹댕기 …………………………… 308
먹직휘 …………………………… 308
멍에 ……………………………… 72
메 ………………………………… 150
메질 ……………………………… 157
며느리감나무 …………………… 107
며느리수저 ……………………… 38
모로단청 ………………………… 278
목신제 …………………………… 203
몽달귀 …………………………… 213
무성조 …………………………… 231
무속인 …………………………… 200
무쉿물 …………………………… 106
묵은집 …………………………… 49
문갑 ……………………………… 54
물레금 …………………………… 304
미친굿 …………………………… 205
민어풀 …………………………… 287
밀개 ……………………………… 77
밀끈 ……………………………… 67
밀대짚 …………………………… 63
밀도 ……………………………… 169

ㅂ

바느질밥 …………… 250
바디 …………… 94
바리 …………… 38
바자휘 …………… 307
반다지 …………… 55
반바탕 …………… 291
반주화머리초 …………… 303
방아쟁이 …………… 105
배접 …………… 294
번디 …………… 72
벌짓다 …………… 160
법사 …………… 201
벽채 …………… 70
벽채호미 …………… 162
병머리초 …………… 302
보루방 …………… 146
보살 …………… 200
보수단청 …………… 277
봉수 …………… 242
부리초 …………… 305
부테 …………… 95
북 …………… 94
불무쟁이 …………… 133
불화전 …………… 240
비방굿 …………… 206
빗접 …………… 91
빠루 …………… 144
뿔모루 …………… 153

ㅅ

사고지 …………… 236
사귀 …………… 214
사귓대 …………… 224
사금파리 …………… 31
사비도매 …………… 296
사원제 …………… 203
사위수저 …………… 38
사자 …………… 252
사자거리 …………… 241
사찰단청 …………… 276
산재축원 …………… 210
살제사축원 …………… 211
삼빛 …………… 296
삼태미 …………… 32
삽작 …………… 49
상머슴 …………… 104
상문살 …………… 244
상충살 …………… 243
샅세우기 …………… 240
색긋기 …………… 279
색직휘 …………… 307
샛밥 …………… 45
서까래 …………… 53
서낭 …………… 252
서낭제 …………… 204
석간주 …………… 282
선메쟁이 …………… 133
선반가래 …………… 53
선호미 …………… 162
설경 …………… 223

설경도 ···················· 235
설경판 ···················· 235
성조 ······················· 221
성주 ······················· 254
세필 ······················· 292
센방 ······················· 134
소두방 ····················· 30
소반 ······················· 39
소설경 ···················· 223
소지종이 ·················· 101
속갱이 ···················· 112
쇠물바가지 ················· 64
쇠비름 ····················· 81
쇠죽 ······················· 64
쇠죽갈쿠랭이 ··············· 64
수살귀 ···················· 213
수삼 ······················· 83
수신제 ···················· 203
수온낫 ···················· 164
수팅이 ····················· 36
숫놈날 ···················· 172
숫막새 ···················· 300
스파 ······················ 293
승냥깐 ···················· 134
시분 ······················ 296
시아기 ···················· 158
시안 ······················ 109
시태바리 ···················· 65
신꼬리 ····················· 95
신대 ······················ 233
신딸 ······················ 202
신사맞이 ·················· 207

신색단청 ·················· 276
신아버지 ·················· 202
신장 ······················ 236
신장가림 ·················· 239
신장도 ···················· 232
신장칼 ···················· 234
신중탱화 ·················· 311
십대왕 ···················· 221
십자문양 ·················· 304
쌀개 ······················· 75
써레 ······················· 71
쏘시랑 ····················· 70
쓰렛발 ····················· 71
쓰미망치 ·················· 151
씨아개 ···················· 297
씨아시 ····················· 73
씨판 ······················· 78
씻침굿 ···················· 205

ㅇ

아교 ······················ 287
아궁이 ····················· 52
아나방 ···················· 288
아대비시 ·················· 148
아로지다 ·················· 160
악기 단청 ················· 279
악살 ······················ 243
안료 ······················ 280
안심축원 ·················· 211
안택굿 ···················· 206
안택축원 ·················· 212

암놈날 ·················· 172
암막새 ·················· 300
암메꾼 ·················· 133
약탕광 ··················· 31
양록 ·················· 282
양모루 ·················· 153
양푼이 ··················· 31
언간이 ·················· 111
얼개미 ··················· 61
얼게빗 ··················· 90
엄나무칼 ················· 234
연정 ·················· 168
연화머리초 ··············· 302
연화세계 ················ 253
열두 등 ················ 226
열두고 ················· 234
열두대문 ················ 252
열두사자 ················ 214
열두초롱 ················ 233
영 ···················· 84
영동할머니 ··············· 222
오목낫 ················· 163
오목집게 ················ 143
오방기 ················· 237
오방색 ················· 284
오양간 ·················· 51
오양메질 ················ 157
오함마 ················· 150
온바탕 ················· 290
옹댕이 ·················· 35
옹백이 ·················· 36
옹솥 ··················· 30

왕골자리 ·················· 62
용수 ··················· 39
용왕제 ················· 204
용왕축원 ················ 211
원삼 ··················· 87
원진살 ················· 244
원형집게 ················ 142
월패 ·················· 248
유탄 ·················· 285
육색 ·················· 282
육철 ·················· 137
윤두 ··················· 59
을목낫 ················· 163
이빛 ·················· 295
입막이 떡 ··············· 107
입성 ··················· 86

ㅈ

자사 ··················· 56
장구머리초 ··············· 302
장군밥 ················· 229
장단 ·················· 280
장대미소쿠리 ·············· 33
장려삼 ·················· 83
장척 ·················· 288
잿간 ··················· 51
쟁기 ··················· 72
쟁길 ··················· 98
점머슴 ················· 104
접신 ·················· 242
정각쟁이 ················ 201

정지 ······························· 51
조개가루(호분) ·················· 285
조궁꾼 ···························· 98
조막손 ···························· 109
조상축원 ·························· 212
조선낫 ···························· 162
조왕신 ···························· 218
족대 ······························· 57
종다래키 ·························· 32
주화머리초 ······················ 302
중머슴 ···························· 104
중의적삼 ·························· 87
쥐 ································· 61
지장탱화 ·························· 311
지주목 ···························· 84
직삼 ······························· 84
직성 ······························· 254
진설 ······························· 242
질마 ······························· 65
짚새기 ···························· 90
찌금질 ···························· 296

ㅊ

참비름 ···························· 81
참빗 ······························· 91
채 ································· 109
채떡 ······························· 73
채반 ······························· 34
챙이 ······························· 39
천존신장 ·························· 224
천초 ······························· 294

천파(천액) ······················ 244
첫국밥 ···························· 43
청춘귀 ···························· 213
체 ································· 231
초빛 ······························· 295
초채 ······························· 298
초칠 ······························· 297
총대 ······························· 84
출초 ······························· 295
치성 ······························· 242
치알 ······························· 61
칠성탱화 ·························· 311

ㅌ

타분 ······························· 298
타초 ······························· 295
탱화 ······························· 310
터주굿 ···························· 206
토망 ······························· 58
통개 ······························· 36
통발 ······························· 57
퇴줏그릇 ·························· 235

ㅍ

팔진도 ···························· 248
편필 ······························· 292
평집게 ···························· 142
포수 ······························· 297
풀무 ························· 60, 155
필력 ······························· 293

ㅎ

한축	120
함박	35
함지	154
합이축원	211
해산귀	214
해살	205
해살귀	213
행랑채	51
행상	105
향교단청	276
호롱기	73
혼신	252
홀태	73
화덕	155
화독	52
화상	225
환봉	170
활찌	58
황새목낫	163
황세집게	143
횃대	54
후불탱화	311
훑징이	70
휘	307
흑단머리초	303